넥서스 혁명

넥서스 혁명

명광민 김기현 강민구 김용우 윤석근
임현정 박민희 윤태형 강지수

**기후위기 시대,
기업과 사회가 함께 가야 할
지속가능성의 길**

Climate

Resources

Society

APUB
에이퍼브

들어가는 말

 저자들이 2022년 출간한 『2050 ESG 혁명』은 기업과 사회의 지속가능한 미래를 ESG 관점에서 조망한 바 있다. 그러나 기후변화, 자원 고갈, 생태계 파괴 등 현대 사회가 직면한 도전 과제들은 단순히 ESG 프레임워크만으로는 완전하게 해결하기 어렵다는 점이 점차 분명해지고 있다. 이러한 문제들은 서로 복잡하게 얽혀 있어, 통합적이고 체계적인 접근이 필수적이다. 이러한 인식을 바탕으로, 저자들은 지속가능한 사회로 나아가기 위한 해법을 넥서스적 관점에서 모색하고자 다시 모여 이 책을 집필하게 되었다.

 '넥서스(Nexus)'는 '연결', '연관', '결합'을 의미하는 라틴어에서 유래한 개념으로, 상호 연결된 복합 문제를 바라보는 통합적 접근 방식을 의미한다. 전통적으로는 '물 – 에너지 – 식량 넥서스(Water – Energy – Food Nexus, WEF Nexus)'가 가장 널리 알려져 있으나, 최근에는 '기후 – 토지 – 에너지 – 물 넥서스(Climate – Land – Energy – Water Nexus)', '도시 – 물 – 에너지 넥서스(Urban – Water – Energy Nexus)' 등 다양한 형태로 확장되고 있다. 이처럼 넥서스적 접근이 중요한 이유는 현대 사회의 문제들이 더 이상 개별적으로 분리되어 존재하지 않으며, 서로 긴밀하게 연결되어 있기 때문이다.

 예를 들어, 기후변화는 물 부족을 야기하고 이는 식량 생산에 영향을 미치며, 나아가 사회경제적 불평등을 심화시킬 수 있다. 또한 에너지 생산에는 물이 필요하고 물의 정수와 운송에는 에너지가 사용되며, 식량 생산에는 물과 에너지가 모두 필수적이다. 마찬가지로 자원의 순환경제 역시 여러 분야와 밀접히 연결되어 있다. 자원을 효율적으로 사용하고 재활용을 촉진하는 것은 에너지 소비와 온실가스 배출을 줄이며, 폐기물 관리와 토지 이용에도 영향을 미친다.

이처럼 기후변화, 자원 관리, 사회경제적 문제들은 서로 복잡하게 얽혀 있어, 하나의 문제를 해결하려는 시도가 다른 분야에 예기치 못한 부작용을 초래할 수 있다. 따라서 지속가능한 발전을 위해서는 이들 간의 상호 연관성을 깊이 이해하고, 이를 바탕으로 통합적인 해결 방안을 모색할 필요가 있다.

이에 따라 저자들은 기후변화를 중심에 두고 기후(Climate) - 자원(Resources) - 사회(Society) 넥서스(Climate - Resources - Society Nexus, CRS Nexus)의 관점에서 지속가능한 사회로 나아가기 위한 통합적 해법을 제시하고자 하였다. 이는 기존의 개별적 접근 방식을 넘어, 기후변화를 포함한 환경 문제, 에너지와 생태계 등을 포함한 자원 관리, 그리고 사회경제적 도전 과제들이 서로 어떻게 연결되어 영향을 주고받는지를 종합적으로 이해하고자 하는 시도다.

이 책은 지속가능한 사회를 위한 여러 도전 과제들을 체계적으로 다룬다. 먼저 인류가 직면한 기후위기의 현주소와 그 심각성을 살핀다. 이어서 자원 측면에서 물-에너지-식량(WEF) 넥서스의 복잡한 연관관계를 중점적으로 분석한다. 구체적으로는 에너지-물-식량 상호의존성의 세부적인 내용을 다루고, 지속가능한 에너지 시스템으로의 전환 방안을 모색한다. 더불어 생태계 보전의 중요성과 생물다양성의 경제적 가치를 조명하고, 순환경제로의 전환 필요성과 실천 방안을 논의한다. 다음으로 사회적 관점에서 인구 변화가 가져올 도전과 기회를 탐색하며, 특히 인구 감소와 고령화 문제에 주목한다. 또한, 조직과 사회의 지속가능성을 위한 다양성 관리(IED)의 중요성을 강조한다. 나아가 인공지능(AI)과 같은 기술 혁신이 기후변화 대응에 어떻게 기여할 수 있는지 조명한다. 마지막으로, 이러한 모든 요소들을 통합하는 넥서스적 접근의 중요성을 논의하며, 지속가능한 미래를 위한 포괄적 해결 방안을 제시하고자 하였다.

이처럼 우리가 직면한 도전과제들은 더 이상 개별적인 해결책으로는 극복하기 어렵다. 바로 이러한 문제의식에서 저자들은 '기후-자원-사회 넥서스(CRS Nexus)'라는 새로운 통합적 접근 방식을 제안한다. CRS Nexus는 기후위기 대응을 핵심 축으로, 자원 관리와 사회 전반의 변혁을 아우르는 총체적 관점을 지향한다. 본서는 이러한 CRS Nexus의 프레임에 기반하여 현대 사회가 직면한 다면적 도전과 기회를 진단하고, 지속가능한 미래를 위한 통합적 처방을 모색한다.

우리의 이러한 시도가 인류와 모든 생명체의 조화로운 공존을 실현하고, 다음 세대에게 더 나은 삶을 보장할 수 있는 지속가능한 지구를 만들어가는 데 작지만 의미 있는 이정표가 되기를 바란다.

차례

들어가는 말 • 5

1. 기후변화, 탄소배출에서 기후위기로 • 012
- episode 1   탄소배출, 누구의 책임이 큰가?   014
- episode 2   기후변화, 어디까지 왔나?   023
- episode 3   세계 곳곳에서 발생하는 기후위기 현장   033
- episode 4   기후위기, 돌파구는 있다   040

2. 에너지 전환, 위기 속에서 기회를 찾자 • 048
- episode 1   에너지는 왜 필요한가?   050
- episode 2   기후위기를 해결할 만능해결사 에너지원은 있을까?   060
- episode 3   유럽이 탄소중립 메가트렌드를 선도하는 진짜 이유   073
- episode 4   탄소중립의 힘든 여정에도 기회는 있다   079

3. 물을 수확하고 있는 시대에 살고 있다 • 088
- episode 1   세계적인 물 부족의 원인   090
- episode 2   물 부족이 초래한 식량생산의 위기   096
- episode 3   물 전쟁이 다가오고 있다   103
- episode 4   물 부족 문제 해결을 위한 국가 간 파트너십과 기술개발   121

4. '식량이 남는다'는 착각, 글로벌 식량위기로 • 136
- episode 1   글로벌 식량위기의 근본 원인: 사상 최악의 위기   138
- episode 2   식량은 넘치는데 왜 위기는 찾아오는가?   146
- episode 3   식량위기를 해결할 열쇠는?   162

5. 지구 온 가족을 위한 노력, 생물다양성 • 186
- episode 1   산호초가 위험하다   188
- episode 2   기후를 넘어 자연으로   195
- episode 3   자연을 위한 '네이처 포지티브'   203

6 낭비 없는 세상을 위한 순환경제 · 220

episode 1	선형경제에서 순환경제로 변화해야 하는 이유	222
episode 2	전기차산업과 함께 성장하는 배터리 재활용 산업	237
episode 3	편리한 플라스틱, 고통받는 생태계	250

7 대한민국 인구감소의 도전과 기회 · 264

episode 1	세계 인구감소 트렌드: 축소되는 도시와 경제	266
episode 2	대한민국 인구 감소의 이중고(二重苦): 저출산과 고령화	275
episode 3	축소되는 세계에서 지속가능한 번영을 위하여	288

8 포용을 통한 다양성 관리(IED) · 302

episode 1	전환의 시대	304
episode 2	DEI에서 IED로, 다양성 관리의 어제와 오늘	315
episode 3	일하기 좋은 기업의 문화	326

9 AI와 함께 해결하는 기후위기 · 340

episode 1	인공지능의 현재와 기후과학	342
episode 2	AI를 활용한 기후위기 관리 사례와 제안	351
episode 3	인류를 넘어설 AI 인프라 구축을 위한 해결 과제	364

10 지속가능한 미래를 위한 CRS 넥서스 · 378

episode 1	ESG 패러다임의 진화와 확장	380
episode 2	지속가능한 미래를 위한 통합적 접근, CRS 넥서스	388
episode 3	넥서스 연구의 최신 동향과 시사점	394

1

기후변화,
탄소배출에서 기후위기로

CHAPTER 01
기후변화, 탄소배출에서 기후위기로

>>> 디아이랩 명광민

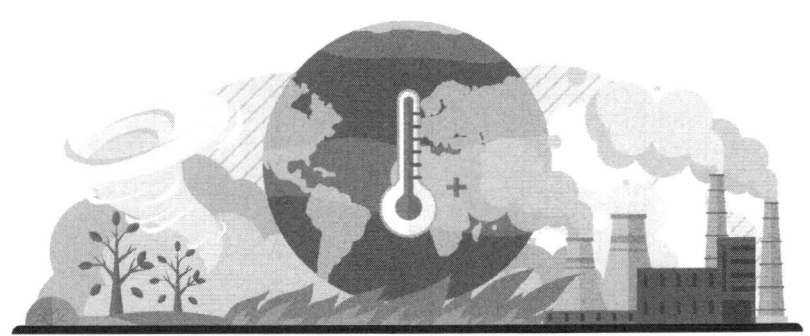

요약

지구의 역사를 1년으로 압축해보면, 인류가 활동한 시간은 단 23초에 불과하다. 하지만 이 짧은 순간 동안 인류는 지구에 지울 수 없는 엄청난 흔적을 남겼다. 특히 산업혁명 이후 급격히 증가한 온실가스 배출은 지구를 6차 대멸종의 위기로 몰아넣고 있다. 이 중에서도 상위 배출국과 화석연료 기업의 책임은 막중하다.

실제로 지난 170년간 인간 활동으로 인한 탄소배출은 지구 평균기온을 유례없이 빠르게 끌어올렸다. 그 결과, 인류는 이전에 경험한 적 없는 수준의 기후변화에 직면하고 있다.

기후위기는 이미 전 세계 곳곳에서 구체적인 재난으로 나타나고 있다.

동아시아에는 기록적인 장마와 홍수가 발생했고, 북미는 북극 한파와 폭설에 시달렸다. 한반도 또한 여름은 길어지고 겨울은 짧아지며, 점차 아열대 기후로 변화하고 있다. 서유럽과 파키스탄에서는 대규모 홍수로 막대한 인명 피해와 경제적 손실이 발생했다. 북극 해빙은 계속해서 빠르게 줄어들고 있고, 폭염과 산불이 세계 곳곳을 휩쓸고 있다. 최근 10년간 이상기후로 인한 경제적 손실은 약 2조 달러(약 2,813조 원)에 달한다. 이는 기후위기가 단순한 환경문제를 넘어선, 전 지구적 위기이자 문명적 도전임을 분명히 보여준다.

이처럼 심화되는 기후재난에 대응하려면 정교한 예측과 신속한 대응 시스템이 필수적이다. 이 과정에서 인공지능(AI) 기술이 새로운 해결책으로 주목받고 있다. AI 기반 예측 모델은 기존 시스템보다 더 빠르고 정확하게 기후 위험을 분석해 피해를 줄일 수 있다. 예를 들어, 구글 딥마인드가 개발한 '뉴럴GCM'은 기존 기후 모델보다 3,500배 빠른 속도로 예측을 수행하면서도 높은 정확도를 유지한다.

이처럼 더 적은 자원으로 더 나은 결과를 도출하는 AI 기술은 농업, 보험, 재난 관리 등 다양한 분야에서 기후위기 대응의 실질적 돌파구가 될 수 있다.

episode

탄소배출, 누구의 책임이 큰가?

▍6차 대멸종이 다가온다

　인류의 역사를 보면 45억 년 지구 역사에서 오늘날 우리와 같은 인류인 호모사피엔스가 나타난 시기는 불과 20만 년 전이다. 지구의 나이를 1년으로 본다면 인류가 활동한 시기는 불과 23초밖에 되지 않았다는 얘기다. 인류가 나타나기 전에도 지구는 다양한 동식물이 나타나고 서식하며 변화해 왔고, 그 과정에 여러 번의 기후변화를 겪으면서 멸종되고 다시 출현하는 과정을 반복해 왔다. 그중에서 우리가 아는 가장 큰 사건은 6,500만 년 전 지구를 지배하던 공룡을 멸종시킨 '5차 대멸종'이다. 이때 육상생물 75%가 함께 멸종됐고, 공룡은 3차 대멸종 이후 재출현하여 약 1억 5천만 년 동안 지구를 지배하다가 사라졌다.
　지구상에 나타난 대멸종에 대해 논란이 있기는 하지만, 소행성의 충돌로 공룡이 멸종한 5차 대멸종을 제외하면 나머지 네 차례의 대멸종은 모두 지구온난화가 그 원인이라고 한다. 다만, 그때는 인류가 출현하기 전의 일이므로 온난화의 원인은 지각변동과 용암분출 등 자연현상에 있었다. 그런데 최근 언급되는 6차 대멸종의 가능성은 인간 활동에 의한 영향이 원인으로 주목되고 있다.

▎산업혁명과 탄소배출

과거 14~18세기 북반구는 평균기온이 0.6°C 낮아진 소빙기가 400여 년에 걸쳐 나타나면서 이상기후로 인한 흉작과 대기근을 겪었다. 그로 인해 유럽은 종교적·정치적 위기가 심화되면서 청교도혁명과 명예혁명, 프랑스혁명 등이 일어났으며, 이는 다시 계몽주의 시대를 여는 계기가 되었다. 영국에서는 명예혁명으로 다른 나라보다 먼저 봉건제가 해체되어 정치적 성숙이 이루어지고 자유로운 농민층이 나타나면서 이들을 주축으로 모직물 공업이 발달하는 계기가 됐다. 그리고 방적기, 증기기관의 발명과 제철산업에서 숯 대신 석탄을 사용하는 등 기술혁신이 이루어지면서 영국을 시작으로 산업혁명이 일어났다.

이렇게 시작된 산업혁명을 기반으로 발전을 거듭하면서 현재의 인류는 번영을 누리고 있다. 하지만 산업혁명 이후 인류의 막대한 화석연료 사용으로 지구온난화라는 기후위기가 진행되고 있다. 특히 1950년대 중반 이후 인류가 지구환경에 미치는 영향이 폭발적으로 증가하면서 지구 시스템의 복원력이 위협받는 상태에 이르렀다. 인류가 배출하는 온실가스의 양이 어느 임계치를 넘으면 지구시스템이 수용할 수 있는 한계점을 넘으면서 걷잡을 수 없는 기후위기가 일어나게 된다.

그림 1.1 하와이 마우나로아 관측소에서 관측된 월 평균 대기 중 이산화탄소 농도

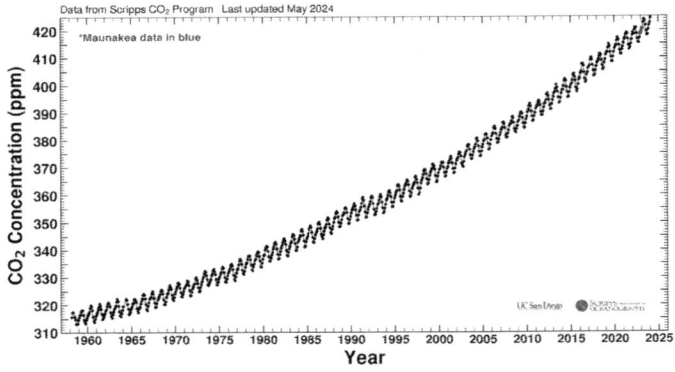

출처: SCRIPPS Institution of Oceanography

　과학 저널들의 분석에 의하면 산업혁명 이후 2023년까지 대기 중의 이산화탄소 농도는 46%, 메탄은 157%, 이산화질소는 약 22% 증가했다. 극지방 빙하 코어 속에 있는 과거 기포를 분석해 측정한 결과를 보면 1850년대는 285ppm[1]이었다. 그리고 대기 중 이산화탄소 농도를 처음 측정한 1958년에는 315ppm, 그리고 2023년에는 421ppm이었다. 현재 이산화탄소 농도는 지난 80만 년 중 그 어느 때보다 높고 매우 빠른 속도로 증가하고 있다. 현재와 유사한 이산화탄소 농도는 300~500만 년 전에 있었는데, 당시 기온은 지금보다 1~2°C 높았고, 해수면은 지금보다 10~20m나 더 높았다. 이는 인류가 지구상에서 겪어본 적이 없는 환경이다.

1　PPM(Parts Per Million)은 전체 100만 개의 분자 중 특정 분자의 개수를 나타내는 농도 단위이다. 대기 중 이산화탄소 농도와 같은 미량의 물질을 측정할 때 주로 사용되며, 예를 들어 CO_2 농도 285ppm은 공기 분자 100만 개당 이산화탄소 분자가 285개 존재함을 의미한다.

그렇다면 이러한 이산화탄소 농도 증가의 책임은 누구에게 있을까? 먼저 산업혁명 이후 2020년까지의 국가별 누적 배출량을 살펴보면, 가장 많은 이산화탄소를 배출한 국가는 미국으로, 총 4,167억 톤을 배출해 전체의 24.6%를 차지했다. 그 뒤를 이어 유럽연합(EU) 27개국이 2,901억 톤(17.1%), 중국 2,355억 톤(13.9%), 러시아 1,153억 톤(6.8%) 순이었다. 이 외에도 7위는 일본으로 656억 톤(3.9%), 8위는 인도로 544억 톤(3.2%)이었으며, 대한민국은 18위로 183억 톤(1.1%)을 배출한 것으로 나타났다. 이러한 통계를 종합해보면, 상위 3개국(미국, 유럽연합, 중국)이 전체 누적 배출량의 55.6%를 차지하고 있으며, 여기에 러시아까지 포함할 경우 상위 4개국의 누적 배출량은 62.4%에 달한다. 즉, 현재까지의 이산화탄소 누적 배출량만큼 책임이 크다고 할 수 있다.

그림 1.2 국가별 이산화탄소 누적 배출량(1750~2020년)

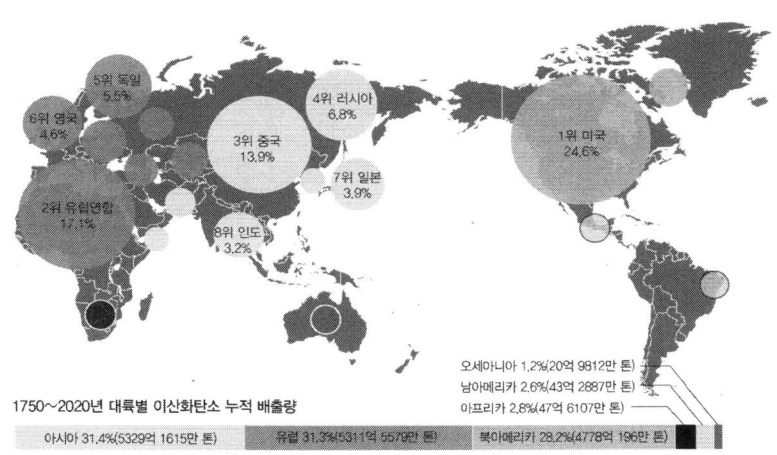

*보다 자세한 자료는 Our World in Dat 참조

그렇다면 현재 국가별 이산화탄소 배출량 순위는 어떻게 될까? 이는 앞으로 어떤 국가의 책임이 더 커질 것인지를 알려주는 자료가 되는데, 프랑스에 본사를 둔 에너지 통계 전문기관인 에너데이터(Enerdata)의 2023년 세계 에너지 및 기후 통계에 따르면, 이산화탄소(CO_2)를 가장 많이 배출하는 국가는 중국으로, 연간 약 119억 톤의 CO_2를 배출하며 전 세계 배출량의 약 3분의 1을 차지하고 있다. 그 뒤를 이어 미국, 인도, 러시아, 일본이 상위권을 차지하고 있으며, 대한민국은 10위에 해당한다. 또한 2023년 한 해 동안 전 세계 이산화탄소 배출량은 전년 대비 1.7% 증가했다. 이 증가의 가장 큰 원인은 수력발전 가용성이 낮아지면서 석탄 소비가 늘어난 데 있었다. 특히 중국(+5.3%)과 인도(+7.2%)는 석탄 의존도가 높아 배출량 증가를 주도한 국가로 꼽힌다. 여기에 중국을 포함한 전 세계 항공업계의 여객·화물 수송량 반등도

그림 1.3 2023년 화석연료에 의한 국가별 이산화탄소 배출량(백만 톤CO_2)

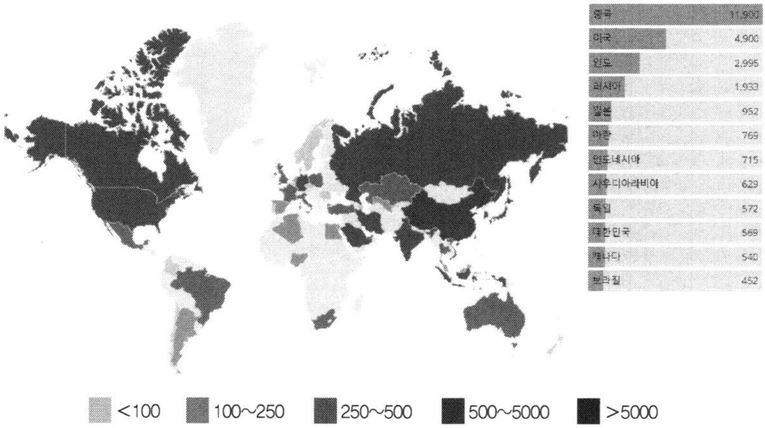

국가	배출량
중국	11,900
미국	4,900
인도	2,995
러시아	1,933
일본	952
이란	769
인도네시아	715
사우디아라비아	629
독일	572
대한민국	569
캐나다	540
브라질	452

범례: <100 | 100~250 | 250~500 | 500~5000 | >5000

출처: 세계 에너지 및 기후통계, Enerdata, 2023
https://yearbook.enerdata.co.kr/co2/emissions-co2-data-from-fuel-combustion.htm

추가적인 배출 증가 요인으로 작용했다. 반면, 유럽(-7.1%), 일본(-7.0%), 대한민국(-4.1%), 미국(-1.9%)은 배출량을 줄이는 데 기여한 국가들로 나타났다.

이러한 흐름은 탄소배출의 주요 증가 요인이 어디에 있는지를 보여준다. 즉, 중국과 인도 같은 신흥국뿐 아니라 여러 국가의 항공 수송 부문에서도 보다 적극적인 탄소 저감 노력이 필요하다는 점이다. 우리 역시 일상에서 탄소 감축에 동참할 수 있다. 예를 들어, 국내 이동 시 항공기 대신 철도를 이용하는 것만으로도 실질적인 온실가스 감축에 기여할 수 있다.

그림 1.4는 1800년부터 2020년까지의 국가 및 지역별 화석연료에 의한 이산화탄소 배출 비율(a)과 누적 배출 비율(b)을 나타낸 것이다. 화석연료 배출의 가장 큰 원인인 산업혁명은 19세기에 영국에서 시작됐지만 얼마 지나지 않아 독일과 나머지 유럽, 그리고 미국으로 옮겨갔다. 결국 미국은 20세기 초에 전 세계 이산화탄소 배출량의 거의 절반을 차지했고 현재 누적 배출량 1위 국가로 기후변화의 가장 큰 책임이 있으며, 그 외에 선진국인 독일과 나머지 유럽 국가들, 영국, 러시아, 일본 순이며, 신흥 국가들 중에서는 중국과 인도 순이다.

한편, 전체 배출량을 국가별 인구로 나눈 1인당 국가별 누적 화석연료에 의한 배출량을 비교해 보면 국가별 책임의 크기가 더 명확해진다. 1인당 누적 배출량에서도 미국은 1위였으며 영국, 독일도 비슷한 수준이다. 그 뒤로 캐나다, 러시아, 호주가 많은 배출량을 보이고 있으며, 나머지 유럽 국가와 일본도 글로벌 평균의 2배 이상의 배출을 했다. 석유 생산지인 중동은 전 세계 평균 수준이며 중국과 인도는 세계

그림 1.4 국가 및 지역별 화석연료에 의한 이산화탄소 배출 비율

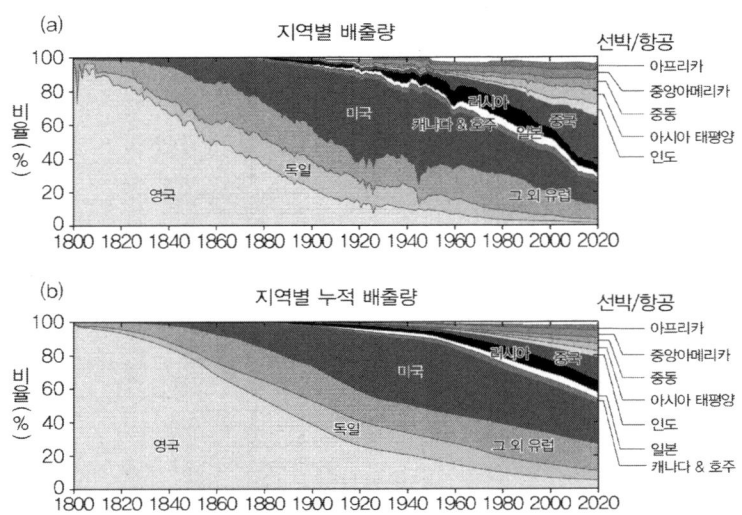

출처: Global warming in the pipeline, Hansen J., 2023

그림 1.5 1751~2020년 화석연료에 의한 국가별 1인당 누적 배출량(단위: tons C/인당)

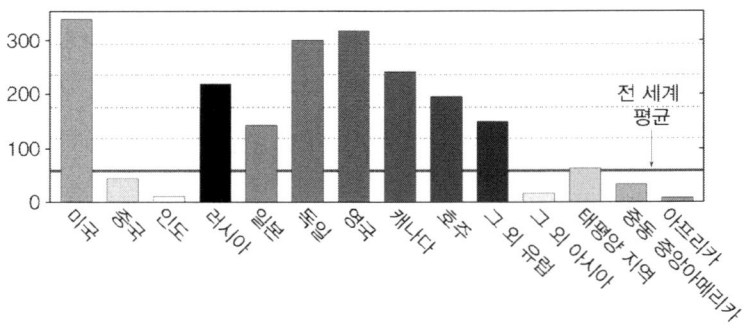

출처: Global warming in the pipeline, Hansen J., 2023

평균 이하이다. 따라서 집중호우, 가뭄, 폭염 등 이상기후로 전 세계가 피해를 보고 있는 상황에서 산업화 초기부터 다량의 탄소를 배출해 온 선진국들이 기후위기에 대한 역사적 책임감을 가지고 대응 노력에

앞장서야 할 것이다.

그렇다면 산업별 탄소배출 기여도와 주요 다배출 기업은 어디일까? 영국 옥스퍼드대학이 운영하는 데이터 시각화 사이트 '데이터로 본 세상(Our World in Data, OWID)'에 따르면 '전력 및 열 생산' 부문이 약 42%로 대부분 화석연료에 의존하다보니 온실가스 배출량이 가장 많다. 두 번째 많은 부문은 약 18%를 차지하는 '산업' 부문으로 철강, 시멘트, 화학 등이며, '농업, 임업 및 토지 사용' 부문도 약 18%로 농업활동에서의 메탄 및 아산화질소 배출, 그리고 산림벌채가 포함되어 산업 부문과 비슷하다. 다음은 '운송' 부문으로 약 16%를 차지하는데, 차량과 항공 등 여러 운송 수단의 연료 소비가 주 배출원이며, 마지막으로 '건물' 부문은 약 6%로 냉난방과 같은 에너지 소비가 주 배출원이다.

기후 책임 연구소(Climate Accountability Institute, CAI)에서 화석연료 기업을 대상으로 1965년부터 2018년까지의 배출 데이터를 분석한 자료에 따르면, 사우디의 아람코가 약 611억 톤CO_2eq[2]로 전체의 4.33%를 차지하며 가장 많은 탄소배출을 했다. 다음으로 2~4위는 배출량이 비슷해 전년도 통계와 순위가 바뀌기도 했는데, 러시아의 가즈프롬이 2위로 3.17%(약 447억 톤CO_2eq), 미국의 쉐브론이 3위로 3.10%(약 438억 톤CO_2eq), 미국의 엑슨모빌이 4위로 3.01%(약 425억 톤CO_2eq)를 차지했다. 다배출 기업이 많은 지역의 배출비율을 합

---

2   CO_2eq(이산화탄소 환산톤)은 온실가스 배출량을 하나의 단위로 표현하기 위한 측정 단위이다. 여러 종류의 온실가스는 지구온난화에 미치는 영향력이 서로 다르기 때문에, 이를 이산화탄소를 기준으로 환산하여 나타낸다. 여기서 CO_2eq는 이산화탄소 환산량(Carbon dioxide equivalent)을 뜻한다. 예를 들어 메탄 1톤의 온실효과는 이산화탄소 25톤의 효과와 같기 때문에, 메탄 1톤은 25톤CO_2eq로 표현된다.

산해 보면 중동지역의 아람코 등 5개 기업이 9.90%(약 140억 톤CO_2eq)로 가장 많았고, 미국의 쉐브론 등 4개 기업이 8.33%(약 117억 톤 CO_2eq)로 두 번째로 많았으며, 유럽의 BP 등 3개 기업이 5.66%(약 798억 톤CO_2eq)를 차지했다.

산업별 탄소배출은 전력 및 열 생산이 42%로 가장 큰 비중을 차지하고, 화석연료 기업의 탄소배출량 상위 20개 기업이 전체의 약 35%를 차지하는 만큼 주요 화석연료 기업을 중심으로 현재까지의 탄소배출에 대한 책임을 지는 것과 함께 앞으로의 에너지 전환도 빠르게 추진하는 것이 강하게 요구되는 상황이다.

표 1.1 1965~2018년 누적 탄소배출량 상위 20개 기업

Entity	MtCO$_2$e	% of global
1. Saudi Aramco, Saudi Arabia	61,143	4.33%
2. Gazprom, Russia	44,757	3.17%
3. Chevron, USA	43,787	3.10%
4. ExxonMobil, USA	42,484	3.01%
5. National Iranian Oil Co.	36,924	2.62%
6. BP, UK	34,564	2.45%
7. Royal Dutch Shell, The Netherlands	32,498	2.30%
8. Coal India, India	24,338	1.73%
9. Pemex, Mexico	23,025	1.63%
10. PetroChina / China Natl Petroleum	16,515	1.17%
11. Petroleos de Venezuela (PDVSA)	16,029	1.14%
12. Peabody Energy, USA	15,783	1.12%
13. ConocoPhillips, USA	15,422	1.09%
14. Abu Dhabi, United Arab Emirates	14,532	1.03%
15. Kuwait Petroleum Corp., Kuwait	13,923	0.99%
16. Iraq National Oil Co., Iraq	13,162	0.93%
17. Total SA, France	12,755	0.90%
18. Sonatrach, Algeria	12,700	0.90%
19. BHP, Australia	10,068	0.71%
20. Petrobras, Brazil	9,061	0.64%
Top Twenty	493,471	34.98%
Global, 1965-2018	1,410,737	100.00%

출처: Climate Accountability Institute, 2020

episode

기후변화, 어디까지 왔나?

▌기후변화와 글로벌 기온 상승

지금까지 기후변화의 원인이 된 탄소배출이 어느 국가, 어느 기업에서 많이 있었는지를 살펴보았다. 그렇다면 산업혁명 이후 지금까지 인류가 배출한 탄소에 의해 지구의 기후가 얼마나 변화되었는지 살펴보자.

그림 1.6은 과거 2000년 동안의 지구 표면온도 변화와 최근 온난화의 원인을 나타낸 그래프다. 오른쪽 그래프는 산업혁명 이후인 과거 170년 동안의 지구 표면온도 변화와 기후모델을 통해 모의한 인간 영향 유무에 따른 온도변화를 보여준다. 왼쪽 그래프에서 지구 온도 변화를 보면 과거 2000년이 넘는 기간 중 산업혁명 이후인 최근 170년 사이에 유례없이 급격한 온난화가 진행되고 있다. 이는 그래프 좌측에 수직 막대로 표현된 과거 10만년 중에서 가장 온난한 시기인 약 6500년 전후에 나타난 간빙기(홀로세)의 최고기온을 넘어서는 수준이다. 오른쪽 그래프의 과거 170년 동안 지구 표면온도 변화를 나타내는 회

그림 1.6 과거 지구 온도 변화와 최근 온난화 원인
(a) 지구 표면온도 변화(10년 평균) 추정치(1~2000년)와 관측치(1850~2020년)
(b) 지구 표면온도 변화(연평균) 관측치와 인간 및 자연적 요인과 자연적 요인만 고려한 모의결과
   (1850~2020년)

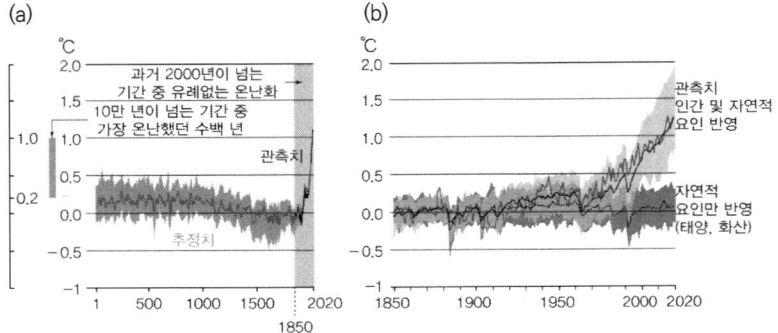

출처: IPCC(2021), 「AR6 제1실무그룹 보고서」, p. 7.

색 실선과 기후모델(CMIP6)[3] 모의결과를 보면, 자연적 요인만 고려한 검은색 점선은 온도에 큰 변화가 없으나 인간과 자연적 요인을 모두 고려한 검은색 실선의 온도는 급격한 상승을 보이며 실제 관측된 지구 표면온도 변화와 비슷한 패턴을 보인다. 이는 최근 170년 동안의 온도 변화가 인간에 의한 것임을 보여주는 것이다. 여기서 우리가 주의 깊게 볼 것은 현재 지구 표면온도가 인류가 살아온 과거 10만 년 동안 관측된 최고기온을 넘어섰다는 것이다. 지구의 역사에서는 더 많은 기온 변화가 있었지만 인류에게는 과거에 한 번도 경험해보지 못한 지구의

---

3 CMIP6는 전 세계 49개 기후연구기관이 참여하는 국제 기후변화 시나리오 프로젝트이다. 100개 이상의 기후모델을 통해 온실가스 농도 변화에 따른 미래 기후변화를 예측하며, 기온, 강수량, 해수면 상승 등 다양한 기후요소의 변화를 분석한다. IPCC 6차 평가보고서의 과학적 근거로 활용되었으며, 이전 버전인 CMIP5보다 더 정교한 기후변화 예측 결과를 제공한다.

온도에서 살아가게 되는 것이다.

  미국 컬럼비아대학에서는 기후변화에 따른 기온 아노말리(Anomaly) 분포변화를 보기 위해 북반구 여름철 기온 아노말리 분포를 시대별로 나누어 분석해 보았다. 여기서 아노말리는 기상관측소에서 측정된 기온에서 관측지점의 평균기온을 뺀 값이다. 분석 결과를 보면, 2013년에서 2023년의 빈도분포는 1951년에서 1980년보다 평균기온이 상승하여 오른쪽으로 이동하였고, 기온 변동 폭은 점점 커져 3°C 이상의 아노말리 발생 빈도가 0.1%에서 26.3%로 263배 증가했다. 즉, 2013년 이후가 1980년 이전보다 폭염이나 열대야 발생 위험이 커졌다는 뜻이다.

그림 1.7 북반구의 여름철 기온 아노말리 분포 변화

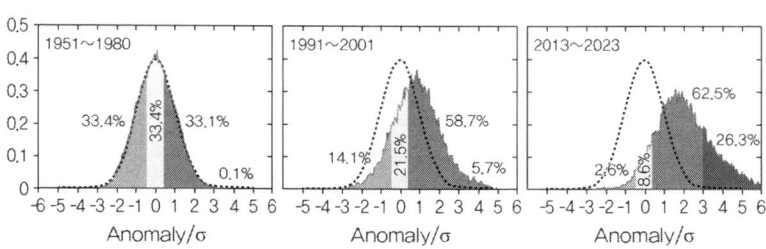

출처: Columbia University Earth Institute, 2024

  실제로 2021년 기상청에서 발간한 「우리나라 109년 기후변화 분석 보고서」에 따르면 우리나라는 지난 109년간 10년마다 열대야 일수가 1.06일 증가하는 추세를 보인다. 쉽게 설명하면 지난 100년 동안 열대야 일수가 10.6일 증가했다는 의미이다. 그리고 변화 패턴을 보면 최근 들어서 급격한 증가를 보이는데, 최근 30년인 1991년부터 2020년

의 열대야 일수보다 최근 10년인 2011년부터 2020년의 열대야 일수가 4.6일 더 많다. 한편, 한파일수는 지난 109년간 10년마다 0.61일 감소하는 추세를 보이고 있다. 즉, 지난 100년 동안 한파일수가 6.1일 감소했다는 뜻이다. 한파일수의 또 다른 특징은 최근 10년 동안의 연간 한파일수 변화가 크다는 것이다. 2018년은 분석에 사용한 6개 지점의 평균 한파일수가 4.5일로 1981년 이후 가장 많이 발생한 반면 2019년은 전혀 발생하지 않았다.

그림 1.8 한반도 극한기후지수의 변화(1912~2020년)

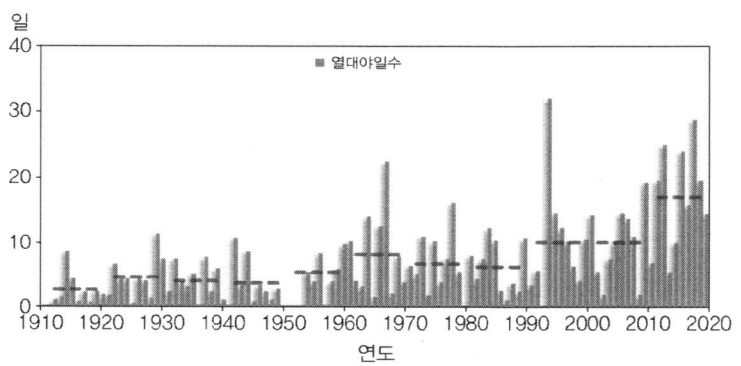

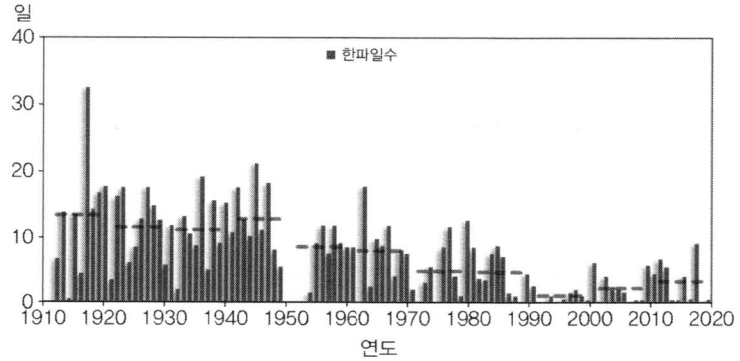

출처: 기상청(2021), 「우리나라 109년 기후변화 분석 보고서」, pp. 26~28.

이러한 변화 흐름에서 보여주듯 2024년 여름은 기록적인 폭염과 열대야로 과거의 기록을 갱신했다.[4] 첫 번째 기록은 역대 가장 늦은 폭염 특보이다. 9월 19일 서울에 발령된 폭염특보는 2008년 폭염특보가 시작된 이래 서울에 가장 늦게 발령된 폭염특보로 2위인 2020년 8월 26일과 20일 이상 차이가 난다. 다음은 가장 늦은 열대야 기록으로 2024년 9월 18일 밤에서 19일 새벽 사이 서울에 열대야가 기록됐는데, 이는 현대적 관측장비가 도입된 1973년 이후 기록된 직전 1위 기록보다 14일이 더 늦어진 것이며 직전 기록도 2023년이니 최근에 얼마나 열대야가 심해지고 있는지 명확히 보여준다.

특히, 2024년 서울의 여름은 지난 7월 21일부터 8월 23일까지 34일간 열대야가 이어지며 기존 열대야 최대 연속 일수 기록인 26일(2018년)을 넘어섰고, 열대야 총 발생일수는 48일로 직전 최대 기록인 1994년의 열대야 일수 36일보다 12일이나 늘어났다. 심지어 과거에는 열대야가 하루 이상 발생하지 않았던 9월에도 열대야가 9일이나 발생하는 기록을 남겼다.

이렇게 무더위가 심해지다 보니, "봄과 가을이 사라지는 것 아니냐", "우리나라 기후가 아열대성 기후로 바뀌는 것 아니냐"는 이야기를 자주 듣게 된다. 과연 이런 변화가 실제로 일어나고 있는 것일까? 이에 대한 사실 여부를 확인하기 위해, 기상청에서 발간한 "우리나라 109년 기후변화 분석 보고서"와 "지역 기후변화 전망 보고서"를 바탕으로 살펴보자. 보고서의 내용에 따르면 1912~1940년(과거 30년)에

---

4 『서울신문(2024.9.20.)』, 「역사상 '최악의 여름'이 끝났다」

표 1.2 한반도의 계절 지속기간 변화

기간	봄	여름	가을	겨울
과거 30년(1912~1940년)	85일	98일	73일	109일
최근 30년(1991~2020년)	91일	118일	69일	87일
최근 10년(2011~2020년)	87일	127일	64일	87일

출처: 기상청(2021), 「우리나라 109년 기후변화 분석 보고서」, p. 43.

는 여름이 98일이었는데, 1991~2020년(최근 30년)에는 118일로 20일이나 늘어났고 좀 더 최근인 2011~2020년(최근 10년)에는 여름이 127일로 29일이나 늘어났다. 반면 같은 기간 겨울은 1912~1940년 109일에서 1991~2020년 87일로 22일, 즉 여름은 크게 늘고 겨울은 크게 줄었다. 하지만 봄은 큰 변화가 없고, 가을도 4~9일 정도로 조금 줄었다. 그렇다면 왜 우리는 봄, 가을이 없어졌다고 느끼는 걸까? 그건 아마도 기후변화로 날씨의 변동성이 커지다보니 봄이지만 갑자기 추워지는 등 우리가 기억하는 봄날씨와 패턴이 달라졌기 때문일 것이다. 여기서 여름 시작일은 일 평균기온이 5°C 이상 올라간 후 다시 떨어지지 않는 첫날을 기준으로 하고 일 평균기온이 20°C 미만으로 내려간 후 다시 올라가지 않는 첫날을 가을의 시작으로 한다. 그리고 일평균기온이 5°C 미만으로 내려간 후 다시 올라가지 않는 첫날을 겨울 시작일로, 일 평균기온이 5°C 이상 올라간 후 다시 떨어지지 않는 첫날을 봄의 시작일로 한다.

그럼 이제 두 번째 질문에 대한 사실 여부를 확인해보자. 트레와디 기후구분 기준[5]에 따라 우리나라의 기후를 분석하면 현재 대부분 지역은 온대 내륙성 기후형이고, 남해안 일부 지역과 제주도 해안지역에서 아열대 기후형이 나타난다. 그리고 기상청의 기후변화 시나리오로 미래의 변화를 보면 온난화가 가장 적은 경우(SSP1-2.6)인 21세기 전반

그림 1.9 SSP 기후변화 시나리오 기반 아열대 기후형 분포의 변화 전망

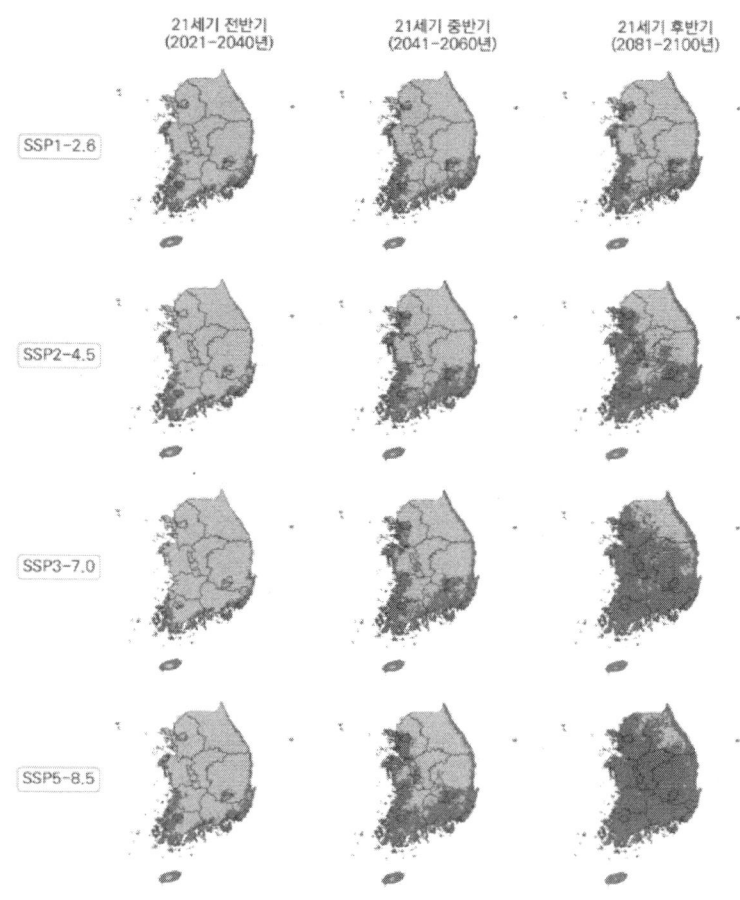

출처: 기상청(2024), 「지역 기후변화 전망 보고서」, 개정판, pp. 210~211.

---

5 최한월 평균기온이 18°C 이하이면서 월평균기온이 10°C 이상인 달이 8개월 이상인 경우 아열대 기후

기(2021~2040년)에 남부지역과 해안지역, 대도시 일부에서 아열대 기후형이 나타나며 후반기(2081~2100년)로 가면서 지역이 확대될 것으로 전망된다. 그리고 온난화가 가장 심한 경우(SSP5-8.5)인 21세기 후반기(2081~2100년)에는 강원도 일부 지역과 해발고도가 높은 지역을 제외한 대부분 지역에서 아열대 기후가 나타날 것으로 전망된다. 즉, 현재는 제주 해안지역과 남해안 일부 지역만 아열대 기후이지만 앞으로 기후변화가 지속되면 강원도와 지리산 등 고지대 일부를 제외하고는 대부분이 아열대 지역으로 바뀔 수 있다는 것이다.

▎지구가 보내는 경고: 북극 해빙(海氷) 면적 감소

2024년 9월 11일, 북극 해빙 면적은 428만 제곱킬로미터까지 줄어들며, 위성 관측이 시작된 지난 46년 동안 일곱 번째로 작은 수치를 기록했다. 이는 1981~2010년 평균 최소 해빙 면적보다 무려 194만 제곱킬로미터나 줄어든 것으로, 텍사스주 면적의 거의 세 배에 달하는 규모다.

1979년부터 2024년까지의 북극 해빙 최소면적은 지속적인 감소 추세를 보이고 있다. 1981~2010년 평균면적 대비 10년마다 12.4%씩 줄어들고 있으며, 연간 손실 면적은 약 77,000제곱킬로미터에 이른다. 이는 매년 오스트리아 전체 면적에 해당하는 북극 해빙이 녹고 있다는 뜻이다.

최근 미국 콜로라도대학의 알렉산드라 얀 교수와 스웨덴 예테보리대학의 셀린 호이체 교수 연구팀이 과학 저널 『네이처 커뮤니케이션스

그림 1.10 2024년 9월 11일 기록된 북극 해빙 최소 면적(굵은선은 1981~2010년 평균)

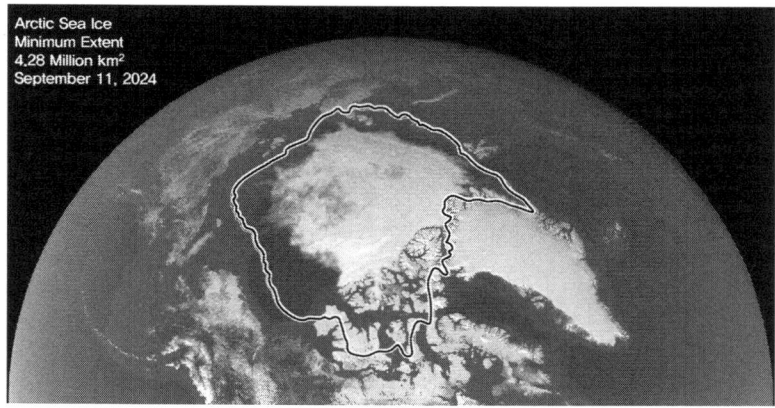

출처: NASA NSIDC (National Snow and Ice Data Center), 2024
https://nsidc.org/sea-ice-today/analyses/arctic-sea-ice-extent-levels-2024-minimum-set

(Nature Communications)』에 발표한 논문[6]에서 북극해의 얼음이 극도로 녹는 일명 '얼음 없는 날'이 오는 시점이 2027년부터 시작될 가능성이 높다고 예측하고 있다.

그렇다면 북극의 해빙(海氷)이 줄어들면 어떤 일이 발생할까? 우선 북극 해빙은 햇빛을 우주로 반사해 지구의 온도를 조절하는 '지구의 거울'과 같은 역할을 한다. 이러한 해빙이 줄어들면, 햇빛을 반사하는 면적이 감소하고 그 자리를 햇빛을 흡수하는 바닷물이 대체하면서 더 많은 태양 에너지를 흡수하게 되어 지구온난화가 가속된다. 또한 해빙이 녹으면 바닷물의 양이 증가해 해수면 상승으로 이어지고, 그 결과 섬이나 해안 저지대에 사는 사람들은 심각한 피해를 입을 수 있다. 마

---

6 북극에서 한 달 평균 해빙 면적이 100만 제곱킬로미터 미만이 되는 상태를 말한다.

지막으로 북극곰처럼 해빙 위에서 사냥하며 생존하는 동물들에게도 큰 위기가 된다. 얼음이 줄어들수록 먹이를 구하기 어려워지고, 서식지가 사라지면서 생존 자체를 위협받게 된다.

 이처럼 북극 해빙의 감소는 단순한 지역적 변화가 아니라, 전 지구적 기후위기를 가속화하는 핵심 요인 중 하나로 작용하고 있다.

episode

세계 곳곳에서 발생하는 기후위기 현장

▌기후변화와 기상이변

2020년 여름, 동아시아 지역에 대홍수가 발생했다. 가장 먼저 호우가 시작된 곳은 중국이었다. 중국의 언론 보도에 의하면 6월 1일부터 7월 28일까지 장시성, 안후이성, 후베이성을 포함한 27개 지역에서 집중호우가 발생해 약 5,481만여 명의 수재민이 발생했다. 사망 및 실종자는 142명, 4만 1천 채의 가옥이 파손되고, 우리나라 면적의 절반이 넘는 농경지가 침수되었다. 이로 인한 직접적인 재산 피해는 24조 6천억 원에 이르렀다.

일본도 예외는 아니었다. 7월 초 규슈 지역에는 1,000mm가 넘는 기록적 폭우가 발생해 70여 명이 사망했고, 14개 현에서 하천 105개가 범람했으며, 1,551ha의 토지가 침수되는 피해가 발생했다.

우리나라도 중부지방에 54일이라는 최장기간 장마와 함께 최다 강수량을 기록했다. 7월 한달 간 부산에는 796.8mm의 비가 내려 평년

보다 2.6배나 많았고, 이는 해당 지역의 연간 강수량의 절반 이상에 해당하는 수치다. 대전의 7월 강수량도 544.9mm로, 평년의 1.6배에 달했다. 2020년 7~8월 주요 지역의 강수량을 보면, 서울 946.1mm, 철원 1087.5mm, 대전 906.5mm, 순창 1382.5mm, 부산 1,196mm 등 대부분의 지역이 역대급 강수량을 기록했다.

동아시아 지역에 이렇게 많은 비가 내린 주요 원인은 지구온난화로 인한 기후변화였다. 북극과 시베리아 지역에 발생한 이상고온 현상으로 인해 따뜻한 공기가 대기 상층에 쌓이면서 대기 흐름이 정체되었고, 이로 인해 서에서 동으로 흐르던 제트기류가 남쪽으로 사행(蛇行)하며, 동아시아 상공에 차가운 공기가 자리잡게 되었다. 이 찬 공기는 동아시아 지역에서 북대평양 고기압의 북상을 막아, 고기압과 정체된 찬 공기가 오랜 시간 대치하는 상황을 만들었다. 그 결과, 장마전선이 평소보다 크게 발달해 오랜 시간 머물렀고, 이는 우리나라에 역대 최장기간의 장마와 최다 강수량이라는 기록적인 폭우를 불러왔다.

한편, 폭염과 사막으로 유명한 미국 텍사스에는 2021년 2월 북극한파의 영향으로 최대 30cm의 폭설이 내리고 영하 18°C까지 내려가면서 백악관이 텍사스주에 연방 비상사태를 선포하기도 했다. 텍사스의 2월 평년기온은 섭씨 6~9°C로 온화해 전력시설에 대한 방한 대비나 도로 제설장비가 부족했는데, 이로 인해 피해가 더 커졌다. 대규모 정전이 발생하면서 난방을 위해 차고에서 엔진을 돌리다 일산화탄소 중독으로 사망자가 발생하기도 하고, 오스틴의 삼성전자 파운드리 반도체 공장이 멈추기도 했다. 그리고 교량과 도로가 얼어붙으면서 고속도로에서 133중 연쇄 추돌사고가 발생해 6명이 사망하고 수십 명이 부상을 입었다.

2020년 북극 여름은 평년보다 3~5°C 이상 높게 나타나면서 1881년 이후 가장 높은 기온을 기록했고, 특히 시베리아 베르호얀스크에서 6월 20일 38°C가 관측되면서 북극 최고 기온을 경신했다. 그리고 2020년 미국에서는 7~9월까지 캘리포니아를 포함한 서부지역에 산불이 지속되면서 36명이 사망하고 약 2만 ha의 산림이 소실되는 피해가 발생했으며, 데스밸리 사막에서는 8월 16일에 최고기온 54.4°C가 관측되어 1931년 이후 지구 관측 역사상 3번째로 높은 기온으로 기록되었다. 시베리아가 38°C이고 텍사스가 영하 18°C라니 상상이 가는가? 앞에서 얘기했듯이 지금 우리가 겪고 있는 날씨는 인류가 과거에 한 번도 경험하지 못한 날씨이고, 이는 앞으로 더 심해질 수 있다.

그림 1.11 전 세계 일평균 지상기온의 변화(1979~2025년)

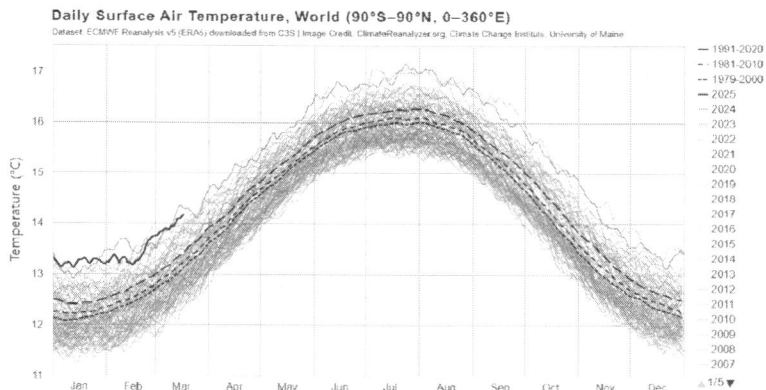

출처: Climate Reanalyzer, 2025.3.

▌이상기후로 인한 경제적 피해

최근 전 세계적으로 발생하는 이상기후로 인한 피해규모는 상상을 초월한다. 국제 상공회의소(ICC)는 2024년 11월 유엔 기후변화협약 당사국총회(COP29)에서 지난 10년(2014~2023년)동안 기후변화로 인한 위험기상에 의해 전 세계 경제가 받은 피해 총액이 2008년 글로벌 금융위기와 비슷한 약 2,813조원(2조 달러)에 달한다고 발표했다.[7] 국제 상공회의소는 지난 10년 동안 전 세계에서 발생한 약 4천 건의 기상이변을 평가했으며, 분석 결과에 따르면 약 16억 명이 기상이변의 영향을 받았으며, 최근 20년(2000~2019년)에 발생한 피해는 과거 20년(1980~1999년)보다 83% 증가했고 가장 최근인 2022~2023년의 경제적 피해는 약 634조 3,300억 원(4,510억 달러)으로 지난 8년간 발생한 피해액 대비 19% 증가했다.

관련 국내 피해 사례를 보면, 2024년 여름 서천, 군산 지역에서 집중호우로 5명이 사망하고 2명이 실종되는 피해가 있었고, 2023년에는 오송 지하차도 사고로 14명이 숨졌으며, 2022년에는 강남 호우로 차량 5천여 대가 침수되고 태풍 힌남노에 의한 폭우로 냉천이 범람하면서 포스코는 대규모 침수 피해를 입었다.

행정안전부 발표에 따르면 우리나라는 2020년 자연재해로 인한 피해액이 1조 3천억 원에 달하고, 포스코는 2022년 침수 피해로 1조 3,400억 원의 손실이 발생했다. 2023년에는 남부지방에 장마기간 동안 712.3mm의 비가 내려 50명이 사망하고 8,071억 원의 재산피해가

---

7 『포커스온경제(2024.11.13.)』,「심한 기상 이변으로 전 세계 2조 달러 손실」

발생했고, 전국 온열질환자 수는 2,818명으로 22년의 1,564명 대비 크게 증가했다. 최근 10년간 평균 1,600여 명이 발생한 것에 비하면 70% 이상 증가한 수치이다. 해양 분야에서는 우리나라 주변 해역의 해수면 온도가 17.5°C로 최근 10년 중 두 번째로 높게 나타나면서 서해안을 제외한 대부분의 해역에서 양식생물의 대량 폐사로 438억 원의 피해가 발생했다.

해외에서 발생한 피해 사례를 보면, 호주는 장기간의 가뭄과 고온으로 인해 2019년 9월부터 2020년 2월까지 6개월 동안 호주 전역에 산불이 발생해 30여 명의 사망과 약 1천억 호주달러(약 80조 원)의 경제적 피해, 1,100만 헥타르의 산림 소실과 10억 마리 이상의 야생동물의 희생이 발생했고, 산불로 최소 4억 톤 이상의 이산화탄소가 배출됐다. 2021년 7월에는 독일과 벨기에를 중심으로 한 서유럽 지역에 기록적인 폭우로 홍수가 발생해 독일 133명, 벨기에 27명, 이탈리아 1명을 포함하여 최소 162명이 사망했고 경제적 손실은 수십억 유로에 달했다. 2022년 여름 몬순강우와 빙하 융해로 파키스탄 전역에 대홍수가 발생해 국토의 3분의 1이 잠기며 1,700여 명이 사망하고 3,300만 명의 이재민이 발생했으며 300억 달러의 경제적 손실이 발생했다.

2022년 9월에는 미국 플로리다에 허리케인 이안(Ian)이 상륙해 85명이 숨지고 약 1,000억 달러의 경제적 피해가 발생했다. 더 심각한 것은 미국의 비영리단체 '퍼스트스트리트재단 보고서'에 따르면 미국 북동부의 허리케인 피해가 향후 30년간 90% 증가할 것이란 사실이다. 이러한 예측을 증명하듯이 2024년 10월, 허리케인 밀턴이 미국 플로리다를 휩쓸면서 최소 17명이 사망하고 약 67조 5천억 원(500억 달러)

의 재산 피해를 입혔다. 허리케인 상륙 당시 시속 195km에 달하는 강풍과 기록적인 폭우가 내렸는데, 세인트피터즈버그에는 3시간 동안 229mm, 24시간 동안 547mm의 비가 내렸다. 다국적 기후연구자 모임인 '세계기상특성(World Weather Attribution, WWA)'은 이렇게 피해가 커진 원인으로 인류에 의한 기후변화를 지목하고 있다. 인류에 의한 기후변화로 인해 허리케인 밀턴의 강우량이 20~30% 늘어나고, 바람의 위력도 10% 강화됐다는 것이다.[8] 또 1월에는 미국이 북극 한파의 영향으로 81cm의 눈이 쌓이고 일주일 동안 89명이 저체온증과 교통사고로 숨지는 피해가 있었다. 그리고 2023년 8월에는 하와이 산불로 마우이섬의 유적지 대부분이 불타고 97명의 사망자가 발생했다. 2024년 4월에 중국 남부 광저우에서 토네이도가 발생해 5명이 숨지고 33명이 다치는 피해가 있었다. 보통 아시아 지역에서는 토네이도가 발생하지 않았는데, 이례적인 현상이었다.

스위스에 본사를 둔 재보험사 스위스리(Swiss Re)에 따르면, 전 세계 이상기후 증가로 2023년 각국의 보험사가 자연재해 피해 보상을 위해 지급한 보험금액이 1,080억 달러(약 149조 원)로 직전 10년(2013~2022년) 평균치인 890억 달러(약 123조 원)보다 약 200억 달러나 증가했다. 하지만 이 수치조차 실제 피해 규모를 모두 반영하지는 못한다. 보험 보장이 이뤄지지 않은 피해도 많기 때문에 실제 피해 규모는 훨씬 더 클 것으로 예상된다. 재보험사 뮌헨 리(Munich Re)에 따르면, 자연재해로 인한 피해 가운데 보험으로 보상받는 비율은 미국

---

8 『경향신문(2024.10.13.)』, 「플로리다 휩쓴 허리케인 밀턴… 사망자 최소 17명·피해액 67조 원」

이 57%, 유럽 77%, 호주 50%인 데 비해, 아시아는 평균 14%에 불과하다. 이마저도 일본, 싱가포르, 홍콩, 한국 등 일부 선진국에 집중되어 있으며, 아시아 저개발국이나 중남미, 아프리카 국가들은 재난이 발생할 경우 대부분 보험의 보호를 받지 못하고 심각한 재정 위기에 직면하게 된다.

episode

기후위기, 돌파구는 있다

▎이상기후 피해, 줄일 수 없을까?

 이상기후로 인한 재난 피해가 점점 더 커지고 있는 상황에서, 피해를 줄이기 위해서는 기상 예보의 역할이 그 어느 때보다 중요해지고 있다. 그러나 현실에서는 위험기상 예보가 잘 맞지 않고 실제 피해를 줄이는 데 한계가 있다는 지적도 많다. 그 이유는 무엇일까?

 사실 우리나라 기상청의 예보기술은 과거에 비해 상당히 향상되었다. 하지만 일반 국민들이 체감하는 예보의 정확도는 오히려 낮아졌다는 인식이 많다. 이는 최근 기후변화로 인해 이상기후가 빈번해지고 날씨의 변동성이 커지면서 예보 자체가 훨씬 더 어려워졌기 때문이다. 또 다른 이유는, 각 분야에서 변동성이 커진 날씨에 대응할 수 있는 시스템이 부족하기 때문이다. 방재를 담당하는 지방자치단체나 날씨에 민감한 산업 분야에서는 실시간으로 변화하는 날씨에 담당자가 기상청 정보를 확인하면서 대응하기에는 데이터의 부족과 분석 및 의사결정 과정의 복잡도, 그리고 처리 시간의 부족이라는 한계가 있다.

인공지능에서 찾은 돌파구

이상기후 문제 해결을 위한 대안으로 인공지능을 활용한 기후기술(Climate Tech)이 주목받고 있다. 인공지능과 빅데이터 기술의 발전으로 이상기후 대응이 더욱 중요해졌으며, 이에 대한 관심도 전 세계적으로 커지고 있다. 해외에서는 AI로 기후를 예측하고 위험을 관리하는 스타트업들이 1,000억 원대 투자를 유치하며 빠르게 성장 중이다. 대표적인 사례로는 다음과 같은 기업들이 있다.

- 원컨선(One Concern) : AI 기술로 기후를 예측하고 위험에 대한 회복력을 수치화해 기업의 리스크를 완화하는 솔루션을 제공한다. 수조 개의 데이터 포인트를 활용한 정교한 예측 및 분석 정보를 제공하며, 특히 머신러닝을 활용해 홍수 리스크 모델의 보수적 오류를 보정하는 등의 기술 고도화를 진행 중이다. 기업가치는 1억 8,000만 달러에서 2억 7,000만 달러이고, 주요 고객은 보험, 자산관리, 금융 분야로, 금융에서는 담보건물의 기후리스크를 분석해 이자율을 조정해주는 형태로 활용된다.
- 주피터 인텔리전스(Jupiter Intelligence) : 클라우드 컴퓨팅을 사용해 다양한 지상 관측 및 위성에서 데이터를 수집·분석하여 고객 기업이 기후변화 및 기상 재해로 인한 예측할 수 없는 미래 상황에 대비할 수 있도록 하는 데이터 분석 정보를 제공한다. 기업가치는 2억 1,600

만 달러에서 3억 2,400만 달러이고, 주요 고객은 에너지, 제조 인프라, 금융 분야이고 특히 글로벌 회계 및 경영컨설팅 기업인 PwC와 협업해 기후공시를 위한 기후리스크 점수(Climate Score) 서비스를 제공하고 있다.

- 클리마비전(Climavision) : 저고도 독점 데이터를 최첨단 머신러닝 및 AI 기술로 수집·분석하여 일기 예보의 타이밍과 정확성을 개선해 기업의 기후 리스크를 완화하는 기상 서비스 및 인텔리전스 솔루션을 제공한다. 2024~2025년 사이 미국 남동부 지역에 고성능 X-밴드 레이더망을 확장 설치하며 실시간 관측 커버리지를 크게 넓혔다. 미국 국립기상청(NOAA) 산하 NSSL과의 협력도 지속되고 있으며, 자체 고해상도 AI 예보모델(Horizon AI Global/HIRES)을 통해 예보의 정밀도와 속도를 향상시키고 있다. 기업가치는 4억 달러에서 6억 달러이고, 주요 고객은 농업, 항공, 에너지, 물류, 소매 분야이다. 특히 글로벌 농업회사인 카길에 정보를 제공해 전 세계 농업 위험을 예측/관리할 수 있도록 돕는다.

- 투모로우아이오(tomorrow.io) : 클라우드 기반 기술과 강수 관측에 강점이 있는 자체 마이크로 사운더 위성을 활용하여 기상 데이터를 실시간으로 수집·분석해 기업과 정부 기관이 기상 변화와 재난으로 인한 위험을 사전에 예측하고 관리할 수 있도록 돕는 기상 인텔리전스 플랫폼을 제공한다. 플랫폼의 주요 기능으로는 기상 리스크 예측, 맞춤형 기상 솔루션 제공, 위성 데이터 기반 실시간 예보 등이 있다. 최근에는 생성형 AI 예보 도구인 'Gale'을 출시해 다양한 산업군의 대응 효율성을 높이고 있으며, 시리즈 E 라운드로 총 4억 3천만

달러 이상의 기업가치를 인정받았다. 주요 고객은 항공, 물류, 국방, 스포츠, 농업, 건설 분야이며, 미국 국방부 등 정부 기관의 군사 및 재난 대응 계획 지원을 한다.

최근에는 구글, 마이크로소프트, 엔비디아, 화웨이 등 빅테크 기업들도 기후문제 해결을 위해 인공지능 기술을 이용해 기후예측을 하는 데 많은 투자를 하고 있다. 현재 유럽중기예보센터(ECMWF)의 홈페이지에 머신러닝(ML)예보가 제공되는데, 여기에 엔비디아의 포캐스트넷(FourCastNet), 화웨이의 판구웨더(Pangu-Weather), 구글 딥마인드(DeepMind)의 그래프캐스트(GraphCast), 마이크로소프트(Microsoft)의 오로라(Aurora) 등에서 기상정보가 매일 제공되고 있다. 그리고 2024년 7월에는 구글 딥마인드에서 기후예측을 위해 유럽중기예보센터(ECMWF)와 협력해 개발한 뉴럴GCM(NeuralGCM)을 공개했는데, 기존 기후예측모델(Global Climate Model, GCM)보다 예측 정확도는 높이고 효율성을 개선했다.[9] 기존의 기후예측모델은 복잡한 방정식을 사용해 대기변화를 모델링하여 기후를 예측하기 때문에 장기예측이 가능하지만 실행 속도가 느리고 비용도 높다는 단점이 있다. 그래서 이러한 문제 해결을 위해 딥마인드 연구진은 GCM에 머신러닝을 결합했고 덕분에 수십만 줄에 달하던 프로그래밍 코드를 수천 줄로 줄일 수 있었다. 이렇게 만든 인공지능 모델에 ECMWF의 40년치 기상데이터를 테라바이트에서 페타바이트 수준으로 학습시켜

---

9 『그리니엄(2024.7.25.)』, 「구글, AI로 정확성 높힌 날씨 시뮬레이터 '뉴럴GCM' 공개」

그림 1.12 뉴럴GCM과 두 물리 모델에서 30초 동안 예측한 일수 비교

Model Run Time

NeuralGCM
19.3 days

NCAR CAM6
1.3 days

NOAA X-SHiELD
0.0 days

Time Simulated By Model

해상도는 X-SHiELD가 가장 높았고(0.03°), NCAR CAM6은 1.0°, 뉴럴GCM은 가장 낮음(1.4°), 뉴럴GCM은 저해상도에서 실행되지만 정확도는 고해상도 모델과 비슷함

출처: 구글 블로그, Fast, accurate climate modeling with NeuralGCM, 2024.7.22.

서 완성했다. 실제로 뉴럴GCM이 열대저기압이나 '대기의 강'처럼 이상기상 현상을 예측하는 데도 효과적이어서 이상기후로 인한 피해를 줄이는 데 도움이 될 것으로 보인다.

이렇게 개발된 모델의 정확도를 비교·분석한 결과, 1980년에서 2020년 사이 40년 동안의 기온을 예측할 때 뉴럴GCM의 2.8° 모델 평균 오차는 0.25°C로, 결합모델 상호 비교 프로젝트(Coupled Model Intercomparison Project)의 대기 모델(AMIP) 오차 0.75보다 1/3 작았다. 계산 효율성 면에서도 뉴럴GCM의 1.4° 모델은 NOAA의 고해상도 예측모델 X-SHiELD보다 3,500배 빠르다. X-SHiELD가 1년 동안의 대기 시뮬레이션에 20일이 걸리는 반면, 뉴럴GCM은 단 8분이면 가능하며, 13,000개의 CPU가 있는 슈퍼컴퓨터가 필요한 X-SHiELD와 달리 TPU가 장착된 컴퓨터만 있으면 실행 가능하다. 더 적은 자원으로 빠른 예측이 가능하다는 점에서 탄소배출 저감 효과도 기대된다.

2024년 12월에는 인공지능을 이용한 확률적 기상예보에 대한 논문을 『네이처』에 발표하며 중기예측(15일)을 위한 GenCast를 공개하기도 했다. 이는 유럽중기예보청(ECMWF)의 현업 중기예보 앙상블 모델인 ECMWF ENS를 능가하는 정확성과 신속성을 보이고 있다. 이는 현재 산업의 수요가 많으나 예측정보에 한계가 있는 중기예측(2주) 또는 계절내예측(2주~2개월) 정보의 향상에 큰 기여를 할 수 있을 것으로 기대된다.[10] 딥마인드는 더 많은 연구자가 소스코드를 활용해 가설을 실험하고 모델 기능을 개선하기를 바란다며, 오픈소스 플랫폼인 깃허브에 뉴럴GCM과 GenCast의 소스코드와 모델 가중치 정보를 무료로 공개했다. 이는 학계 연구를 넘어 농업, 보험 등 다양한 분야에서 이상기후 위험을 좀 더 정확하게 예측하고 대응하는 데 도움이 될 것으로 기대된다.

---

10 구글 딥마인드 블로그, GenCast predicts weather and the risks of extreme conditions with state-of-the-art accuracy, 2024.12.4.

2

에너지 전환,
위기 속에서 기회를 찾자

CHAPTER 02
에너지 전환, 위기 속에서 기회를 찾자

>>> 강원대학교 김기현

요약

에너지는 현대 경제의 근간이자 경제 발전의 핵심 동력이다. 산업과 교통은 물론 건물과 통신에 이르기까지 우리 삶의 모든 영역에서 에너지는 필수 불가결한 요소로 자리잡고 있다. 우리는 이제 단순히 에너지 사용을 넘어, 지속가능한 미래를 위해 에너지원의 선택과 활용 방식을 더욱 신중히 고민해야 할 때이다. 특히 기후위기와 같은 전 지구적 문제 해결에 있어 에너지 정책의 역할이 그 어느 때보다 중요해지고 있다.

기후위기 해결을 위한 완벽한 해답은 없다. 태양광, 풍력, 원자력, 수소 등 각각의 무탄소 에너지원은 저마다의 장단점이 있지만, 어느 하나만으로는 기후위기라는 복잡한 과제를 해결할 수 없다. 결국 다양한 에너지원의 최적 조합과 끊임없는 기술 혁신만이 해결책이 될 것이다.

오늘날 유럽은 탄소중립과 에너지전환을 이끄는 선도자로 자리매김하고 있다. 유럽연합은 2050년까지 탄소중립 달성을 법제화하고, 그린딜을 통해 지속가능한 성장과 에너지 자립을 추구하고 있다. 높은 환경 의식과 시민들의 적극적인 참여는 이러한 혁신의 동력이 되고 있으며, 이는 기후변화 대응과 미래 경쟁력 확보라는 두 마리 토끼를 잡기 위한 전략적 선택이다.

탄소중립으로 가는 길은 분명 쉽지 않은 도전이지만, 그 속에서 혁신과 성장의 새로운 기회가 열릴 것이다. 여러 기술적, 경제적 장벽이 있지만, 이를 극복하는 과정에서 혁신적 에너지 기술이 발전하고, 새로운 산업 생태계가 형성되며, 양질의 일자리가 만들어질 것이다. 덴마크의 풍력 산업 성공 사례나 테슬라가 이끈 전기차 혁명은 이러한 전환이 환경과 경제 모두에 긍정적 가치를 창출할 수 있음을 보여주고 있다. 이제 우리의 과제는 탄소중립이라는 도전 속에서 새로운 기회를 발견하고 이를 현실로 만드는 것이다.

episode

에너지는 왜 필요한가?

▌현대인의 삶과 에너지

'에너지'라는 단어는 그리스어 'energeia(활동)'에서 유래했으며, 'en(안에)'과 'ergon(일)'의 합성어이다. 물리학적으로 에너지는 일을 할 수 있는 능력을 뜻하며, 열에너지, 운동에너지, 위치에너지, 전기에너지, 화학에너지 등 다양한 형태로 존재한다. 이러한 에너지들은 서로 전환이 가능하며, 형태를 바꾸어 다양한 방식으로 활용될 수 있다. 한편 경제활동 측면에서는 노동, 자본, 재료와 함께 생산과 생활을 가능하게 하는 핵심 요소로 작용한다.

인류의 에너지 이용은 크게 세 단계로 발전해 왔다. 처음에는 인력과 축력 같은 노동 에너지를, 이후에는 풍차와 수차처럼 자연의 흐름을 활용한 유량(流量) 에너지를, 그리고 현재는 석탄과 석유처럼 저장된 형태의 저량(貯量) 에너지를 주로 사용하고 있다. 현대의 에너지 체계는 석탄, 석유, 천연가스 등 원시 형태의 1차 에너지, 이를 변환한 2차

에너지, 그리고 실제 사용되는 최종 에너지로 구분된다.

산업혁명 이전 인류는 주로 자연 에너지에 의존했다. 당시 주요 에너지원이었던 목재는 지속가능하지만 제한적인 양의 에너지만을 제공했다. 이로 인해 대부분의 작업은 수작업에 의존했으며, 음식 조리, 가죽 가공, 직물 제작 등 모든 생산활동이 인간의 근력에 의존했다. 교통 역시 주로 도보나 말에 한정되어 이동 속도와 운송 가능한 물자의 양이 제한적이었으며, 이로 인해 광범위한 교역과 문화 교류가 어려워 사회경제적 발전의 큰 제약 요인으로 작용했다.

18세기 중반 영국에서 시작된 산업혁명과 함께 석탄 사용의 급격한 증가는 인류 문명의 전환점이 되었다. 제1차 세계대전 이후부터 석유가 중요한 에너지원으로 부상하기 시작했으며, 제2차 세계대전 이후에는 석유의 사용이 폭발적으로 증가했다. 1960~1970년대부터는 천연가스도 주요 에너지원으로 추가되면서 전 세계 에너지 소비량은 그 어느 때보다 빠른 속도로 급격히 증가했다. 산업혁명 이후 지난 200여 년간 지속된 전례 없는 경제성장과 생활수준 향상은 기술혁신, 글로벌 무역, 제도혁신과 함께 풍부하고 저렴한 화석에너지 공급이 있었기에 가능했다. 현대사회에서 에너지는 가정의 난방, 냉방, 조명부터 산업현장의 생산설비 가동까지 광범위하게 사용되고 있으며, 소득 증가와 함께 에너지 소비도 지속적으로 증가하고 있다.

현대인의 일일 에너지 소비량은 직접 및 간접 소비를 모두 포함하여 약 230,000kcal로, 생존에 필요한 기초 대사 에너지인 2,000kcal의 100배 이상에 달한다. 이러한 대량의 에너지 소비는 편리하고 풍요로운 삶을 가능하게 했지만, 심각한 환경 문제를 초래하고 있다. 화석연료 중심의 에너지 구조에서 석탄은 전 세계 전력 부문 온실가스 배출의 약 40%를 차지하고 있으며, 석유는 연소 과정의 탄소배출뿐 아니라 플라스틱 생산과 사용으로 인한 환경오염을 유발하고 있다. 천연가스는 상대적으로 깨끗한 에너지원으로 여겨지지만, 채굴과 운송 과정에서의 메탄 누출은 이산화탄소보다 더 강력한 온실효과를 발생시키고 있다.

이러한 환경 위기를 극복하고 지속가능한 발전을 이루기 위해서는 기술, 정책, 생활방식 등 다각적인 차원에서의 노력이 필요하다. 기술적으로는 태양광, 풍력 등 청정에너지 기술 개발과 보급을 확대하고, 이들 에너지원의 간헐성을 보완할 수 있는 첨단 에너지 저장 시스템을 구축하여 안정적인 공급체계를 확보해야 한다. 또한 건물의 에너지 효율을 높이고 산업 공정을 최적화하며 에너지 재활용 시스템을 구축하는 등 에너지 효율성을 극대화해야 한다. 정책적으로는 탄소세, 배출권 거래제 등 경제적 유인책과 규제를 통해 저탄소 경제로의 전환을 촉진하고, 국제사회와의 협력을 통해 기후변화 대응에 공동으로 나서야 한다. 더불어 개인 차원에서도 에너지 소비 절감을 위한 생활습관 개선과 순환경제 체계 구축을 통한 자원 활용 효율성 제고에 동참해야 한다.

우리는 지금 에너지 전환이라는 역사적 변곡점에 서 있다. 화석연료 중심의 에너지 체계에서 청정에너지 중심으로의 전환은 선택이 아닌 필수가 되었다. 이는 단순한 에너지원의 교체가 아닌, 우리의 생활방식과 경제구조 전반의 혁신적 전환을 의미한다. 이러한 전환의 성공적 이행은 미래 세대를 위한 우리 세대의 책무이다.

▌에너지 사용에도 불평등이 있다

산업혁명이 시작된 18세기 중반 이후 인류의 생활은 완전히 달라졌다. 수십만 년 동안 게걸음처럼 더디게 발전하던 문명이 불과 200년 만에 상상을 초월할 만큼 빠르게 변화했다. 이런 변화는 1800년과 2020년을 비교해 보면 쉽게 이해할 수 있다.

우선 인구의 변화를 살펴보면, 1800년 당시 지구에는 약 9억 9천만 명의 사람들이 살고 있었다. 그런데 2020년에는 무려 78억 명으로 늘어났다. 220년 만에 8배나 증가한 것이다. 이렇게 폭발적으로 인구가 늘어난 것은 의학이 발달하고 농사짓는 방법이 개선되어 더 많은 사람들이 건강하게 오래 살 수 있게 되었기 때문이다.

경제적인 변화는 더욱 놀라운 수준이었다. 1800년에 전 세계에서 만들어내는 경제적 가치는 0.7조 달러 정도였다. 그런데 2020년에는 이 숫자가 86조 달러로 증가했다. 무려 120배나 늘어난 것이다. 이는 공장에서 물건을 더 많이 만들 수 있게 되었고, 세계 곳곳에서 물건을 사고파는 무역이 활발해지면서 경제가 커진 덕분이었다.

에너지 사용량의 변화도 매우 극적이었다. 1800년에는 전 세계에서 5,500 TWh의 에너지를 사용했는데, 2020년에는 170,000 TWh[1]나 사용하게 되었다. 30배나 늘어난 수치이다. 공장도 많아지고 도시도 커지고 자동차나 비행기 같은 교통수단도 늘어나면서 자연스럽게 에너지 사용량도 폭발적으로 증가한 것이다.

---

1   1 W는 1볼트(V)의 전압으로 1암페어(A)의 전류가 흐를 때의 전기에너지로 전력의 단위이다. 1 Wh는 1시간 동안 생산 또는 소비된 전력의 양이며, 1 TWh는 10^{12} Wh이다.
※ Mega J = 10^6 J, Giga J = 10^9 J, Tera J = 10^{12} J, Peta J = 10^{15} J, Exa J = 10^{18} J

이런 엄청난 변화는 지금까지 네 번의 산업혁명을 거치면서 이루어졌다. 첫 번째 산업혁명은 18세기 증기기관의 발명과 기계화로 시작되었고, 두 번째 산업혁명은 19세기 말~20세기 초 전기의 상용화와 대량생산 체제가 특징이었다. 세 번째 산업혁명은 20세기 중반 컴퓨터와 정보통신기술의 발전으로 자동화가 가속화되었으며, 현재는 인공지능, 빅데이터, 사물인터넷 등이 주도하는 네 번째 산업혁명의 시대를 살고 있다.

　이렇게 산업혁명은 우리 삶을 완전히 바꿔놓았다. 더 많은 사람들이 더 오래 살 수 있게 되었고, 더 풍요롭고 편리한 생활을 할 수 있게 된 것이다. 하지만 동시에 환경오염이나 자원 고갈 같은 새로운 문제들도 발생했다. 이제 우리는 이런 발전의 혜택을 누리면서도, 다음 세대를 위해 지구를 지켜나가야 하는 새로운 과제를 안게 된 것이다.

표 2.1 산업혁명과 에너지원

구분	1차 산업혁명	2차 산업혁명	3차 산업혁명	4차 산업혁명
시작 연도	1750~1760년	1850~1870년	1945~1960년	2015년~
주도 국가	영국	독일, 미국	미국, 일본	미국
주력 부문	수력, 증기력, 기계적 생산설비	분업, 전기, 대량생산	전자공학, 정보기술, 자동화생산	지능정보기술
주요 산업	직물, 철강	강철, 화학, 전기, 자동차	ICT, 자동차	전 산업 분야
에너지원	석탄	전기, 석유	전기, 석유	청정에너지

이렇게 증가한 에너지 소비의 경제적 규모는 수치로 환산해 보면 그 거대함을 명확히 확인할 수 있다. 2021년 기준으로 전 세계 1차 에너지 소비량은 석유환산 기준으로 약 142억 TOE(석유환산톤)[2]에 달한다. 이를 금액으로 환산해 보면 그 규모가 더욱 분명해진다. 1 TOE가 약 7.33배럴의 원유와 동등한 에너지량이므로, 142억 TOE는 약 1,040억 배럴의 원유에 해당한다. 원유 1배럴당 가격을 80달러로 계산했을 때, 전 세계가 1차 에너지 공급을 위해 사용하는 비용은 연간 약 8.3조 달러에 이른다. 이는 2021년 기준 유럽의 경제 강국인 독일(4.2조 달러)과 프랑스(2.9조 달러)의 국내총생산(GDP)을 합친 것과 맞먹는 엄청난 규모이다.

　전 세계 1차 에너지의 구성을 살펴보면, 국가와 대륙별로 차이는 있지만 대부분 화석에너지가 주도하고 있다. 전체 에너지 공급의 약 80%를 차지하는 화석에너지는 석유, 석탄, 천연가스로 구성된다. 석유는 주로 자동차 연료와 난방용 유류로 사용되며 전체의 33%를 차지한다. 석탄은 전력 생산과 산업용 연료로 쓰이며 세계 전력 생산의 27%를 담당한다. 천연가스는 전력 생산, 난방, 산업용 연료 등 다양한 용도로 활용되며 전체 에너지 소비의 24%를 차지한다. 나머지 16%는 태양광, 풍력, 수력, 바이오매스 등 재생에너지가 담당하고 있으며, 이 비중은 점차 증가하는 추세이다.

　에너지 소비는 국가별로 큰 격차를 보인다. 전 세계 인구 80억 명 기

---

[2]　석유 1 TOE(Ton of Oil Equivalent)는 석유 1톤이 연소할 때 발생하는 열량을 의미하며 일반 승용차(연비 14km/l)로 서울과 부산을 약 22번 왕복할 수 있는 휘발유 소비량에 해당하는 에너지 양이다.
1 TOE = 7.33 bbl = 11.63 MWh = 41.87 GJ = 39.66 MMBtu = 1,000만kcal = 15,586 hp

그림 2.1 글로벌 1차 에너지 소비량

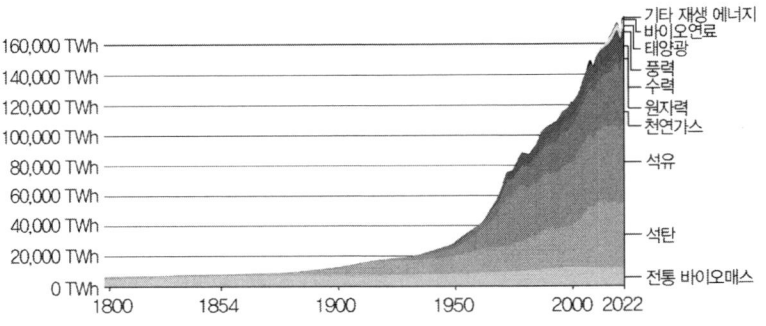

출처: Our World in Data

준으로 1인당 연간 에너지 소비량은 평균 1.5톤(TOE)이지만, 국가별 차이는 매우 크다. 미국(7.9톤), 캐나다(7.4톤), 호주(5.9톤), 사우디아라비아(9.6톤) 등 선진국은 매우 높은 수준의 에너지를 소비한다. 반면 중앙아프리카(0.3톤), 남아시아(0.6톤), 아프리카 대부분 국가(0.8톤)는 현저히 낮은 수준이다.

이러한 에너지 불평등은 심각한 문제를 야기한다. 선진국의 국민들은 스위치만 누르면 전기와 가스가 공급되는 편리한 생활을 당연하게 여긴다. 하지만 아프리카와 서남아시아의 많은 국가에서는 여전히 비효율적인 스토브나 모닥불로 요리를 하고 있다. 이로 인해 이 지역 주민 5명 중 4명이 대기오염으로 인한 건강위험에 노출되어 있다. 특히 여성과 어린이들이 가정 내 대기오염에 지속적으로 노출되면서 폐렴, 심장병, 뇌졸중, 폐암, 저체중 출산, 사산 등 심각한 건강 문제가 발생하고 있다. 국제에너지기구(IEA)에 따르면, 아프리카에서는 연기 흡입과 대기오염으로 인한 조기사망의 60%가 여성과 어린이에게 발생한다.

이러한 에너지 불평등은 여러 요인에 의해 발생한다. 국가의 경제규모, 산업화 수준, 인구 밀도가 주요 원인이며, 자원 분배의 불균형, 인프라 부족, 에너지 접근성 문제도 중요한 요인이다. 일부 국가는 풍부한 에너지 자원을 보유하여 저렴한 가격에 에너지를 이용할 수 있지만, 다른 국가들은 높은 비용으로 에너지를 수입해야 한다. 이는 국가 간 경제적 격차를 더욱 심화시키는 원인이 되고 있다.

결국 에너지 불평등 문제는 단순한 에너지 접근성의 차이를 넘어 삶의 질, 건강, 경제적 기회의 불평등으로 이어진다. 따라서 미래 에너지 개발과 에너지 접근성 확보를 위한 국제사회의 협력이 절실히 필요한 상황이다.

▌탄소중립 달성을 위해 에너지 사용량을 줄일 수 있을까?

기후변화 대응을 위한 탄소중립은 전 세계적으로 공통의 최우선 목표이다. 이와 관련한 에너지 사용량 전망에 대한 전문가들의 의견은 다양하다. 국제에너지기구(IEA)가 2021년 발간한 "세계 에너지 전망 보고서(World Energy Outlook)"에 따르면, 2050년까지 탄소중립을 달성하기 위해서는 전 세계 에너지 소비량을 현재 수준 대비 약 20% 감소시켜야 한다. 이는 현재 약 600 엑사줄(Exajoules, EJ)의 에너지 사용량을 2050년에 약 480 EJ로 줄이는 것을 의미한다.

이러한 맥락에서 디커플링(decoupling)을 지지하는 전문가들은 기존의 경제 모델과 에너지 패러다임이 변화하고 있으며, 신기술과 정책의 지속적인 발전으로 에너지 소비량 감소가 가능하다고 주장한다. 일부 유럽 선진국에서 나타난 경제성장과 에너지 소비의 디커플링 현상[3]이 이를 증명한다고 제시한다. 그러나 제번스의 역설[4]에 따르면, 에너지 효율 증가가 오히려 생활의 편리 추구로 이어져 에너지 소비 증가를 초래할 수 있다고 한다. 또한 글로벌 경제에서는 선진국의 생산기지의 해외 이전이 빈번하여, 하나의 국가가 아닌 전 세계적 관점에서의 경제성장과 에너지 소비에 대한 평가가 필요하다.

한편 중국, 인도, 인도네시아 등 인구 대국과 개발도상국의 경제발전으로 인해 1인당 에너지 사용량과 총수요가 지속적으로 증가할 것이며, 이로 인해 전 세계적인 에너지 소비량 감소는 현실적으로 달성하기 어려울 것이라고 주장하는 전문가들도 있다.

이러한 에너지 소비 증가 전망에도 불구하고, 에너지 전환과 효율 제고를 위해서는 상당한 기술적 도전과 혁신이 필요하다. 신재생 에너지의 보급과 에너지 저장 및 효율 기술의 발전이 핵심이지만, 아직 상용화 단계에 이르지 못한 기술이 많아 에너지 전환과 온실가스 감축에는 추가적인 시간과 투자가 필요한 상황이다. 특히 신재생 에너지 인프라 구축과 저장 기술의 혁신이 시급한 과제로 남아있다.

---

3 미국 모건스탠리가 처음으로 사용한 용어로서 한 나라 경제가 특정 국가 혹은 세계 전체의 경기 흐름과 독립적으로 움직이는 현상을 말한다. 경기침체에도 불구하고 강한 성장을 지속하는 경우는 하드 디커플링(Hard Decoupling), 경기 둔화의 영향을 받지만 그 정도가 상대적으로 작은 경우는 소프트 디커플링(Soft Decoupling)으로 구분된다.

4 1865년 산업혁명 시기, 제임스 와트가 증기기관을 발명하자 영국에서는 석탄 소비가 줄어들 것으로 예상했다. 그러나 예상과 달리 석탄 소비는 오히려 급격히 증가했다. 에너지를 효율적으로 사용할수록 그 수요가 줄기는커녕 오히려 늘어나는 이 현상을 영국 경제학자 윌리엄 스탠리 제번스가 발견해 '제번스의 역설(Jevons's Paradox)'이라 이름 붙였다. 제번스는 효율성 개선이 비용 절감으로 이어졌고 자본가들이 이를 재투자해 생산을 확장해 효율성을 더욱 높임으로써 결국 새로운 수요를 창출해 낸 결과라고 분석했다.

종합하면, 글로벌 탄소중립 달성과 에너지 사용량 관리는 현실적 어려움에도 불구하고 인류가 반드시 해결해야 할 중요 과제이며, 이를 위해서는 국제사회와 기업, 정부 간의 긴밀한 협력이 필수적이다. 지속가능한 발전을 실현하기 위해서는 신기술 개발과 정책적 지원이 더욱 강화되어야 하며, 미래 에너지 패러다임을 위한 지속적인 논의와 연구가 절실한 상황이다.

episode

기후위기를 해결할 만능 해결사 에너지원은 있을까?

▎전통 에너지(석탄, 석유, 천연가스)의 역사

현대 산업문명을 이끌어온 핵심 동력 중 하나는 석탄, 석유, 천연가스와 같은 화석연료의 지속적인 공급이었다. 산업혁명 이전까지는 나무, 풍차, 수차 등 자연 기반의 에너지원이 주를 이뤘으나, 18세기 영국의 제임스 와트가 증기기관을 개량해 석탄을 활용한 동력장치를 발명하면서 석탄은 유럽을 중심으로 주요 에너지원으로 부상하게 되었다. 증기기관의 발명은 산업혁명의 중요한 전환점이 되었으며, 이는 곧 석탄 채굴 기술의 발달과 함께 석탄 사용량의 급격한 증가로 이어졌다.

초기에는 나무 대신 석탄을 사용하는 것이 유럽의 산림 파괴와 생태학적 재앙을 완화하는 해결책으로 보였다. 그러나 고밀도 에너지원이었던 석탄은 연소 시 황산염(SO_4^{2-}) 등 여러 유해한 대기오염물질을 배출하면서 새로운 환경 문제를 일으켰다. 특히 1952년 런던에서 발생한 '살인안개(great smog)' 사건은 4,000여 명이 사망하고 15만 명이 부상한 대재앙으로, 석탄 연소에서 발생한 대기오염물질이 인간 건강에 얼마나 치명적인 영향을 미칠 수 있는지를 보여주는 대표적인 환경 재해 사례가 되었다. 또한, 1999년부터 2020년까지 미국 내 480개 석탄화력발전소에서 배출된 오염물질로 인해, 미국 메디케어 인구 중 약 46만 명이 조기사망했다는 연구결과도 있었다.[5] 이러한 환경 문제들로 인해 석탄을 대체할 수 있는 청정 에너지에 대한 사회적 요구가 점차 높아지게 되었다.

고대 메소포타미아에서는 기원전 3000년경부터 지표면의 역청(bitumen)을 사용하였다. 역청은 자연적으로 발생하는 석유의 부산물로, 도로 건설과 방수재료로 널리 사용된 고체 물질이었다. 이 물질은 점착성이 강하고 높은 온도에서도 유동성을 유지하여 도로의 내구성 향상과 방수 처리에 중요한 역할을 하였다. '블랙 골드(black gold)'라 불린 석유의 본격적 역사는 1859년 8월 27일, 미국 펜실베이니아주에서 시작되었다. 에드윈 드레이크 등이 21m 깊이에서 석유 생산에 성공하였고, 동료 벤자민 실리먼의 정제 기술 개발과 함께 근대 석유 산업이 태동하였다.

한편, 석유 램프가 고래 기름 램프를 대체하여 고래 사냥이 줄어들면서 멸종 위험이 감소했다. 지하에서 얻은 석유로 불을 붙인 램프는

---

5 이 연구는 미국 내 480개 석탄 화력발전소의 이산화황 배출량과 1999~2020년 메디케어 가입자 약 2억 명의 건강보험 데이터를 통합 분석한 것이다. 연구진은 대기확산모델을 통해 배출된 이산화황이 대기 중에서 다른 화학물질과 반응해 초미세먼지를 형성하고, 이로 인한 지역별 오염 수준이 사망률에 어떤 영향을 미쳤는지를 규명했다. 그 결과 석탄화력발전소에서 발생한 입자오염으로 인해 같은 기간 약 46만 명이 조기 사망했으며, 특히 석탄 사용량이 많고 인구밀도가 높은 미국 동부에서 건강 피해가 가장 컸던 것으로 나타났다. 초과사망의 대부분은 1999~2007년에 집중되었고, 당시 연간 43,000명 이상의 사망이 석탄 연소로 인한 대기오염과 직결된 것으로 분석되었다.

고래 기름을 사용한 램프보다 여섯 배나 밝았으며, 석유는 대량 생산이 가능하였다. 또한 석유는 비료, 플라스틱, 의약품 등 화학물질의 원료로 사용되어 인류 삶의 개선에 크게 기여하였다.

석유가 주력 에너지원으로 부상한 결정적 계기는 영국의 윈스턴 처칠의 선택이었다. 제1차 세계대전 당시 영국 해군장관이었던 처칠은 1911년에 영국 함대의 에너지원을 석탄에서 석유로 전환하였다. 1914년 영국 정부는 BP(British Petroleum)의 지분을 취득하여 중동의 석유 자원을 확보하였다. 이후 1927년 이라크, 1938년 사우디아라비아와 쿠웨이트 등에서 대규모 석유가 발견되었다.

중동 지역은 중생대 당시 바다였으며, 수많은 플랑크톤과 미생물이 산소가 거의 없는 깊은 해저에 가라앉았다. 그 위로 오랜 시간에 걸쳐 유기물이 쌓이고 겹쳐지며 온도와 압력의 영향으로 석유가 생성되었다. 제1차 및 제2차 세계대전 시기에 석유는 결정적인 역할을 하였다. 전쟁 무기의 기동성 향상에 석유가 필수적이었으며, 중동 지역의 석유 자원과 수송로 확보는 주요 국가들의 외교 전략과 군사 작전의 핵심 과제가 되었다.

석유는 석탄에 비해 높은 에너지 밀도를 가졌으며, 사용이 편리하고 운송이 용이하여 1960년대에 세계 최대의 에너지원으로 자리잡았다. 특히 석유는 단순한 자원이 아닌 세계 패권의 원천이 되었다.

뿐만 아니라, 석유는 화석연료 중에서도 다양한 제품의 주요 원료로 사용되고 있다. 대표적으로 플라스틱 산업을 들 수 있다. 플라스틱은 가벼우면서도 단단하며 유연성이 뛰어나 현대 사회에서 불가피한 존재가 되었다. 그러나 자연 분해에 약 500년이 걸릴 정도로 느리고 환경에 장기간 남아 있어, 이는 해양과 육지 생태계에 심각한 영향을 미치고 있다. 이로 인해 플라스틱 재활용이 절실한 과제가 되었다.

천연가스는 상대적으로 최근에 주목받기 시작한 화석연료이다. 초기에는 석유 생산과정의 부산물로 취급되었으나, 기술 발전으로 에너지원으로서의 가치가 재인식되었다. 미국과 유럽은 주로 PNG(Pipeline Natural Gas) 형태로 천연가스를 사용하고 있으며, 중국, 일본, 한국 등은 LNG(Liquified Natural Gas) 형태로 수입하여 사용하고 있다.

LNG의 국제적 거래는 미국의 한 고기 포장업자가 가스의 해상 운송 개념을 제안하면서 시작되었다. 1959년, 세계 최초의 LNG 선박인 '메탄 파이오니어'가 미국에서 영국으로 운송을 성공적으로 완료했다. 이후 LNG의 상업적 활용은 1964년 알제리 북부 아르주(Arzew)에서 시작되었으며, 2020년 초반에는 석탄을 추월하였다.

이처럼 화석 에너지의 발전 역사는 산업혁명 이후 현대 산업사회의 근간이 되었다. 그러나 이는 동시에 기후변화의 주요 원인으로 지목되었다. 현재까지 발견된 화석에너지를 계속 사용할 경우, 지구 평균온도는 산업혁명 이전 대비 3°C까지 상승할 수 있다. 2024년 하버드대학교와 노스웨스턴대학교 연구진은 2100년까지 온도가 3°C 상승하면 인류가 기후변화가 없었을 때보다 50% 더 가난해질 수 있다고 예측하였다. 이제는 화석 에너지의 한계를 인식하고 새로운 청정 에너지로의 전환을 준비해야 할 시점이다.

▎에너지 전환의 현실: 재생에너지의 기회와 제약

　전통적인 에너지원으로서의 석탄, 석유, 천연가스는 오랜 기간 동안 우리의 에너지 수요를 충족하는 데 중요한 역할을 해오고 있다. 그러나 이러한 에너지원은 환경오염과 기후변화, 그리고 화석에너지 고갈과 같은 여러 문제를 초래하고 있다. 이제 우리가 필요한 것은 고밀도 에너지의 확보가 아니라, 탄소배출을 줄이거나 완전히 없애는 에너지원으로의 전환이다. 즉, 화석 연료에서 온실가스를 배출하지 않는 수력, 태양광, 풍력 등과 같은 무탄소 또는 저탄소 에너지로의 전환이다.

　이러한 재생에너지 중 풍력은 바람의 운동 에너지를 이용해 터빈을 회전시켜 전기 에너지를 생산한다. 태양광 에너지는 태양광 패널을 통해 태양에서 발생하는 광선을 직접 이용하여 전기를 생산한다. 수력 에너지는 강물이나 폭포 등의 물의 움직임을 이용하여 전기를 생산하는 방식이다. 수력발전소에서는 물의 운동 에너지를 터빈을 통해 전기 에너지로 변환한다.

　재생에너지는 온실가스를 배출하지 않지만, 국내에서는 아직 상대적으로 높은 발전가격, 변동성과 간헐성의 문제가 있다. 풍력과 태양광은 날씨와 일조량에 따라, 수력은 강우량에 따라 발전량이 변동한다. 이러한 재생에너지로부터 안정적인 에너지 공급을 위해서는 에너지 저장장치와 같은 추가적인 비용이 소요된다. 예를 들어, 2024년 4월 북미지역에서 발생한 개기일식으로 인해 미국의 태양광 발전이 일시적으로 감소한 사례와 같이, 재생에너지 변동성에 대한 전 세계 각국의 정전 대비책은 아직 충분히 준비되지 않은 상태이다.

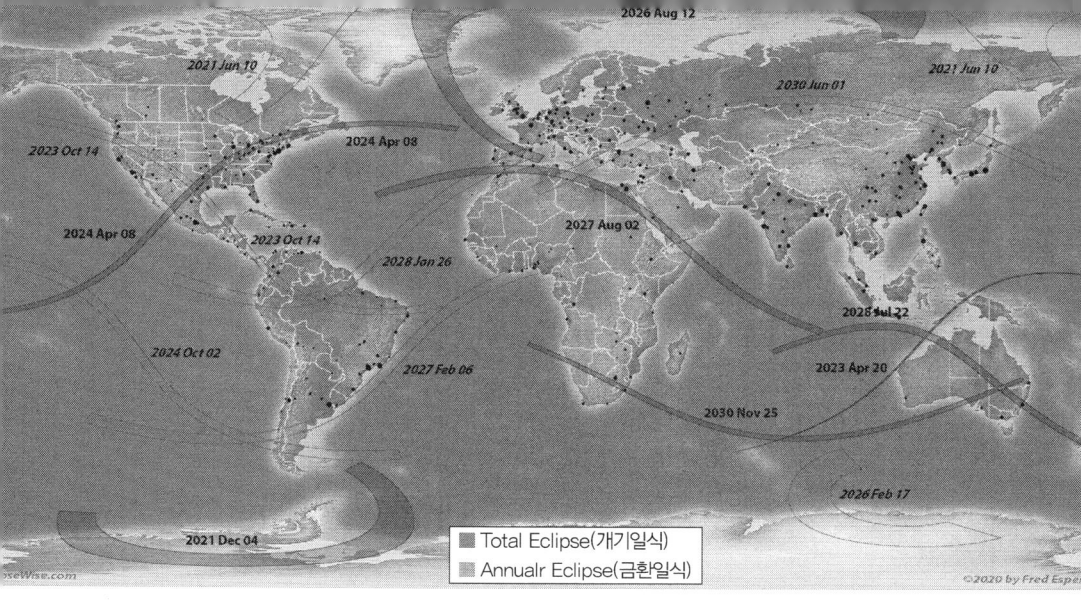

그림 2.2 전 세계 개기일식과 환형일식 경로(2021~2030년)

    기후변화에 대응하기 위한 청정 에너지로의 전환은 이제 피할 수 없는 전 지구적 과제이다. 국제에너지기구(IEA)의 '2050 넷제로 로드맵'에 따르면, 전 세계가 탄소중립을 달성하려면 재생에너지의 비중을 2020년의 17%에서 2030년에는 44%, 2050년에는 77%로 확대해야 한다.

    하지만 재생에너지의 비중이 증가함에 따라, 현대 경제활동을 안정적으로 유지하기 위해서는 기존 에너지와 비교했을 때 재생에너지가 가진 변동성, 저장 문제, 수송 제약 등의 장애물을 극복해야 한다. 에너지 절약과 더불어, 에너지를 가장 많이 사용하는 피크 타임(peak time)을 재생에너지의 특성에 맞게 조정하는 등 소비자의 에너지 사용 패턴도 변화시켜야 한다. 기술적으로는 에너지저장시스템(ESS)과 수소 기술이 주목받고 있다. ESS는 재생에너지로 생산된 전기를 저장해 에너지 수요가 높은 시기에 사용할 수 있게 하며, 수소는 여분의 재생에너지를 저장하거나 액화수소 또는 수소화합물 형태로 장거리 운송이 가능한 연료로 활용될 수 있다.

▎탈탄소 시대, 산업이 마주한 구조적 고민

전 세계 철강, 시멘트, 석유화학 등의 산업 부문은 전체 탄소배출량의 약 20~25%를 배출하며, 탈탄소 또는 저탄소로의 공정전환이 전 세계적으로 중요 과제로 인식되고 있다. 풍력, 태양광 등의 재생에너지가 점차 보급되어 전력 부분에서의 탄소배출량을 줄이는 데 있어서는 기술의 발전과 함께 비용이 낮아지고 있지만, 이러한 산업 분야와 같이 고온 공정이 요구되는 경우에는 여전히 화석 연료에 의존해야 하는 실정이다.

이러한 고온 공정은 650°C 이상의 온도가 요구되며, 이를 위해 고온을 발생시킬 수 있는 연료가 필수적이다. 따라서 주요 선진국들은 수소환원공정, 탄소포집저장(CCS), 산업용 히트펌프, 열배터리, 전기로 등을 도입하여 이러한 고온 공정에서의 탄소배출을 줄이기 위한 기술개발 및 정부의 적극적인 재정지원을 이어가고 있다.

한편 산업 부문에서는 전력 부문과는 달리 탄소배출에 대한 규제를 강화할 경우, 이들 기업이 규제가 느슨한 지역으로 공장을 이전할 가능성이 있다는 우려가 있다. 따라서 각국의 주력 산업에 따라 이러한 문제에 대한 접근 방식이 다양하게 고민되고 있다. 미국은 정보통신, 인공지능 등의 소프트웨어 분야로의 전환에 성공한 반면, 독일은 여전히 자동차, 철강, 화학 등의 중요한 산업 분야가 국가 경제의 주축을 이루고 있어 자국의 핵심 제조 산업을 유지하면서도 탈탄소를 추구하는 정책을 고민하고 있다. 따라서 산업 부문에서는 규제에 대한 접근 방식을 신중히 고려하며, 지원 정책을 통해 산업의 탈탄소화를 지원하고자 하는 흐름이 뚜렷하다.[6] 국내의 경우에도 자동차, 조선, 반도체, 철강 등 에너지 다소비 및 온실가스 다배출 산업이 주축을 이루고 있다. 이러한 산업 부문에서는 탈탄소 또는 저탄소기술을 활용한 제조공정 혁신을 위한 기술이 아직 충분히 준비되어 있지 않아 같은 고민에 직면해 있다.

▍인류의 에너지 문제를 해결할 만능 에너지[7]는 있을까?

에너지의 양과 질을 고려할 때, 인류를 에너지 문제로부터 영원히 구원할 수 있는 단 하나의 완전한 만능 에너지원은 존재할까?

지난 250년간 인류는 고체인 석탄, 유체인 석유, 기체인 천연가스 순으로 화석에너지를 연료와 산업 원료로 활용해왔다. 이들 에너지원은 기술의 발달에 따라 점차 고도화된 형태로 사용되었으며, 새로운 에너지가 등장하더라도 이전 에너지원이 완전히 사라지지는 않았다. 그 이유는 간단하다. 세계 각국에서 에너지 수요는 계속 증가하고 있으며, 특히 경제 성장을 이루고자 하는 개발도상국가들은 상대적으로

---

6 『한국경제』(2024.4.5.), 「우릴 먹여 살렸는데 … 무겁고 더럽다고 버릴 순 없잖아요」
7 만능 에너지는 Silver Bullet Energy를 번역한 말로 Silver Bullet은 늑대인간 등을 퇴치할 수 있는 유일한 무기인 은탄에서 유래한 표현이다. 난제를 단번에 해결할 수 있는 만능 해법이나 특효약을 가리킨다.

저렴하고 접근성이 높은 고체 연료, 즉 석탄에 대한 의존도가 여전히 높기 때문이다. 결국 석탄, 석유, 천연가스와 같은 화석에너지는 저장과 운송이 용이하고 높은 에너지 밀도를 제공하는 자원으로, 오늘날까지도 현대 문명의 핵심 동력 역할을 하고 있다.

이러한 화석에너지를 지금 당장 전면적으로 포기하는 것은 기술적으로 가능하다고 할 수 있다. 그러나 현실적으로는 현대 문명이 화석에너지에 얼마나 깊이 의존하고 있다는 점을 감안할 때, "2050년 글로벌 탄소중립"을 위해 남은 25년 동안에 이루어져야 하는 에너지 전환이 결코 간단한 과제가 아니다.

풍력, 태양광, 수력과 같은 재생에너지만으로 지금 당장 화석에너지가 제공하는 양과 질을 모두 충족할 수 있을까? 앞에서도 언급했듯이 재생에너지는 친환경적이라는 장점이 있지만, 현재로서는 그동안의 화석에너지 공급량을 당장 대체하기에는 기술개발 및 확산에 시간이 부족하다. 향후 25년 이내에 이를 수용할 수 있는 가격, 인프라 등의 확보가 관건이라고 할 수 있다.

특히, 재생에너지는 간헐성과 변동성이라는 특성을 가지고 있어, 전력 수요가 지속적으로 증가하는 탄소중립 시대에는 안정적인 공급에 한계가 따를 수밖에 없다. 이를 보완하기 위해 다양한 저장 기술, 스마트 그리드, 수소에너지, 탄소포집 기술 등이 개발되고 있지만, 대규모 확산을 위해서는 막대한 투자와 시간이 필요하다.

국제에너지기구(IEA), 맥킨지, 블룸버그 등의 주요 기관들은 2050년까지 전 세계적으로 최소 4조 달러에서 9조 달러의 투자가 필요하다고 전망하고 있다.

몇 가지 주요한 기술을 살펴보자. 먼저 에너지저장시스템(Energy Storage Systems, ESS)을 들 수 있다. 에너지저장시스템은 재생에너지로 생성된 에너지를 저장하여 나중에 필요할 때 사용할 수 있는 단기 에너지저장장치로 사용할 수 있다. 다양한 에너지저장기술이 있으며, 대표적으로는 이차전지 배터리, 열 저장, 압축 공기 등이 있다. 에너지 저장 시스템을 통해 재생에너지의 생산과 사용 간의 시간적 불일치를 극복할 수 있다.

다음으로는 스마트 그리드(Smart Grid)가 있다. 스마트 그리드는 전력 네트워크를 혁신적으로 관리하고 제어하는 시스템이다. 재생에너지의 변동성을 고려하여 전력의 생산과 사용을 조절하고, 전력 효율을 최적화하는 데 사용된다. 스마트 그리드는 전력 네트워크의 안정성과 신뢰성을 향상시키며, 재생에너지의 원활한 통합을 가능하게 한다.

수소와 같은 섹터 커플링 에너지원 시스템(Sector Coupling Energy Systems)도 개발되고 있다. 섹터 커플링 에너지원 시스템은 여러 종류의 에너지원을 통합하여 사용하는 시스템이다. 예를 들어, 태양광과 풍력에서 생산된 전력을 수소나 암모니아로 변환하여 변동성이 높은 전력망에는 안정적인 전력을 공급할 수 있고 또한 수소 화합물을 통하여 산업 부문에서 여러 용도로 활용 가능하다.

인공지능 및 빅데이터 기술도 필요하다. 인공지능과 빅데이터 분석 기술을 활용하여 변동성이 높은 재생에너지의 예측 및 최적화를 수행할 수 있다. 예를 들어, 날씨 예보 및 소비 패턴 데이터를 분석하여 재생에너지의 생산 및 사용을 최적화하고, 에너지 저장 시스템의 운영을 최적화할 수 있다.

그림 2.3 섹터 커플링에서 수소의 역할

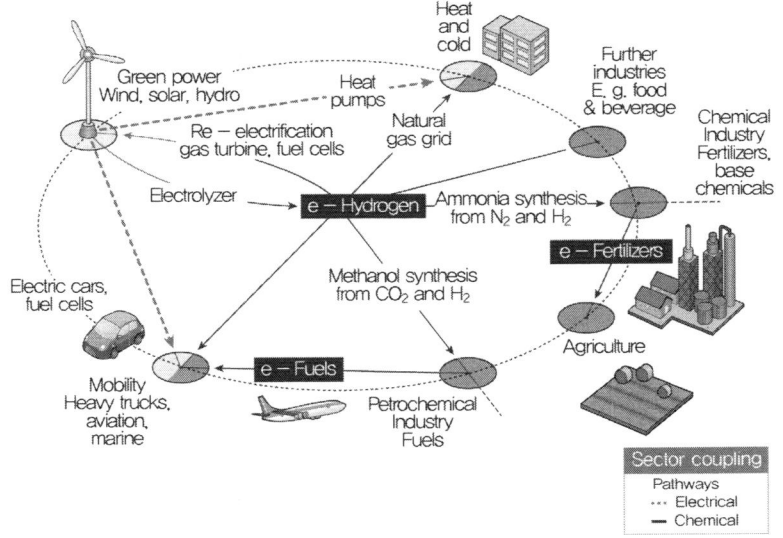

출처: Siemens, 2019.

아직은 먼 미래의 기술이기는 하지만, 가능성 있는 솔루션 중 하나로 핵융합에너지(Nuclear Fusion Energy)를 들 수 있다. 핵융합 반응을 통해 에너지를 생성하는 기술로서, 평화적인 용도로 활용될 경우 환경 친화적이고 안정적인 에너지원이 될 수 있다. 그러나 아직 핵융합 에너지 기술은 완전히 개발되지 않았으며, 기술적인 문제와 안전 문제 등의 과제를 해결해야 한다.

에너지 공급 측면에서 재생에너지로의 전환을 통해 화석에너지의 영향권에서 벗어난다고 하더라도, 인류는 여전히 두 가지 중대한 문제를 해결해야 한다. 첫째는 전기차, 에너지저장장치 등 차세대 에너지 시스템의 핵심 기술에 필수적인 코발트, 니켈, 리튬 등의 광물 자원의 채굴과 공급 문제이다. 이들 광물은 대부분 특정 국가에 편중되어 있어 지정학적 리스크와 자원 확보 경쟁이 심화되고 있으며, 환경 파괴나 인권 문제 또한 새로운 도전 과제로 부각되고 있다. 이는 단순한 에너지 전환이 또 다른 형태의 자원 의존성을 낳을 수 있다는 점에서 중요한 과제다. 둘째는 석탄, 석유 및 천연가스가 제공해 온 막대한 양의 탄화수소 기반의 원료를 앞으로 어디서 어떻게 확보할 것인가의 문제이다. 화석에너지는 연료로서뿐 아니라 플라스틱, 의약품, 섬유, 비료, 윤활유 등 다양한 산업의 핵심 원료로도 쓰인다. 특히 이러한 석유계 원료들은 지금의 산업 구조 전반에 깊이 내재되어 있기 때문에, 이들을 대체할 수 있는 신소재 개발과 바이오 기반 원료의 상용화 없이는 탄소중립은 불완전할 수밖에 없다.

현대 농업의 경우, 화석에너지 의존에서 벗어나는 것은 더욱 어려운 과제이다. 비료는 인류 생존에 필수적인 자원이며, 오늘날 세계 인구 절반 이상이 비료에 기반한 농업 생산 시스템 덕분에 식량을 공급받고 있다 해도 과언이 아니다. 2020년 한 해 동안 전 세계적에서 생산된 곡물, 과일, 채소, 기름 작물 등의 농작물의 총생산량은 약 13억 톤에 달하며, 이들 농작물 대부분은 석유와 천연가스에서 추출한 비료를 통해 재배되었다. 매년 약 1억 5천만 톤의 비료가 사용되고 있으며, 이는 지구의 인구가 증가할수록 더욱 늘어날 수밖에 없다.

2100년이 되면 100억 명에 도달할 것으로 예상되는 인류의 의식주를 해결하기에 충분한 에너지용 연료와 산업용 원료를 확보할 수 있을까?[8] 이는 단지 기술 발전만으로 해결될 문제가 아니라, 자원의 확보, 국제적 협력, 그리고 사회 전반의 구조적 전환을 필요로 하는 복합적인 과제다.

우리가 직면한 현실은 분명하다. 인류의 연료 및 원료 측면의 문제를 한 번에 해결할 수 있는 만능 에너지, 즉 silver bullet energy는 아직까지 존재하지 않는다. 기술적 가능성이 제시되고는 있지만, 어떤 에너지원도 단독으로는 전 세계 인구의 에너지 수요와 물질 기반 산업의 원료 수요를 동시에 충족시킬 수 없다.

결론적으로, 에너지 공급의 안정성과 환경 문제의 완화를 동시에 달성하기 위해서는, 특정 에너지원에만 의존하지 않고 다양한 에너지원과 자원기술을 조합하는 복합적 접근이 필요하다. 재생에너지, 수소, 에너지저장기술, 섹터 커플링 등 다양한 기술과 시스템을 조화롭게 통합해야 하며, 이에 기반한 지속가능하고 탄력적인 에너지 시스템을 구축해야 한다.

이제는 단순히 화석에너지에서 벗어나는 차원을 넘어, 새로운 지속적이고 안정적인 에너지(연료)와 원료의 확보를 위한 총체적 노력이 필요한 시점이다. 이는 과학기술, 정책, 경제, 국제 협력이 유기적으로 연결될 때 비로소 가능해지며, 미래 세대를 위한 준비는 지금 이 순간부터 시작되어야 한다.

---

8 에드 콘웨이, 『물질의 세계』, 이종인 옮김(2024), 인플루엔셜, p. 428.

episode

유럽이 탄소중립 메가트렌드를 선도하는 진짜 이유

▌에너지 부족이 만든 유럽의 위기

그림 2.4를 보면, 19세기 초반까지 중국과 인도는 세계에서 가장 큰 경제 대국이었다. 이 시기 동안 두 나라의 경제는 점진적으로 성장했는데, 이는 인구 증가와 밀접한 연관이 있었다. 다시 말해, 인구가 많을수록 이들 국가의 GDP 비중도 높아져 세계 경제의 선두 자리를 유지할 수 있었다. 실제로 2000년 이전까지 두 나라의 인구는 전 세계 인구의 60%를 차지하며, 경제 규모에 큰 영향을 미쳤다.

하지만 산업혁명은 세계 경제의 판도를 완전히 변화시켰다. 유럽과 미국은 인구 규모가 아니라 산업화를 통해 훨씬 더 많은 부를 창출하기 시작했다. 특히 석탄과 석유 같은 화석 연료를 안정적으로 확보한 유럽과 미국은 세계 경제의 중심지로 부상했다.

산업화 초기, 유럽은 주로 목재와 석탄을 주요 에너지원으로 사용했다. 목재는 가정용이나 소규모 산업에서 주로 활용되었고, 석탄은 연

그림 2.4 세계 주요국의 경제적 파워 변화

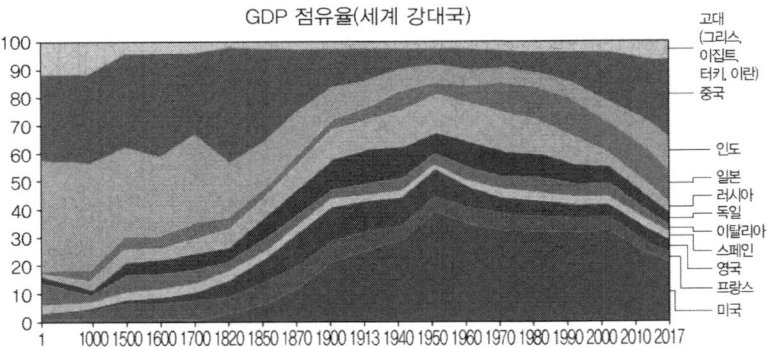

출처: Michael Cembalest, Angus Maddison(2008, updated by Visual Capitalist

소 효율과 에너지 밀도가 높아 증기기관 등 대규모 산업에 널리 쓰였다. 이후 산업화가 진전되면서 석유, 천연가스, 원자력 등으로 에너지원이 다양화되었다.

그러나 이러한 에너지원의 확장이 있었음에도 불구하고 유럽은 여전히 에너지 수급 문제에 직면해 있다. 일부 국가는 에너지의 안정적인 공급과 다양화를 위해 노력하고 있으나, 전체적으로는 해외 의존도가 높은 편이다. 실제로 유럽 내에는 에너지 자립률이 50%에도 미치지 못하는 국가도 있을 정도로 에너지 공급에 취약한 상태이다.

이는 특히 러시아산 석유와 천연가스에 대한 의존도 증가로 이어졌다. 실제로 유럽연합은 러시아-우크라이나 전쟁 이전까지만 해도 천연가스의 35% 이상을 러시아로부터 수입하고 있었으며, 석유 또한 마찬가지로 해외 수입에 크게 의존하고 있다. 이처럼 유럽은 에너지 시장의 유동성에 민감하게 반응할 수밖에 없는 구조이며, 이에 따라 에너지 안보 강화와 에너지 전환은 유럽이 직면한 핵심 과제가 되고 있다.

▌유럽이 탄소중립에 열심인 이유는?

유럽이 기후변화 대응의 탄소중립을 선도하는 주요한 이유로는 여러 가지를 들 수 있다.

먼저, 유럽은 기후변화의 영향을 뚜렷하게 경험하고 있는 지역으로 기후변화 대응의 긴급성을 절감하고 있다. 멕시코 만류(Gulf Stream)는 대서양의 미국 쪽 멕시코만에서 시작해 대서양을 건너 유럽 북서해안을 타고 북상하는 해류로 겨울철에 유럽을 따뜻하게 유지하는 데 핵심적인 역할을 해오고 있다. 그런데 이러한 멕시코 만류가 기후변화로 인해 지난 100년간 유속이 15% 정도 감소하여 기상패턴 변화로 이어져 최근 남유럽의 열풍, 한파와 폭풍 등과 같은 각종 기상재난이 발생하고 있다. 더불어 유럽 북부 지역에서는 빙하의 녹는 속도 등을 실감할 수 있어서 이러한 기후변화 위협을 가장 심각하게 인식하고 있다.

둘째로는, 유럽은 기후변화와 환경문제에 있어 국제적인 책임감을 가지고 있다. 유럽은 가장 먼저 산업혁명을 이룬 지역으로서 일찍부터 환경 문제의 심각성을 인식해 온 역사가 있어 일반 대중의 환경 보호에 대한 책임의식이 높은 편이다. 이에 따라 탈탄소, 탈원전 등 환경 보호 및 지속가능한 발전을 우선시하는 녹색당 등이 주류 정치계에 진출하면서 이러한 가치가 유럽 정책에 반영되고 있다.

셋째, 유럽은 기후변화 대응을 통해 새로운 경제적 가치와 기회를 창출하고자 한다. 유럽인들에게 기후변화 대응은 새로운 기회이기도 하다. 전통적 산업에서 경쟁력을 잃어가고 있는 유럽의 지도자들은 기후위기에 대응하는 것을 과거 영광을 재현하기 위한 새로운 기회로 생각하는 듯하다. 유럽이 누리던 세계 질서 패권은 제2차 세계대전을 기점으로 미국, 동북아 국가로 넘어갔다. 분야별로 보면 제조업에서 한국·일본 등 제조강국들에게 추격당했고, 중국과 인도까지 뒤를 쫓고 있다. 금융·서비스업도 미국, 영국 등에 주도권을 빼앗긴 지 오래다. 디지털 산업도 다를 바 없다.[9] 따라서 기후변화 대응을 통한 저탄소 경제로의 전환은 새로운 산업을 육성하고 새로운 일자리를 창출하여 유럽의 재성장을 이룰 수 있을 것으로 기대한다.

마지막으로, 에너지 안보와 경제적 자립을 강화하기 위한 노력을 들 수 있다. 재생에너지의 보급과 에너지 효율화를 통해 유럽 역내의 에너지 공급의 안정성을 높이고 역외 국가에 대한 에너지 의존도를 줄이는 데 중점을 두고 있다. 이러한 여러 이유들로 유럽의 기후변화에 대한 정책 어젠다 추진과 의식 수준은 다른 그 어느 지역보다도 높다고 할 수 있다.

▌유럽의 신성장동력이기도 한 그린딜(Green Deal)

기후변화는 현재 과학적으로 입증된 사실이며, 이로 인해 유럽은 이에 적극적으로 대응하고 있다. 이에 대한 한 가지 대안으로 재생 에너지를 주목하고 있다. 재생 에너지는 환경에 친화적이며, 유럽의 에너지 안보를 강화하고 에너지 공급의 안정성을 높일 수 있는 중요한 자원이다. 따라서 유럽은 그린딜을 통해 재생 에너지를 촉진하고 친환경

---

9   권순목(2022), 「기후변화 대응'은 새로운 기회라는 유럽인들의 인식」, 『나라경제』, 2022년 12월호(통권 제385호), 한국개발연구원(경제정보센터)

기술 개발로 산업 구조를 혁신하여 경제적 경쟁력을 확보하려는 목표를 가지고 있다.

유럽의 그린딜은 2019년에 발표되었으며, 기후변화 대응과 경제 성장을 조화시키는 비전을 담고 있다(그림 2.5). 이 계획은 유럽 연합이 재생에너지 촉진, 온실가스 감축, 친환경 기술개발 등을 통해 유럽의 에너지 시스템을 혁신하고 탄소배출을 줄이는 것을 목표로 하고 있다. 이를 위해 유럽은 기후목표를 달성하기 위하여 수십 개의 새로운 규제, 이니셔티브 및 입법조치를 진행하고 있다. 2019년 이후 도입된 이니셔티브 및 입법으로는 Fit for 55 패키지(Fit for 55 Package), 순환경제 행동계획(Circular Economy Action Plan), 유럽 기후법(European

그림 2.5 유럽 그린딜 구성요소

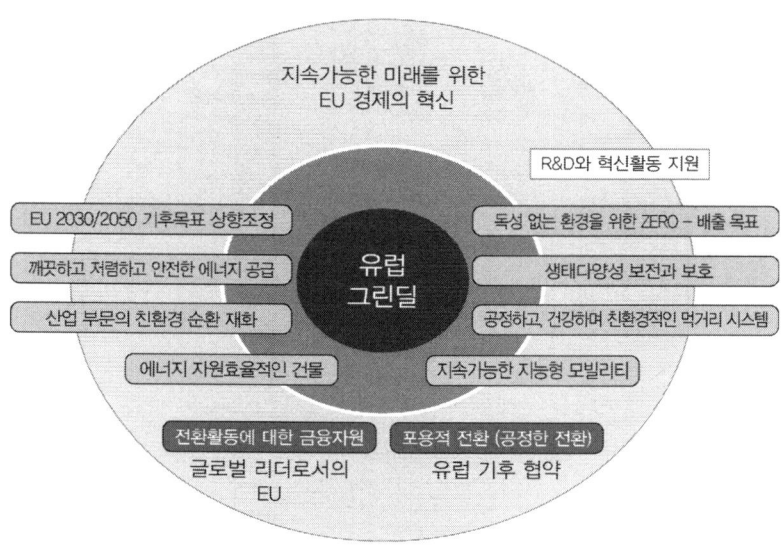

출처: EU 위원회

Climate Law), 차세대 유럽연합(NextGenerationEU) 등을 포함한 다양한 부문별 규제가 있다. 부문별 규제로는 에너지효율 촉진, 지속가능한 교통 강화(예: ReFuelEU 항공 제안), 재생가능 수소 지원, 항공과 해양 부문에 대한 배출권 거래제 강화 등이 있다.

또한, 유럽 그린딜은 친환경 기술 개발을 통해 산업 구조를 혁신하고 경제적 경쟁력을 확보하는 것을 목표로 하고 있다. 새로운 산업과 일자리 창출이 가능해지며, 지속가능한 경제 성장을 촉진할 수 있다. 이를 위해 유럽은 기후변화 대응 관련하여 정치적·경제적 리더십과 환경 보호의 책임을 함께 실현하기 위한 노력을 통해 유럽의 성장동력을 다시 회복하고자 한다.

episode

탄소중립의 힘든 여정에도 기회는 있다

▌공유지의 비극인 기후변화 문제를 해결할 수 있을까?

탄소중립은 전 지구적으로 매우 어려운 과제이다. 선진국들은 이미 산업 발전 과정에서 상당한 온실가스를 배출해왔으며, 최근 수십 년간 이를 감축하기 위한 노력을 지속해왔다. 그러나 감축 여력이 줄어들면서, 추가적인 감축은 더 어려울 수 있다. 반면 중국과 인도와 같이 인구가 많은 국가들은 여전히 온실가스 배출량이 증가 추세에 있으며, 배출 감축을 위한 기술 투자와 재정적 기반이 충분하게 마련되어 있지 않다. 또한 아프리카나 중남미 등 산업화가 덜 진행된 국가들은 절대적인 배출량은 비교적 낮지만, 탄소중립을 달성할 수 있는 기술력과 정책 기반이 부족한 상황이다.

이처럼 각국의 경제 발전 수준과 정책 역량, 기술 수준이 상이하기 때문에, 전 세계적인 온실가스 감축과 탄소중립 실현은 더욱 복잡한 과제가 되고 있다. 경제학에서 말하는 '공유지의 비극(Tragedy of the

Commons)'¹⁰ 개념은 이러한 상황을 잘 설명해 준다. 공유지의 비극이란, 한정된 자원을 여러 사람이 자유롭게 이용할 경우 각자가 자신의 이익을 극대화하려는 과정에서 자원이 과잉 소비되고 결국 고갈되거나 훼손되는 현상을 말한다. 이는 주로 개인의 이익 추구와 집단 전체의 이익 사이의 구조적인 갈등을 보여주는 대표적인 사례이며, 이를 해결하기 위해서는 적절한 규제와 효과적인 자원 관리 체계가 필요하다. 지구촌 전체가 공유하는 대기와 기후 문제도 이러한 성격을 지닌다. 각국이 처한 경제·정치·기술적 조건이 상이한 상황에서, 아무리 파리협정과 같은 국제 합의를 통해 온실가스 감축 목표를 설정했다 하더라도, 실질적인 이행은 국가 간 이해관계 충돌과 부담의 불균형 문제로 인해 매우 복잡하고 어려운 과제로 남아 있다.

그러나 탄소중립 대응 과정에는 기회도 존재한다. 화석에너지의 한계와 고갈이 점점 더 가까워지는 상황에서, 지속가능하고 친환경적인 에너지로의 전환은 현대 문명을 지속적으로 유지할 수 있는 가장 좋은 전략이다. 가속화되는 지구온난화 문제에 대응하기 위한 온실가스 감축 기술과 적응 방안 개발을 통해 우리는 더 나은 해결책을 찾을 수 있으며, 이는 그 자체로 부가가치를 창출할 수 있는 기회로 이어질 것이다.

---

10 '공유지의 비극'은 지하자원, 초원, 공기, 호수의 어류 자원처럼 개방된 자원에 개인이 자신의 이익에 따라 자유롭게 사용할 경우, 그 자원이 고갈되거나 파괴되는 경제과학적 상황을 설명하는 개념이다. 이 개념은 1833년 영국의 경제학자 윌리엄 포스터 로이드(William Forster Lloyd)가 발표한 에세이에서 처음 제시되었다. 로이드는 영국과 아일랜드의 규제되지 않은 방목 사례를 가상의 예로 들어, 공유 자원의 무분별한 이용이 초래할 수 있는 문제를 경고하였다. 이후 1968년 미국의 생물학자 개릿 하딘(Garrett Hardin)이 과학 저널 『사이언스』에 발표한 논문에서 이 개념을 다시 조명하면서, '공유지의 비극'은 대중적으로 널리 알려지게 되었다.

탄소중립은 우리가 현재 지구 환경을 보호하고 미래 세대를 위한 지속가능한 에너지 시스템을 구축하는 데 중요한 역할을 한다. 이는 경제적인 측면에서도 이점을 가져다 줄 것이다. 새로운 에너지 시장을 개척하고 기술 혁신을 이끌어내는 과정에서 새로운 산업과 일자리를 창출할 수 있다. 따라서 탄소중립을 향한 노력은 지구를 더 건강하고 지속가능한 곳으로 만들기 위한 중요한 발전 단계로 볼 수 있다.

▌기후테크의 기회

지구 온도 상승 및 기후변화의 위협이 점점 더 커지고 있는 가운데, 현재의 정책과 실천만으로는 충분하지 않다는 우려가 커지고 있다. 최신 "IPCC 제6차 보고서(IPCC AR6)"와 2023년 기후행동추적(Climate Action Tracker)에 따르면, 현재 각국이 시행 중인 정책 경로를 유지할 경우 2100년까지 지구 평균기온이 약 2.7°C 상승할 것으로 예상된다. 심지어 각국이 설정한 '2030 국가온실가스감축목표(NDC)'를 모두 충실히 이행하더라도 약 2.4°C 상승이 전망되며, 최선의 시나리오에서도 파리협정에서 설정한 1.5°C 목표를 초과한 1.8°C 상승이 불가피할 것으로 예상되고 있다. 이러한 전망은 세계 각국이 온실가스 배출 감축, 재생에너지 전환 등의 노력에서 아직까지 충분한 이행 수준에 도달하지 못하고 있다는 사실을 반영한다. 따라서 이제는 온실가스 배출 감축에 집중하는 것뿐만 아니라 기후변화에 대비하기 위한 적응 기술의 개발이 필요하다. UNFCC 기술집행위원회(TEC)는 이를 위한 기후변화 대응을 위한 온실가스 감축과 기후변화 적응에 기여하는 기술을 기후테크(Climate Tech)로 정의하고 있으며, 특히 기후변화 적응 기술에는 재해 예방, 수자원 관리, 농업 생산성 향상, 해수면 상승 대응 등이 포함된다.

주요 국가들도 기후테크를 신성장 동력으로 육성하기 위해 집중적으로 투자하고 있다. 시장조사기관 블룸버그NEF에 따르면, 2023년에는 기후변화 대응을 위해 약 1.8조 달러가 투자되었고, 기후테크 스타트업과 벤처 투자는 약 1,250억 달러에 달했다. 이는 전 세계적으로 기후변화에 대한 경각심이 높아지고 있으며, 기후테크 산업이 더욱 발전할 것으로 전망된다. 그러나 이 정도의 투자와 노력은 기후변화 대응에는 아직 부족한 실정이다. 글로벌 시장조사기관인 블룸버그NEF의 신에너지 전망(New Energy Outlook)에 의하면 2050년까지 약 194조 달러의 투자가 필요하다고 전망하였다. 이는 재생에너지 전력 시스템 재편과 저탄소, 탈탄소 기술의 상용화 등 글로벌 탄소중립을 달성하기 위해 필요한 투자규모를 추산한 것으로 연간 7조 달러 이상의 막대한 규모이다.

특히 EU는 제도를 체계적으로 정비해 가면서 전략적으로 기후기술을 개발하고 있다. "세계는 누가 가장 먼저 탄소중립을 달성하고, 향후 수십 년간 세계 경제를 좌우할 기술을 먼저 개발할 것인가를 결정하는 경쟁에 돌입해 있다"라고 폰데어라이엔 EU 위원장이 언급한 바 있듯이, 탄소중립을 기회로 여기고 있다. 반면, 미국은 2022년 인플레이션 감축법(IRA)을 통해 향후 10년간 3,690억 달러를 투자하며 민간 자본을 통한 기후기술 개발을 주도하고 있고, 중국은 재생에너지, 이차전지, 전기차, 수소 등 미래의 기후기술 선점을 위해 국가 차원에서 적극 지원하고 있다.

　이러한 글로벌 추세에 맞춰 우리나라 2050 탄소중립·녹색성장위원회는 2023년 6월에 기후테크를 클린테크(Clean Tech), 카본테크(Carbon Tech), 에코테크(Eco Tech), 푸드테크(Food Tech), 지오테크(Geo Tech)의 5가지로 분류하고, 기후테크 산업을 육성하여 탄소중립 이행을 성장 동력으로 활용하기 위한 전략을 발표하였다. 이 전략은 민간 합동으로 2030년까지 145조 원의 투자를 통해 유니콘 기업 10개를 육성하고, 수출규모를 100조 원으로 늘리며, 신규 일자리 10만개를 창출하는 것을 목표로 하고 있다. 이어서 2024년 3월 19일에는 금융위원회가 기후위기 대응을 위한 금융지원 확대 방안을 발표하였다. 이 계획에 따르면 2030년까지 기업의 저탄소 공정 전환, 재생에너지 확대, 기후테크 기술개발 등을 대상으로 총 420조 원 규모의 금융지원을 계획하고 있다.

그림 2.6 기후테크(Climate Tech)

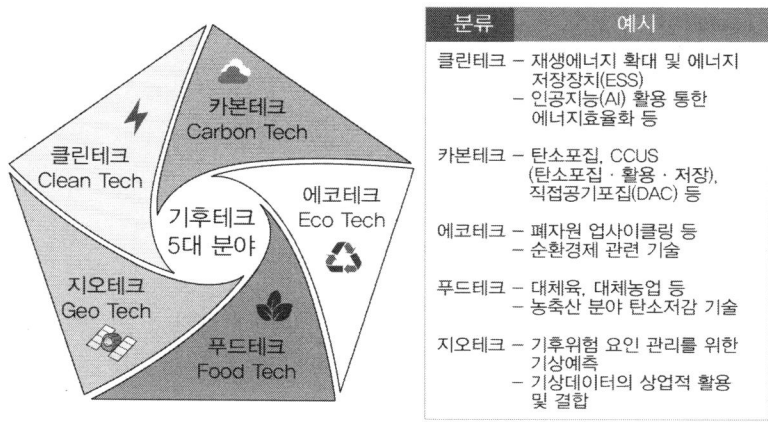

출처: 2050 탄소중립·녹색성장위원회(2023)

이와 같이 기후테크 여러 분야는 큰 기회를 제공하지만, 동시에 여러 가지 위기와 장애요인도 동반한다.

기후테크의 기회는 다음과 같다. 첫째, 기후테크는 지속가능한 에너지 솔루션을 통해 에너지 생산과 소비의 효율성을 높이고, 지속가능한 에너지원의 사용을 확대할 수 있는 잠재력을 지닌다. 특히 그린수소 생산, 고효율 태양광 패널, 차세대 배터리 기술 등을 통해 화석 연료 의존도를 줄이고 온실가스 배출을 감소시킬 수 있다. 둘째, 기후변화에 대응하기 위한 혁신적인 기술들은 새로운 시장과 사업 기회를 창출한다. 예를 들어, 탄소포집·활용·저장(CCUS) 기술, 스마트 그리드, 전기차 충전 인프라 등은 기존 산업의 혁신을 촉진하고, 새로운 일자리와 경제적 가치를 창출하는 데 기여할 수 있다.

그러나 기후테크 분야는 여러 가지 위기와 장애요인에 직면해 있다. 첫째, 기술 개발과 상용화 과정에서 높은 비용이 발생할 수 있으며, 이는 중소기업이나 스타트업의 진입 장벽이 될 수 있다. 특히 대규모 실증사업이나 스케일업에 필요한 자금 조달이 큰 과제이다. 둘째, 기후테크 기술의 채택과 확산에는 정치적, 사회적 저항이 있을 수 있다. 정책 결정자와 대중의 이해 부족 또는 기술에 대한 불신은 기술의 빠른 확산을 방해할 수 있다. 셋째, 기술의 표준화와 규제 체계의 부족은 기술의 일관된 발전과 채택을 저해할 수 있다. 특히 국가 간 상이한 기준과 규제는 글로벌 시장 진출의 장애요인이 되고 있다.

이러한 장애요인을 극복하기 위해서는 몇 가지 접근 방법이 필요하다. 우선, 정부와 민간 부문 간의 협력 강화가 중요하다. 예를 들어, 민관 합동 투자 펀드 조성, 실증사업 지원, 세제 혜택 등 정책적 지원과 재정적 인센티브를 통해 기후테크 개발을 촉진하고, 기술 혁신의 상용화를 지원하는 체계적인 접근이 필요하다. 또한, 기후테크 기술에 대한 대중의 인식을 높이고, 교육 및 홍보 활동을 통해 사회적 수용성을 향상시키는 것이 중요하다. 마지막으로, 국제적인 협력과 표준화 작업을 통해 기술의 상호 운용성을 높이고, 글로벌 시장에서의 경쟁력을 강화할 수 있다.

이처럼 기후테크는 기회와 도전이 공존하는 분야로 이를 성공적으로 발전시키기 위해서는 다각적인 접근과 지속적인 노력이 필요하다. 특히 글로벌 경기 침체 우려와 지정학적 리스크 증가로 인해 기후테크 투자가 위축될 수 있는 상황에서 장기적 관점의 지속적인 투자와 지원이 더욱 중요해지고 있다.

3

물을 수확하고 있는 시대에 살고 있다

CHAPTER 03
물을 수확하고 있는 시대에 살고 있다

>>> CJ제일제당 강민구

요약

"물은 모든 것의 근본이다"라는 고대 철학자 탈레스의 말처럼 물은 생명의 본질이자 인류 문명의 기반으로, 고대 문명들은 강과 하천을 중심으로 번영했다. 현대에 들어서며 물은 농업, 산업, 식수, 생태계 등 모든 영역에서 필수적인 자원으로 자리 잡았지만 물이 무한한 자원이 아니라는 사실은 점차 분명해지고 있다. 21세기 들어 인구 증가, 산업화, 기후변화 등이 맞물리면서 전 세계적으로 물 부족 문제가 심각해지고 있으며, 2050년에는 세계 인구가 약 95억 명에 이를 것으로 예상된다. 이로 인해 물 수요는 급증하고, 공업화와 육류 중심 식단의 확산, 기후변화로 인한 가뭄과 홍수는 물 자원의 접근성을 더욱 위태롭게 만들고 있다.

이러한 물 부족은 단순한 자원의 문제가 아니라 농업 생산성 저하, 식량 위기, 수질 오염, 국가 간 분쟁 등 경제적·사회적·환경적 위기로 이어지고 있다. 물을 둘러싼 국가 간 분쟁은 갈등을 심화시키며, 물 부족 문제는 지역적인 도전에서 벗어나 전 세계적인 협력과 해결을 요구하는 과제가 되었다.

이에 대응하기 위해 국제적 협력과 첨단 기술의 활용이 필수적이다. 유럽 다뉴브강 위원회는 다국적 협력의 좋은 예이며, 해수 담수화, 물 재이용, 스마트 물 관리 시스템 등 첨단 기술은 물 자원의 효율적 사용과 재생을 가능케 하며, 특히 중동과 같은 물 부족 지역에서 주요한 해결책으로 주목받고 있다. 한국의 수도권 광역 상수도 사업은 공공과 민간의 협력으로 물 관리 문제를 해결한 사례로, 국가 간 협력과 기술 활용의 중요성을 보여준다.

물 부족 문제는 인류의 생존과 번영을 위협하는 전 지구적 도전 과제다. 이를 해결하기 위해서는 모든 국가와 지역이 협력하고, 지속가능한 물 관리와 기술 개발에 나서야 한다. 지금 우리가 얼마나 빠르게 대응하느냐에 따라 미래의 물과 삶의 모습이 달라질 것이다. 물의 가치를 인식하고, 행동에 나서야 할 때가 바로 지금이다.

episode

세계적인 물 부족의 원인

▌물 부족 위기는 이미 진행 중

"물은 모든 것의 근본이다." 고대 그리스의 철학자이자 수학자 탈레스의 말이다. 그는 물을 만물의 본질로 보았으며, 고대부터 물은 인간 삶의 본질적 요소로 자리 잡아 왔다. 물은 생명의 필수 조건일 뿐 아니라, 국가의 생존과 발전에 있어서도 핵심적인 자원이다.

농경 사회에서는 물이 곧 힘이었다. 농사꾼들 사이의 물 확보 경쟁은 살인으로까지 이어졌고, 크게는 국가 간 갈등은 전쟁으로 번지기도 했다. 이런 이유로 물을 다스리는 지혜는 국토를 다스리는 근본 원리와 같았으며, 통치자의 핵심적인 덕목으로 여겨졌다. 실제 중국의 사상가 관자(管子)는 "물은 땅의 피요, 기(氣)"라며 물의 중요성을 강조했다. 이처럼 물은 대지를 순환하며 땅을 비옥하게 하고, 하천은 생명의 통로로서 백성의 갈증을 해소하며 자연의 안식처 역할을 해왔다.

하지만 지구 전체 물의 양 중 인간이 실제로 사용할 수 있는 물은 단

그림 3.1 지구의 물 분포

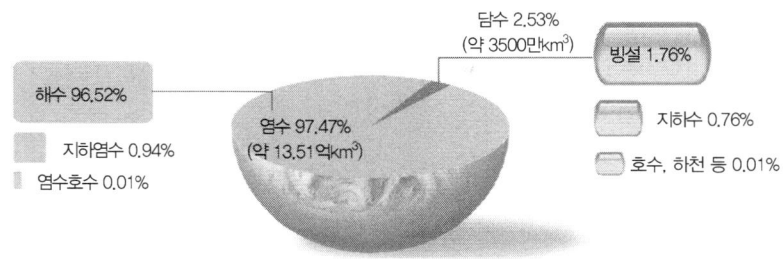

출처: 국토교통부 정책자료

0.01%에 불과하다. 이처럼 놀랍도록 적은 비율은 전 세계 물 안보에 내재된 구조적 취약성을 강조하며, 급증하는 인류의 소비적 수요로 인해 이러한 구조적 취약성은 더욱 심화되고 있다.

'부족'이란 사전적으로 '모자람'을 뜻하며, 이는 풍요로웠던 것이 점차 결핍되어 가는 상태를 나타낸다. '물 부족'이라는 표현 역시 한때 넉넉히 사용했던 물이 점점 줄어들고 있음을 경고하는 것이다. 물은 지구상의 모든 생명체에 필수적이며, 인간 문명의 기반을 이루는 중요한 자원이다. 그러나 인류는 오랫동안 물을 무한한 자원으로 여겨 그 가치를 경시하며 무분별하게 사용해 왔다.

세계 각국의 연구자들과 환경 단체들은 오래전부터 물 부족의 심각성을 경고해 왔다. 오랜전부터 국제기구의 보고서에 따르면, 물 부족이 인류의 지속가능성을 위협하며 일부 지역은 이미 이 문제를 체감하고 있다. 그러나 실질적인 대응책은 여전히 부족한 상황이다. 물 부족은 단순한 환경 문제가 아니라 경제, 사회, 정치 등 다양한 분야에 영향을 미친다. 예컨대, 물 부족은 농업 생산량 감소를 초래해 식량 공급과 경제적 안정성을 위협하며, 국가 간 갈등으로 국제적 분쟁으로 번

그림 3.2 2023년 8월 세계자원연구소(WRI)가 공개한 세계 수자원 위험 지도

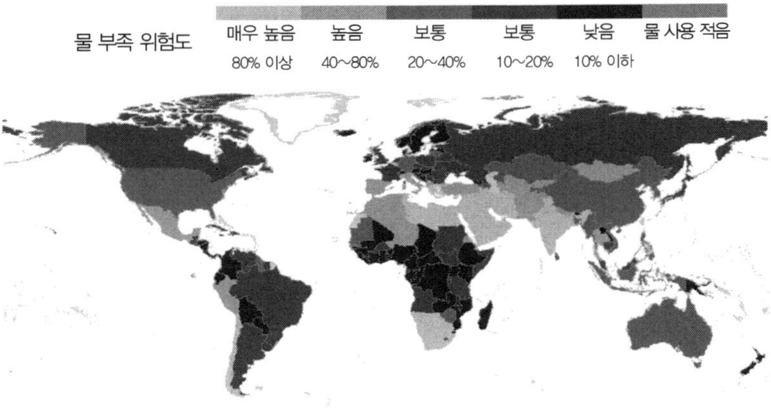

| 물 부족 위험도 | 매우 높음 80% 이상 | 높음 40~80% | 보통 20~40% | 보통 10~20% | 낮음 10% 이하 | 물 사용 적음 |

출처: 세계자원연구소(WRI)

질 가능성도 있다.

문제는, 물 부족 경고가 현실이 되었음에도 여전히 효과적인 대응이 부족하다는 점이다. 이는 단순히 해결책의 부재를 넘어, 정치적 의지 부족, 경제적 제약, 또는 분절된 거버넌스와 같은 시스템적 장벽이 존재함을 시사한다.

물은 더 이상 무한한 자원이 아니다. 지속가능한 미래를 위해 물 자원의 관리와 보존을 위한 근본적인 해결책이 마련되어야 한다.

물 부족의 위기는 이미 시작되었다. 물은 불균형하게 분배되어 일부 지역은 극심한 가뭄에 시달리는 반면, 다른 지역에서는 지하수를 과도하게 끌어올려 사용하고 있다. 물 부족 문제는 특정 지역에서만 나타나는 것처럼 보이지만, 결국 지구상의 어떤 곳도 이 문제의 영향에서 완전히 자유로울 수 없을 것이다. 중요한 것은 물 부족의 징후를 얼마나 빨리 감지하고 효과적으로 대응하느냐에 달려 있다.

미국의 정치가이자 과학자였던 벤자민 프랭클린은 『가난한 리처드의 연감(Poor Richard's Almanack)』에서 "우리는 물이 사라져야 그 진정한 가치를 알게 된다"라고 말했다. 그의 말처럼, 우리는 아직 물의 소중함을 진정으로 깨닫지 못하고 있는지도 모른다.

▍물 부족 문제의 원인은 무엇일까?

물 부족의 주요 원인은 크게 세 가지로 요약할 수 있다.

첫 번째는 인구 증가다. 아이러니하게도 깨끗한 물의 공급이 인류의 평균 수명을 연장시키며 인구 성장을 촉진한 주요 요인 중 하나였다. 상하수도의 발달과 수인성 질병의 감소로 풍요로운 삶을 누릴 수 있게 되었지만, 인구 증가는 물 부족 문제를 심화시키는 결과를 초래하고 있다. 세계 인구는 2025년 약 80억~82억 명에 이르렀으며, 2050년에는 약 95억~97억 명에 이를 것으로 예상된다. 깨끗한 물의 공급이 인류의 평균 수명을 연장시키며 인구 성장을 촉진한 주요 요인 중 하나였지만, 이는 고정된 극소량의 사용 가능한 물 공급과 급격히 증가하고 소비적인 수요 사이의 근본적인 불균형을 초래하는 '진보의 역설'을 보여준다. 현재 전 세계 약 30억~34억 명이 물 스트레스 또는 물 부족을 겪고 있으며, 이 중 22억 명은 안전한 식수에 전혀 접근하지 못하는 심각한 상황에 처해 있다. 즉, 제한된 물 자원으로 이러한 인구를 감당하는 것은 큰 도전 과제가 될 것이다.

두 번째는 생활방식의 변화다. 산업화와 더불어 물 사용량이 급격히 증가하고 있다. 샤워, 개인 수영장, 정원 유지와 같은 사치성 소비는

그림 3.3 물의 순환

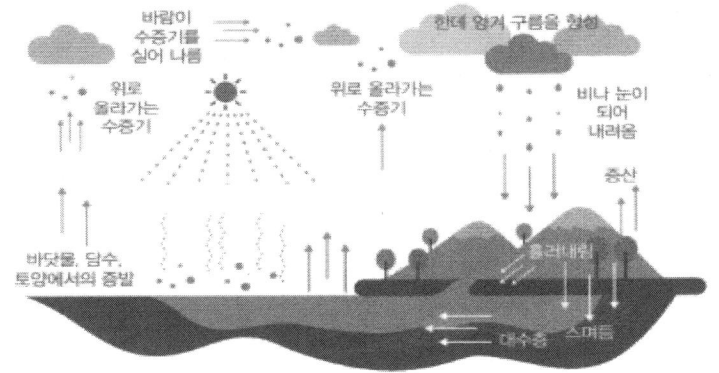

출처: 경기도 물정보시스템(https://water.gg.go.kr)

물론, 육류 중심의 식습관 변화도 물 사용량을 크게 늘리고 있다. 예를 들어, 소고기 1kg 생산에는 옥수수 1kg 생산보다 약 20배 더 많은 물이 필요하다. 또한, 자동차나 전자제품 같은 현대 문명의 편리함을 제공하는 제품 생산 과정에서도 엄청난 양의 물이 소비되고 있다.

세 번째는 기후변화다. 기후변화로 인해 물 순환 속도가 변화하며 담수 자원 이용에 제약을 주고 있다. 온도 상승으로 인해 증발이 가속화되고, 강수 패턴의 변화로 한 지역에서는 극심한 가뭄이, 다른 지역에서는 빈번한 홍수가 발생하고 있다. 특히 중동 지역은 강우량 변화로 인해 심각한 문제를 겪고 있으며, 미미한 강우에도 홍수 피해가 발생할 수 있는 취약한 상태다.

이처럼 인구 증가, 생활방식 변화, 기후변화가 복합적으로 작용하여 물 부족을 심화시키고 있다. 따라서 이를 해결하기 위해서는 다각적인 노력이 필요하다.

미처리되거나 오염된 물은 사용 가능한 물의 양을 급격히 줄인다. 급격한 산업화는 인류의 발전을 가져왔지만, 물 오염 문제에 대한 경각심은 비교적 최근에서야 본격적으로 대두되었다. 특히 개발도상국들은 경제 성장을 우선시하며 환경오염, 특히 물 오염 대처에 소홀한 경향이 있다.

미처리된 오염수는 토양에 스며들어 지하수 대수층을 오염시키고, 결국 상수원으로 흘러들어 우리의 식수마저 위협한다. 1991년 낙동강 페놀 사건은 산업 오염으로 인한 식수원 오염의 대표적인 사례로, 오늘날까지도 물 오염의 심각성을 일깨워준다. 이 사례는 깨끗한 물의 확보가 물 부족 문제 해결의 중요한 출발점임을 보여준다. 또한, 노후화된 송배수관 문제도 심각하다. 전 세계적으로 많은 도시에서 대규모 누수가 발생하며, 이는 매일 엄청난 양의 물을 낭비한다. 예컨대, 미국 뉴욕에서는 하루 약 135천 톤의 물이 누수로 손실된다.

인구 증가, 생활방식 변화, 기후변화, 오염된 물, 노후화된 인프라가 물 부족 문제를 악화시키고 있지만, 해결이 불가능한 것은 아니다. 중요한 것은 물 부족이 특정 지역의 문제가 아니라 전 세계가 함께 해결해야 할 공통의 과제라는 인식 변화다. 물 부족은 세계 경제를 제한하고 지속 가능한 삶을 위협할 것이지만, 지금부터라도 적극적인 물 절약과 체계적인 대응 계획을 실행한다면 늦지 않다. 변화는 지금 시작해야 한다. "우리는 우물이 마르기 전까지는 물을 아쉬워하지 않을 것이다."라는 밥 말리[1]의 노래가 떠오른다.

---

1 밥 말리(1945~1981)는 자메이카 출신의 전설적인 레게 뮤지션으로, 평화와 사랑의 메시지를 통해 인권과 공동체 가치를 전파하며 전 세계에 영감을 주었다.

episode

물 부족이 초래한 식량생산의 위기

▌식량위기는 계속 진행되고 있었다

　19세기 무렵, 농업기술의 비약적 발전과 감자, 옥수수 같은 새로운 작물의 도입으로 식량 생산이 크게 증가하면서 세계 인구는 약 10억 명에 이르렀다. 당시에는 이러한 인구 증가가 노동력 증대로 이어져 인류의 번영을 지속시킬 것이라는 낙관적인 기대가 있었다. 그러나 20세기에 접어들며 안정적인 식량 생산이 계속되자 세계 인구는 약 16억 명에 이르렀고, 예상치 못한 식량 부족 문제가 발생했다.

　이러한 현상은 미생물 배양에서 관찰되는 S자형 성장 곡선과 유사하다. 초기 적응기(유도기)에는 증식 속도가 느리지만, 대수기(로그대수기)에 들어서면 개체 수가 급격히 증가한다. 그러나 자원의 한계와 오염물질 축적 때문에 성장 속도는 둔화되고, 결국 정체기를 거쳐 사멸기에 접어든다. 인류 역시 농업기술과 작물의 도입으로 한동안 인구 증가를 촉진했지만, 자원의 한계에 직면하며 성장 정체기를 맞이했다.

하지만 20세기 초 암모니아 합성 기술의 개발은 새로운 전환점을 가져왔다. 이 기술은 질소 비료의 대량 생산을 가능하게 하여 농업 생산성을 극적으로 향상시켰고, 인류는 정체기를 극복하고 새로운 성장의 시대로 나아갈 수 있었다.

만약 암모니아 합성 기술이 개발되지 않았다면, 세계 인구는 오늘날 30~40억 명 수준에 머물렀을 가능성이 크다. 그렇게 되었다면 현재와 같은 물 부족 문제는 인류의 상상 속에서도 존재하지 않았을지도 모른다.

암모니아 합성이 가능해지면서 인류는 지구의 질소 순환에 커다란 변화를 가져왔다. 자연적으로 질소고정 박테리아에 의해 생성되던 양보다 약 20배나 더 많은 질소를 추가 공급할 수 있게 되면서, 식량 생산의 주요 제한 요소였던 질소 부족이 해결되었다. 결과적으로 전 세계는 충분한 식량을 생산할 수 있게 되었고, 안정된 식량 공급은 다시

그림 3.4 미생물의 성장곡선

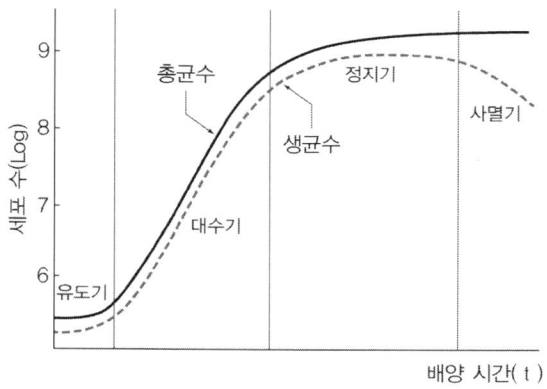

출처: 저자 작성

인구 증가로 이어졌다. 이로 인해 2020년 세계 인구는 약 78억 명에 도달했으며, 2025년에는 약 80억~82억 명, 2050년에는 약 90억~97억 명까지 증가할 것으로 예상된다

기술 발전은 인류의 기대수명을 증가시켜 삶을 연장했지만, 이는 유한한 자원인 토양에서 더 높은 생산성을 요구하는 결과를 낳았다. 급격한 인구 증가는 지구의 회복탄력성을 약화시키고 있으며, 이에 따라 식량 부족 위기가 다가오고 있다.

과거에도 식량 위기는 있었지만, 앞으로 직면할 식량 위기는 단순한 공급 차원의 문제가 아니다. 인류가 무한히 존재할 것이라 믿어왔던 자원의 고갈에서 비롯되며, 특히 그중에서도 물 부족이 가장 심각한 위협으로 부상할 것이다.

▎물 부족이 주는 경고의 시작: 식량위기

2023년에는 1977년 이후 46년 만에 UN 물회의가 뉴욕에서 개최되었다. 지구의 탄생 이후 물은 공기와 함께 모든 생물의 생존에 필수적인 요소였지만, 인류는 오랜 시간 동안 물을 무한한 자원으로 간주해 왔다. 그러나 물 부족이 점차 현실화되면서 우리의 삶은 중대한 전환점을 맞이할 수 있다.

만약 물이 없다면 모든 생명체는 생존할 수 없으며, 이는 누구도 부정할 수 없는 명백한 사실이다. 그렇다면 물이 부족해진다면 우리의 생활은 어떻게 변할까? 과거 헐리우드 영화들은 이러한 디스토피아적 시나리오를 자주 다뤘다. 예를 들어, 영화 〈매드 맥스〉에서는 물이 생

존자들을 통제하는 수단이자 권력의 상징으로 묘사된다. 이와 같은 설정은 한때 허구로 여겨졌지만, 이제는 상상 속 이야기만이 아니라 현실로 다가올 가능성이 점점 높아지고 있다.

세계자연기금(WWF)[2]은 2023년 보고서에서 "물은 세계에서 가장 소중한 자원이지만 그 가치가 과소평가되고 있으며, 점점 커지는 글로벌 위기의 중심에 있다"라고 경고했다. 물은 인간과 지구 생태계에 없어서는 안 될 필수 자원이지만 공급이 불안정해질 경우 식량 생산성이 감소하고, 이는 곧 식량 부족 문제로 이어질 수 있다.

오늘날 농업 생산성은 암모니아 합성과 농업기술의 발전 덕분에 유한한 토지에서도 식량 생산성을 높일 수 있었지만, 이는 어디까지나 충분한 물의 공급이 가능하다는 전제가 있었기 때문이다. 과거에는 물 부족이 사막이나 건조지역 등 일부 지역에서만 발생하는 문제로 인식되었고, 우리나라에서도 '물 부족 국가'라는 논의가 있었지만, 수도를 틀면 언제든 물이 나오는 일상은 물의 귀중함을 체감하지 못하게 했다. 그러나 이제 물 부족 문제는 지역적 현상을 넘어 전 세계적 이슈로 떠오르며, 인류 전체가 함께 해결해야 할 과제가 되고 있다.

세계기상기구(WMO)가 발표한 2022년 세계 하천 방류량 변동 자료에 따르면, 지도에서 짙은 음영으로 표시된 지역은 수자원이 크게 감소한 지역이며, 밝은 음영은 수자원이 증가한 지역, 중간 음영은 수자원 변화가 거의 없는 지역을 의미한다. 음영의 진하기는 지역별 수자

---

2   1961년에 설립된 세계 최대의 비정부 환경 보호 단체 중 하나. WWF는 자연 보전과 지속가능한 발전을 목표로 삼으며, 야생동물 보호, 서식지 보전, 기후변화 대응, 해양 및 삼림 보호 등 다양한 환경 보호 활동을 수행한다.

원 변동의 폭을 나타내며, 이는 곧 지역 간 수자원 이용 여건의 불균형이 점점 심화되고 있음을 보여준다. 이러한 불균형은 단순히 자연적 요인만이 아니라, 기후변화와 인간의 활동이 복합적으로 작용한 결과다. 결국 물 부족 문제는 자원의 고갈을 넘어, 인류의 생존과 지속가능한 발전을 위협하는 심각한 구조적 문제로 이어지고 있다.

지구온난화로 인해 물의 순환 속도가 빨라지고 있으며, 이에 따라 가뭄과 홍수 등 극단적인 수문학적 재해의 빈도와 강도가 증가하고 있다. 실제로 1991~2020년 장기 통계에 따르면, 전 세계 집수구역의 34%에서 수자원이 감소했고, 21%에서는 오히려 증가했다. 이러한 장기 추세가 가속화되어 2022년 한 해 동안만 해도 전체 집수구역의 절반 이상에서 수자원의 변동이 관측되었으며 이는 기온 상승으로 인해 증발량이 증가하고, 강수량의 변동으로 유입되는 물이 줄어든 데 따른 결과로 분석된다.

세계기상기구의 페테리 탈라스 사무총장은 "기온 상승은 물의 순환

그림 3.5 수자원 변화 추이(1991~2022년)

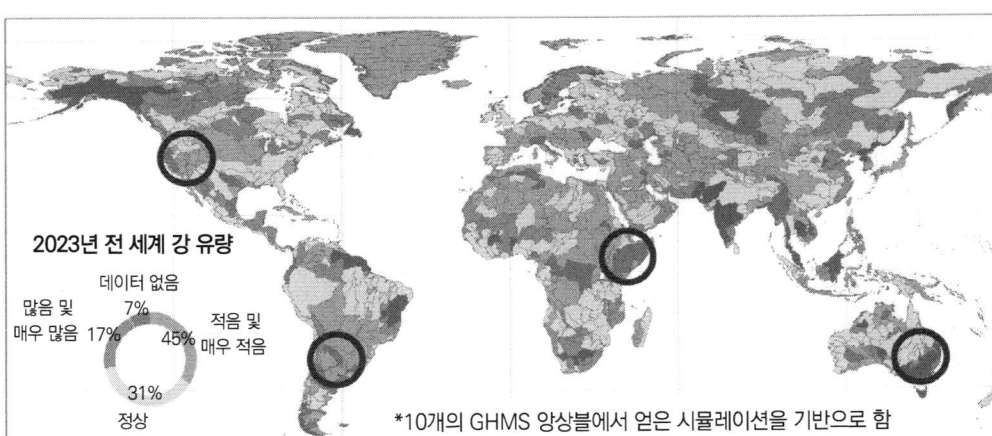

출처: 세계기상기구

을 가속화하고 교란시켰다"며, "더 따뜻해진 대기는 더 많은 수분을 머금기 때문에, 과거보다 더 빈번하고 강력한 홍수와 가뭄이 발생하고 있다"고 지적했다. 실제로 증발 속도가 증가하면서 지표수의 양이 감소하고 있으며, 이는 곧 인류가 활용할 수 있는 담수의 양이 줄어들고 있음을 의미한다.

담수는 물의 순환 과정에서 지표에 일정 시간 머물러야 인류가 활용할 수 있지만, 기온 상승과 더불어 진행되는 산업화와 도시화로 인해 담수의 활용 가능성도 줄어들고 있다. 이는 농업용수의 부족 문제로 이어지고 있으며, 궁극적으로는 식량 생산에도 부정적인 영향을 미친다.

그림 3.6 지구촌 물소비량 및 재생수 비율

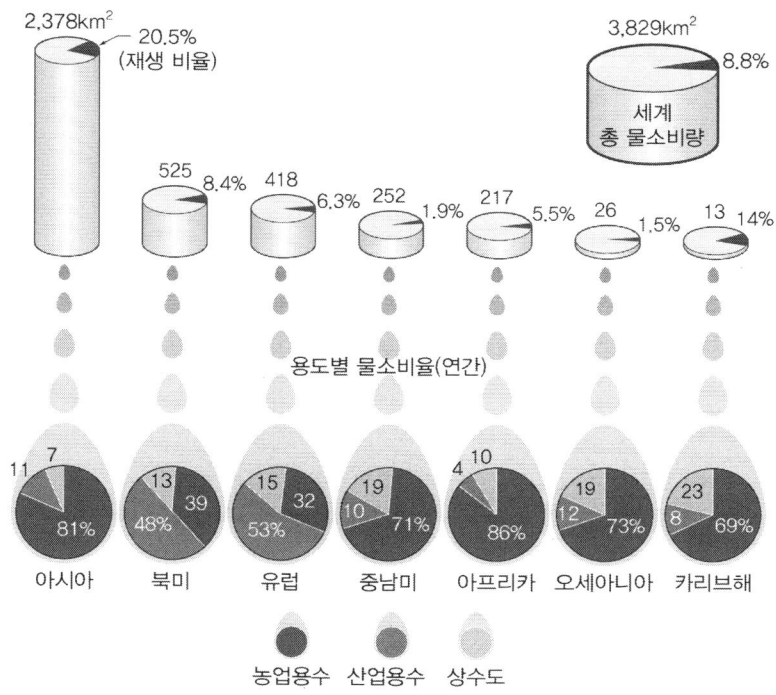

북미와 유럽을 제외한 대부분의 지역에서는 농업용수가 수자원 소비의 큰 비중을 차지한다. 물 부족이 농업 생산성 감소로 이어지면, 이는 식량 수급에 직접적인 타격을 주고, 결과적으로 전 세계적인 식량 위기를 심화시킬 수 있다. 기후변화와 물 부족이 동시에 작용하는 현재의 상황은 인류의 생존과 지속가능한 발전을 위협하는 심각한 복합 위기로 인식되어야 한다.

우리나라의 경우, 사용된 물은 공공하수처리장을 통해 깨끗하게 처리된 후 하천 유지용수로 방류된다. 그러나 기후변화로 인해 물 부족이 심화된다면, 방류수의 수질 기준을 더욱 엄격하게 강화하지 않는 이상 하천의 희석 작용이 약화될 수밖에 없다. 이는 하천 내 오염물질의 농도를 증가시키고, 그 결과로 하천 수질이 악화되며 농업용수나 생활용수로의 재활용이 어려워질 수 있다. 이러한 악순환은 결국 심각한 물 부족의 구조적 원인 중 하나로 작용할 수 있다.

더 나아가 지구온난화로 인한 기온 상승은 단순히 물 부족과 가뭄을 초래하는 수준에 그치지 않고, 하천의 자정능력 자체를 약화시킨다. 하천의 자정능력이 저하되면, 수질 오염물질을 스스로 정화하는 능력이 감소하며, 현재의 정수 및 수처리 기술만으로는 이를 완전히 해결하기 어려운 상황에 직면하게 될 수도 있다.

결국 하천 오염이 심화되면서 물 자체가 사용 불가능한 수준으로 악화될 수 있으며, 이는 단순한 물 부족을 넘어선 생존 인프라의 위기라고 할 수 있다. 따라서 앞으로는 보다 진보된 정수 기술 개발과 수자원 관리 정책의 강화, 그리고 지속가능한 물 이용 체계의 구축이 반드시 병행되어야 한다.

episode

물 전쟁이 다가오고 있다

물은 인류 문명에서 필수적인 역할을 해왔다. 메소포타미아, 이집트, 인더스 계곡 등 고대 문명의 발상지는 물이 인간 정착과 사회 형성의 핵심 자원임을 여실히 보여준다. 강과 하천은 농업과 생활용수를 제공하며 문명 발전의 원동력이 되었고, 오늘날에도 농업, 산업, 식수 등 다양한 분야에서 물의 중요성은 여전히 막대하다. 특히 세계 인구 증가와 기후변화로 인해 그 가치는 더욱 부각되고 있다.

21세기에 접어들면서 물의 이용 가능성은 국가 및 지역별로 큰 차이를 보이고 있다. 강우량이 풍부한 지역은 안정적인 물 공급이 가능하지만, 사막 지대나 건조 기후 지역은 극심한 물 부족을 겪고 있다. 이러한 물 부족은 경제적 문제를 넘어 국가 간 갈등과 분쟁의 원인이 되며, 물 자원에 대한 통제권을 둘러싼 경쟁은 국제 안보를 위협하는 중요한 요소로 부상하고 있다.

이런 상황에서 물 분쟁 문제를 해결하기 위한 국제적 협력이 절실하다. 물은 특정 국가만의 자원이 아니라 강과 수역을 공유하는 지역 간의 공동 자원이다. 따라서 물 자원 문제는 각국의 이해관계를 조율하고 협력적 해결 방안을 모색하는 것이 필수적이다. 이를 위해 국제사회는 물 관리와 공유를 촉진하는 새로운 패러다임을 모색하고 있다. 이 패러다임은 국가 간 신뢰 구축과 공동 이익을 위한 정책 마련을 포함한다.

협력과 공유의 패러다임은 단순한 선택이 아니라, 미래의 안보와 지속가능한 발전을 위한 필수적인 요소다. 물은 더 이상 무한한 자원이 아니며, 적절한 관리와 협력이 없으면 그 가치를 유지할 수 없다. 국제적 노력과 합의를 통해 물 자원의 공정한 배분과 지속가능한 사용을 보장해야 하며, 이를 위해 각국은 대화와 협력을 이어가야 할 것이다.

▌물 분쟁의 원인과 현황

(1) 기후변화의 영향

기후변화는 전 세계적으로 강수 패턴을 변화시키며, 홍수와 가뭄 같은 극한 기상 현상의 빈도를 높이고 있다. 온실가스 증가로 지구 평균 기온이 상승하면서 대기 중 수증기량이 증가하고, 이는 국지적인 집중호우를 초래한다. 예를 들어, 우리나라에서는 여름철 집중호우가 빈번하고 강력해져 도시와 농촌 지역의 홍수 피해가 점점 더 심각해지고 있다.

기후변화는 대기의 순환 패턴에도 영향을 미친다. 북태평양 고기압은 한국 여름철 기후를 결정하는 주요 요인 중 하나인데, 기후변화로 인해 그 세력이 강해지며 장마전선의 위치와 강도가 변동된다. 이는 여름철 강수량을 늘리고 국지적 폭우와 홍수 위험을 증가시키는 한편, 겨울철에는 강수량을 더욱 감소시켜 농업용수와 생활용수 공급에 어려움을 초래한다. 특히 농업에 의존하는 지역에서는 물 부족으로 인해 심각한 경제적 손실이 발생할 가능성이 크다.

기후변화는 단순히 강수량과 기온에만 영향을 미치는 것이 아니다. 대규모 기후 패턴의 변화는 수자원의 가용성과 접근성을 더욱 불확실하게 만들며, 지역 간 물 자원의 불균형을 심화시킨다. 어떤 지역은 홍수와 토양 침식 피해를 겪는 반면, 다른 지역은 가뭄과 물 부족으로 인해 식수와 농업용수 부족에 시달린다. 이러한 불균형은 특히 개발도상국에서 더욱 심각하며, 물 자원을 둘러싼 경쟁과 사회적 갈등을 초래할 수 있다.

지구 온난화로 인한 증발량 증가와 지표면 수분 감소는 담수 자원의 재충전을 어렵게 하고, 이는 지하수층 고갈과 강 및 호수의 수위 저하를 가속화한다. 결국 인류가 이용할 수 있는 물의 양이 줄어들면서 농업 생산성이 감소하고, 식량 안보와 전 세계 경제, 인구 생존이 위협받게 된다.

이러한 도전에 대응하기 위해서는 국제적 협력과 지역별 맞춤형 전략이 필요하다. 지속가능한 물 자원 관리 정책과 물 절약 및 재활용 기술의 개발, 보급이 필수적이다. 기후변화는 단순한 환경 문제가 아닌 인류 생존의 문제로 인식되어야 하며, 이를 해결하기 위한 전 지구적 노력이 절실하다.

(2) 대륙 간 수자원의 불균형

전 세계 수자원의 분포는 대륙별로 매우 불균형하며, 이는 지역 간 갈등과 국제적인 물 분쟁의 주요 요인이 되고 있다. 특히 중동과 북아프리카는 지구상에서 가장 물이 부족한 지역으로, 건조한 기후와 비정기적인 강수 패턴으로 인해 물 자원의 재충전이 어려운 환경을 가지고 있다. 이 지역에서는 인구 증가와 도시화로 인해 물 수요가 지속적으로 증가하고 있으며, 기후변화와 지하수 고갈이 문제를 더욱 악화시키고 있다.

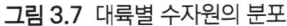

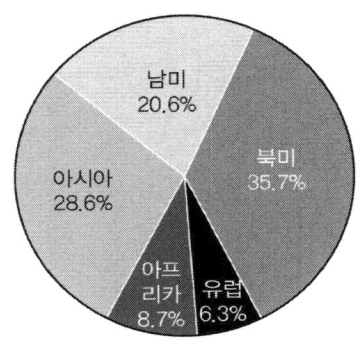

출처: World Resources Institute (WRI)

중동과 북아프리카에서 물은 단순한 생활 자원을 넘어 전략적 자원으로 간주된다. 나일강을 둘러싼 이집트, 에티오피아, 수단 간의 갈등은 이를 단적으로 보여준다. 에티오피아의 대규모 댐 건설 계획은 이집트의 농업과 식수 확보에 위협이 되고 있으며, 이로 인해 국제적인 협력과 중재의 필요성이 커지고 있다.

반면, 남미의 아마존 강 유역과 캐나다는 풍부한 담수 자원을 보유해 물 부족에 대한 압박이 덜하다. 그러나 이들 지역도 기후변화의 영향을 받고 있다. 홍수와 가뭄의 빈번한 발생은 수자원 관리의 복잡성을 증가시키고, 장기적인 물 자원 보호에 새로운 도전을 제기하고 있다.

아시아에서는 인도와 중국이 수자원의 불균형으로 어려움을 겪고 있다. 두 나라는 인구가 많아 물 수요가 매우 높으며, 특히 인도는 몬순에 의존하는 비정기적인 강수 패턴으로 인해 물 관리가 어렵다. 히말라야에서 발원하는 강들을 공유하는 국가들 간의 물 분쟁 가능성도 높은 상황이다.

수자원의 불균형은 단순히 지역적인 문제가 아니라 전 세계적인 도전 과제다. 물 부족은 국제 안보를 위협하고 경제와 식량 생산에도 영향을 미친다. 지속가능한 물 관리를 위해 국제적 협력과 혁신적인 정책이 요구된다. 새로운 물 관리 패러다임은 각국의 이해관계를 초월해 물의 공정한 배분과 보호를 위한 공동 노력을 필요로 한다.

(3) 늘어나는 인구, 커지는 물 수요

이제 인구 증가와 물 수요의 연관성을 살펴보자. 전 세계 인구는 20세기 중반 이후 급격히 증가하면서 물 수요도 기하급수적으로 늘어났다. 인구 증가와 물 수요는 밀접하게 연관되어 있으며, 특히 인구가 밀집된 지역에서는 물 부족 문제가 더욱 심화되고 있다. 농업, 산업, 생활용수 등 다양한 분야에서 물 사용이 증가하면서 수자원 확보를 위한 경쟁이 치열해지고 있다.

이러한 상황은 물 자원이 제한된 국가들 사이에서 심각한 분쟁을 야기하며, 국제 안보와 경제 안정성을 위협하는 중요한 요소로 작용하고 있다. 물 부족 문제는 더 이상 지역적 문제가 아니라 전 세계적인 도전 과제가 되고 있다.

그림 3.8 인구 증가와 물 수요 증가의 관계

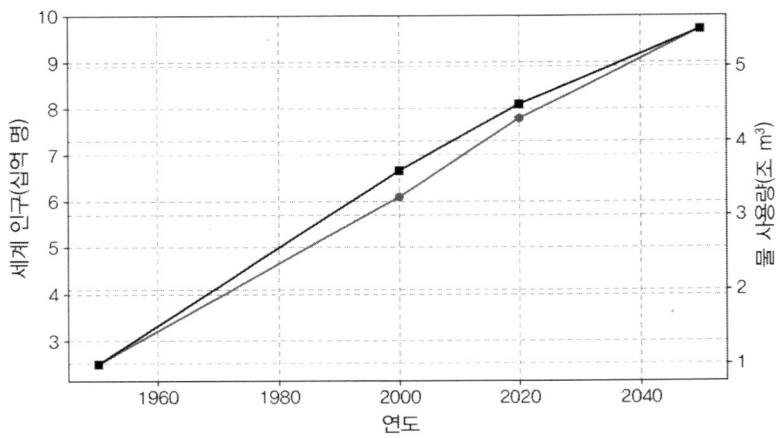

출처: "전 세계 물 자원 통계", FAO AQUASTAT

물 수요 증가로 인해 오폐수 처리 문제가 점점 복잡해지고 있다. 인구 증가와 산업 활동의 확대는 오폐수를 빠르게 처리할 필요성을 증가시켰으며, 이는 기존에는 문제가 되지 않던 미량 유해 오염물질이 수계에 유입되면서 수질 오염을 심화시키고 있다. 이로 인해 물의 가용성이 줄어들고, 처리되지 않은 물은 인체 건강과 생태계에 심각한 위협을 초래할 수 있다. 특히, 개발도상국에서는 하수 및 폐수 처리 인프라가 부족해 경제 발전이 수질 오염 문제를 더욱 악화시키는 실정이다.

지하수와 지표수의 과도한 사용도 심각한 문제로 떠오르고 있다. 물 사용량 증가로 인해 가용 물을 확보하기 위해 지하수와 지표수를 무분별하게 사용하는 일이 많아졌고, 이로 인해 지하수층 고갈, 토양 침하, 수질 저하와 같은 장기적 문제가 발생하고 있다. 이러한 현상은 물 자원의 지속가능성을 위협하며, 지역 사회의 생존과 경제 발전에도 중대한 영향을 미치고 있다.

물 자원이 부족한 지역에서는 물을 둘러싼 사회적 갈등이 빈번해질 가능성이 높다. 농업, 산업, 가정용수 간의 경쟁이 심화되며, 이는 사회 내 불평등과 지역사회의 긴장을 초래할 수 있다. 공정한 물 자원 분배 문제는 국가 내외에서 중요한 정치적 사안으로 부각되며, 때로는 국가 간 분쟁으로까지 확대될 위험이 있다.

인도와 중국은 세계에서 가장 인구가 많은 나라로, 급속한 경제 성장과 도시화로 인해 물 수요가 폭증하고 있다. 인도는 비정기적인 강수 패턴과 지역적 불규칙 강수량 때문에 농업용수 수요가 급증하면서 물 부족이 심화되고 있다. 이는 농민 생계와 농업 생산성에 직접적인 영향을 미쳐, 지역사회와 국가 경제에 부담을 주고 있다. 중국은 북부 지역의 물 부족 문제를 해결하기 위해 남북수조(南北水调) 프로젝트를 추진하며 남부의 물을 북부로 이동시키는 대규모 사업을 통해 문제를 완화하려 하고 있다. 미국 서부 지역도 가뭄과 인구 증가로 심각한 물 자원 압박을 받고 있다. 특히 캘리포니아는 농업과 도시용수 수요의 동시 증가로 물 부족이 지속되고 있다. 이로 인해 지하수 과잉 사용으로 지하수층이 고갈되고, 지표면 침하 현상이 발생하고 있다. 이러한 상황은 지속가능한 물 관리 정책과 효율적 자원 사용 전략의 필요성을 강하게 제기하고 있다.

지속가능한 물 관리를 위한 기술 개발과 정책적 변화는 이러한 문제를 해결하는 데 필수적이며, 글로벌 협력을 통해 장기적인 해결책을 마련해야 한다.

▎물 분쟁의 유형: T(Trigger), W(Weapon), C(Casuality)

물은 인간 생존의 필수 자원이자 경제 발전과 사회 안정의 핵심 요소다. 그러나 기후변화, 인구 증가, 산업화로 인한 물 수요 급증이 결합되면서 많은 지역에서 물 부족 현상이 심화되고 있다. 이러한 상황은 물을 둘러싼 갈등, 즉 물 분쟁을 촉발하며, 이는 지역 간 및 국가 간 긴장을 고조시키고 있다.

물 분쟁은 단순히 물 자원의 부족에서 비롯되지 않는다. 물이 정치적, 경제적, 군사적 도구로 활용되면서 그 중요성과 영향력이 더욱 확대되고 있다. 물 분쟁의 양상은 매우 복잡하며, 그 결과는 인류의 미래에 심대한 영향을 미칠 수 있다.

물 분쟁은 주로 세 가지 유형으로 나뉜다.

- **촉발 요인(Trigger)** : 물 부족이나 자원 배분 문제로 인해 분쟁이 시작되는 경우다. 예를 들어, 강이나 하천의 상류와 하류 국가 간의 갈등이 여기에 해당한다.
- **무기화(Weapon)** : 물이 갈등이나 전쟁에서 전략적 도구로 사용되는 경우다. 이는 물 자원의 공급을 통제하거나 차단하여 상대방을 압박하는 형태로 나타난다.
- **피해 발생(Casuality)** : 물 분쟁으로 인해 경제적, 사회적, 환경적 피해가 발생하는 상황이다. 이는 지역 사회의 불안정과 생존 위협으로 이어질 수 있다.

물 분쟁은 단순한 자원 문제가 아닌, 정치적, 경제적, 환경적 요소가 결합된 복합적인 도전 과제다. 이를 해결하기 위해서는 국제적인 협력과 공정한 자원 배분, 그리고 지속가능한 물 관리 정책이 필요하다.

(1) 촉발 요인(Trigger)

촉발 요인은 물 부족 사태에서 가장 위험한 갈등 유발 요인으로 작용한다. 물 분쟁의 주요 원인은 물 자원의 부족이나 불평등한 분배에서 비롯되며, 기후변화와 인구 증가로 인해 이러한 문제가 더욱 악화되고 있다. 물 공급이 줄어들거나 수요가 급증하면 지역 간 긴장이 고조되며, 이는 갈등과 분쟁으로 이어질 가능성이 크다.

역사적으로 많은 물 분쟁이 이러한 촉발 요인에서 시작되었다. 물 부족 문제는 국제적 갈등뿐만 아니라 국내 정치적 불안정으로도 확대될 수 있다. 중동과 북아프리카는 대표적인 사례로, 이 지역은 강수량이 적고 지하수 자원이 제한적이어서 물 확보를 둘러싼 국가 간 경쟁이 끊이지 않는다. 물 자원의 부족과 관리 문제는 지역의 정치적, 경제적 긴장을 고조시키며, 장기적으로 지역 안정성을 위협한다.

촉발 요인은 단순히 물 자원의 부족에서 그치지 않고, 이를 둘러싼 관리 체계의 부재나 비효율적 분배와도 깊이 연관되어 있다. 따라서 물 분쟁을 예방하기 위해서는 공정하고 지속가능한 물 관리 정책을 도입하고, 국가 간 협력과 신뢰를 구축하는 것이 필수적이다.

(2) 무기화(Weapon)

물 자원의 무기화는 물이 갈등의 도구로 사용되는 경우를 말하며, 전쟁이나 분쟁 상황에서 전략적으로 활용될 때 특히 강력한 수단이 된다. 물 공급을 차단하거나 오염시키는 행위는 적국의 생존 기반과 군사적 역량을 약화시킬 수 있는 효과적인 방법으로 사용된다. 예를 들어, 적대국이 상대국의 식수와 농업용수를 차단하면 경제적, 사회적 안정이 크게 흔들릴 수 있다. 이러한 무기화는 물 자원을 보유한 국가와 그렇지 못한 국가 간 힘의 불균형을 심화시키고, 물 부족 문제를 더욱 악화시킨다.

또한, 물의 무기화는 단기적인 갈등 해결 수단을 넘어 지역 전체의 물 자원 관리에 심각한 타격을 준다. 이는 물의 접근성과 품질을 저하시켜 장기적으로도 생태계와 인간 생존에 치명적인 영향을 미칠 수 있다. 따라서 물 자원의 무기화는 인도적 문제와 국제적 갈등을 심화시키는 중대한 도전 과제로 인식되며, 이를 방지하기 위한 국제적 협력과 규범이 필요하다.

(3) 피해 발생(Casuality)

피해 발생은 물 분쟁으로 인해 초래되는 물리적, 경제적, 사회적 피해를 의미한다. 물 공급 차단, 수질 오염, 농업 생산 감소, 건강 악화 등은 이러한 피해의 대표적인 요소로, 인간의 기본적인 생존 조건을 악화시키고 사회적 불안을 초래한다.

예를 들어, 물 오염으로 인해 발생하는 질병이 지역 주민들에게 확산되면, 의료 체계에 과도한 부담이 가해지고 사회적 불만이 고조될 수 있다. 이러한 피해는 단순히 물 부족의 결과를 넘어, 새로운 갈등의 원인이 되기도 한다.

물로 인한 피해는 지역 내에서 사회적 계층 간 갈등을 증폭시키고,

국가 간 긴장을 높여 장기적인 평화와 안정에 위협을 가한다. 이는 물 관리의 실패가 단순한 환경 문제를 넘어, 사회적, 정치적 갈등을 심화시킬 수 있음을 보여준다.

따라서 물 분쟁으로 인한 피해를 줄이기 위해서는 공정한 물 자원 관리, 오염 방지, 분쟁 예방을 위한 국제적 협력이 필수적이다. 이러한 노력은 물 자원의 지속가능한 이용뿐만 아니라 사회적 안정과 평화를 유지하는 데에도 중요한 역할을 할 것이다.

국내 물 분쟁 사례

(1) 한강 취수원 이전 논쟁

서울 한강 취수원의 오염 문제가 지속되면서 인천과 경기도 주민들은 보다 깨끗하고 안정적인 식수 공급을 요구하며 취수원의 이전을 주장하고 있다. 이들은 팔당댐에서 공급되는 물의 수질이 점차 저하되고 있으며, 현재의 취수 방식으로는 근본적인 문제를 해결하기 어렵다고 보고 있다. 반면, 서울시는 취수원 이전보다는 한강 상류 지역의 수질 개선 대책을 강화하는 것이 보다 현실적이며 경제적인 해결책이라는 입장을 유지하고 있다. 이러한 입장 차이로 인해 지역 간 이해관계가 충돌하면서 논의가 더욱 복잡해지고 있으며, 정부는 이 문제를 해결하기 위해 수질 개선과 취수원 이전을 동시에 검토하는 방안을 추진하고 있다. 환경부와 지방자치단체가 협력하여 한강 상류 지역의 오염원을 줄이기 위한 방안을 마련하는 한편, 취수원 이전의 타당성을 분석하고 있으며, 새로운 취수원이 위치할 지역의 환경적, 경제적, 정치적 요소

표 3.2 한강수질 변화 추이(2018~2022년)

연도	BOD(mg/L)	COD(mg/L)	수온(°C)
2018	3.0	5.1	20
2019	3.5	5.3	21
2020	4.0	5.6	21.5
2021	4.2	5.8	22
2022	4.5	6.0	22.5

출처: 서울특별시 물 재생센터

또한 신중하게 고려해야 한다는 점에서 논의는 더욱 신중하게 진행되고 있다. 반면, 기존 취수원을 유지하는 경우에도 수질 개선을 위한 지속적인 관리와 대규모 투자가 필수적이기 때문에, 정부는 다양한 이해관계자의 의견을 수렴하며 장기적인 수도 관리 정책을 수립하는 방향으로 논의를 이어갈 것으로 보인다.

국외 물 분쟁 사례

(1) 그랜드 에티오피아 르네상스 댐 분쟁

에티오피아는 나일강 상류에 그랜드 에티오피아 르네상스 댐(GERD)을 건설하여 전력 생산과 경제 발전을 도모하고 있으며, 이는 아프리카 최대의 수력 발전 프로젝트로 평가받고 있다. 에티오피아 정부는 이를 통해 국가 경제의 도약을 계획하고 있지만, 하류에 위치한 이집트와 수단은 나일강의 유량 감소가 자국의 농업과 식수 공급에 미칠 부정적인 영향을 우려하며 강력히 반대하고 있다. 특히, 이집트는 자국의 물 사용량의 90% 이상을 나일강에 의존하고 있어, GERD의 운영으로 유량이 줄어들 경우 국가 생존에 심각한 영향을 미칠 것이라 주장하고 있으며, 수단 또한 농업과 수력 발전에 대한 물 의존도가 높아 댐의 운영 방식이 하류 지역에 미칠 영향을 우려하고 있다. 반면, 에티오피아는 자국의 경제 발전과 에너지 수요 충족을 위해 댐 건설이 필수적이며, 이를 통해 국내 전력 공급을 안정화하고 이웃 국가에 전력을 수출할 기회를 마련할 수 있다고 강조하며 국제적인 협상을 촉구하고 있다. 2020년대 초반, 에티오피아가 댐의 저수를 시작하면서 이집트와의 갈등이 더욱 격화되었으며, 국제 사회와 아프리카 연합이 중재를 시도하고 있지만 아직까지 최종적인 합의에는 도달하지 못한 상태다. 현재까지도 나일강의 수자원 이용을 둘러싼 국가 간 갈등이 지속되고 있으며, 해결 방안을 모색하기 위한 외교적 노력이 계속되고 있다.

표 3.3 나일강 유량 배분 비율

국가	나일강 유량 의존도(%)	주요 쟁점
에디오피아	100	댐 건설로 전력 생산과 경제 발전 목표
이집트	90	유량 감소로 농업 및 식수 공급에 영향
수단	75	농업, 식수 및 수력 발전에 대한 우려

출처: World Resources Institute (WRI)

(2) 메콩강 분쟁(동남아시아)

메콩강은 중국, 라오스, 캄보디아, 베트남 등 여러 국가를 관통하는 중요한 국제 하천으로, 이 지역의 경제와 생태계에 큰 영향을 미친다. 그러나 최근 중국이 상류 지역에 대규모 댐을 건설하면서 하류 국가들, 특히 캄보디아와 베트남은 심각한 물 부족과 생태계 파괴를 우려하고 있다. 하류 국가들은 중국이 자국의 이익을 위해 강의 흐름을 조절하며 물을 '무기화'하고 있다고 비판하며, 건조기에는 물을 차단하고 홍수기에는 갑작스럽게 방출하여 심각한 피해를 야기한다고 주장하고 있다. 반면, 중국은 경제 발전과 에너지 수요 충족을 위한 불가피한 조치라고 반박하며, 댐이 홍수 조절과 안정적인 수자원 공급에 기여할 수 있다고 주장하고 있다. 이러한 갈등 속에서 2000년대 이후 메콩강 유역 국가들은 협의체를 구성하고 지속적으로 협상을 진행하고 있으나, 중국의 강경한 입장과 각국의 복잡한 이해관계로 인해 협상이 난항을 겪고 있다. 이에 따라 국제적인 물 관리와 생태계 보호에 대한 관심과 협력이 더욱 요구되고 있으며, 장기적인 해결책 마련을 위한 외교적 노력이 절실한 상황이다.

표 3.4 메콩강 유역 국가별 물 사용량(2010~2020년)

국가	2010년 물 사용량(억ton)	2020년 물 사용량(억ton)	증가율(%)
중국	300	350	16.7
라오스	150	180	20
캄보디아	200	220	10
베트남	250	280	12

출처: Mekong River Commission (MRC)

▌국경을 넘는 물

기후위기와 자원 고갈이 심화되는 오늘날, 여러 국가에 걸쳐 흐르는 하천은 단순한 자연자원을 넘어서는 전략적 대상이 되고 있다. 공유하천과 국제하천은 국가 간 협력과 갈등의 교차점에서 작동하며, 인류의 생존과 지속가능한 발전을 좌우하는 핵심 자원으로 떠오르고 있다. 여기서는 이러한 공유하천과 국제하천의 개념과 기능, 그리고 그 관리와 협력이 갖는 의미를 살펴본다.

(1) 공유하천과 국제하천의 개념

• 공유하천

공유하천은 두 개 이상의 국가가 경계를 이루거나 관통하는 하천을 의미한다. 이들 하천은 여러 국가에 걸쳐 흐르기 때문에 자연스럽게 물 자원을 공동으로 이용하게 된다. 대표적인 공유하천으로는 유럽의 라인강, 남아메리카의 아마존강, 아시아의 메콩강 등이 있다. 이러한 하천은 해당 지역의 경제와 생태계에 중요한 영향을 미치며, 각국의 정책과 협력이 필수적이다. 공유하천의 관리 문제는 물의 분배와 사용에 있어 국가 간 이해관계가 얽혀 있어 복잡성을 더한다.

• 국제하천

국제하천은 공유하천의 개념을 포함하는 더 넓은 범주로, 국가 간 경계를 넘나드는 하천을 뜻한다. 국제하천은 상류와 하류가 서로 다른 국가에 위치하거나, 한 국가에서 시작하여 다른 국가로 흐르는 경우를 포함한다. 나일강, 인더스강, 다뉴브강 등은 이러한 국제하천의 대표적인 예이다. 이러한 하천은 국경을 초월해 국가 간 협력과 관리가 필수적인 자원이며, 정치적, 경제적, 환경적 측면에서 중요한 역할을 한다.

(2) 공유하천과 국제하천의 중요성

공유하천과 국제하천은 각국의 경제와 생태계, 국제 관계에 중요한 역할을 한다. 하천의 중요성은 다음과 같은 이유로 설명할 수 있다.

• 물 자원의 공유와 관리

국경을 넘나드는 하천은 필연적으로 물 자원을 공유하게 하며, 이로 인해 하천을 둘러싼 이해관계가 민감해질 수밖에 없다. 물은 농업과 산업, 가정생활에 이르기까지 모든 영역에서 필수적인 자원이기 때문에, 물의 양과 질을 둘러싼 분쟁 가능성은 언제든지 존재한다. 상류 국가가 댐을 건설하거나 수량을 통제할 경우, 하류 국가의 물 공급은 급격히 감소하거나 수질이 저하될 수 있으며, 이는 국가 간 긴장으로 이어지기 쉽다. 이러한 상황은 물을 둘러싼 국제적 협약이나 공동 관리 체계의 필요성을 더욱 절실하게 만든다.

• 환경 보호와 생태계 유지

공유하천과 국제하천은 다양한 생물종의 서식지를 제공하고, 기후 조절에 기여하는 등 생태계의 핵심 요소다. 하천 주변의 습지와 삼림은 생물 다양성 유지에 중요한 역할을 한다. 그러나 무분별한 개발이나 오염은 생태계에 심각한 피해를 입히며, 이는 하천 주변 지역사회의 삶의 질에도 영향을 준다. 지속가능한 물 관리와 생태계 보호는 하천을 공유하는 국가들 간 협력의 핵심 과제 중 하나다.

• 국제 협력과 평화 유지

하천을 둘러싼 갈등은 때때로 무력 충돌로 이어질 정도로 치열하지만, 동시에 국가 간 협력과 신뢰를 구축할 수 있는 기회가 되기도 한다. 인도와 파키스탄은 수십 년 간의 정치적 긴장 속에서도 인더스강을 둘러싼 '인더스 수계 조약'을 유지하며 물 분쟁을 비교적 안정적으로 관리해왔다. 이처럼 공유하천을 매개로 한 협력은 긴장 완화와 평화 구축의 출발점이 될 수 있으며, 나아가 지역 안정성을 높이는 핵심 수단이 된다. 하천 협정은 단순한 자원 관리 차원을 넘어, 외교와 국제 정치의 중요한 장치로 기능한다.

• 경제적 중요성

공유하천과 국제하천은 농업, 산업, 에너지 생산 및 수송 등 다양한 분야에서 지역 경제에 핵심적인 역할을 한다. 예를 들어, 나일강은 이집트의 농업과 식수 공급을 떠받치는 중요한 자원으로, 하천 관리와 공정한 물 배분은 경제적 안정 유지에 필수적이다. 이러한 경제적 중요성은 국가 간 협력과 갈등의 중요한 요인으로 작용한다.

공유하천과 국제하천은 단순한 자연의 산물이 아니라, 국가 간 관계를 조정하고 미래의 지속가능성을 설계하는 데 있어 핵심적인 자원이다. 기후위기 시대, 이러한 하천의 공정한 이용과 협력적 관리 체계는 지역 분쟁을 방지하고 세계 평화를 촉진하는 데 중대한 역할을 하게 될 것이다. 하천을 둘러싼 국제 협력은 단지 물을 나누는 문제를 넘어서, 지구 공동체로서의 책임과 연대를 실현하는 시험대이기도 하다.

기후 변화와 자원 고갈이라는 현대적 도전 속에서, 이들 하천의 지속가능한 개발과 공평한 자원 배분을 위한 국제 협력과 신뢰 구축이 점점 더 중요해지고 있다.

episode

물 부족 문제 해결을 위한 국가 간 파트너십과 기술개발

물 부족 문제는 전 세계적으로 심각한 사회경제적 도전 과제가 되고 있다. 21세기에 들어 인구 증가, 산업화, 도시화, 기후변화로 인해 물 부족은 더욱 심화되었다. 물 자원 문제는 단순한 환경적 문제가 아니라 인류의 생존과 직결되는 문제로, 식량 생산, 건강, 경제적 안정성 등 여러 측면에서 중요한 이슈로 떠오르고 있다. 따라서 이러한 문제를 해결하기 위해서는 국가 간의 협력과 첨단 기술 개발이 필수적이다.

▌우리나라의 물 부족 현황

한국은 물 자원 관리에서 여러 구조적 도전과제에 직면해 있다. 국토의 약 70%가 산지로 이루어져 있어 강수량의 계절적 편차가 크고 연 연평균 1인당 가용 물 자원량은 약 1,452m^3인데, 이는 세계 평균의 약 1/6 수준으로 매우 낮은 편에 속한다. 이처럼 제한된 물 자원은 여름철의 집중호우와 겨울철의 가뭄이 반복되면서 더욱 심각한 양상으로 나타난다. 이에 따라 물 자원의 저장 능력 확보와 효율적인 관리 체계의 구축이 시급한 과제로 부상하고 있다. 한국 정부는 이러한 문제를 해결하기 위해 다양한 정책적 노력을 기울여 왔다. 대표적으로 수자원 장기 종합 계획 수립과 기후변화 대응을 위한 물 저장 및 관리 인프라 강화가 그 예다. 그러나 이러한 노력만으로는 충분하지 않으며, 앞으로는 물 자원의 지속가능한 관리와 사용을 위한 추가적인 대책이 필요하다.

▎세계 물 부족 현황

전 세계적으로 약 22억 명의 인구가 안전하게 관리되는 식수에 접근하지 못한 채 살고 있으며, 2025년까지 24억~34억 명의 사람들이 물 압박 또는 물 부족을 겪을 것으로 예상된다. 이 문제는 기후변화에 따른 강수 패턴의 변화, 지하수 고갈, 수질 오염 등의 복합적인 요인으로 인해 점점 악화되고 있다 이 문제는 기후변화에 따른 강수 패턴의 변화, 지하수 고갈, 수질 오염 등의 복합적인 요인으로 인해 점점 악화되고 있다. 특히 아프리카와 아시아 일부 지역에서는 물 부족이 빈곤, 식량 불안정, 건강 악화 등 심각한 사회경제적 문제로 직결된다. 국제 사회는 이러한 물 부족 문제를 해결하기 위해 다양한 노력을 기울이고 있다. 유엔은 지속가능한 개발 목표(SDGs)[3] 중 하나로 깨끗한 물과 위

---

3 2015년 유엔 총회에서 채택된 국제적인 개발 목표로, 2030년까지 전 세계의 지속가능한 발전을 촉진하기 위해 설정된 17개의 목표와 169개의 세부 목표로 구성되어 있다. SDGs는 빈곤 퇴치, 기아 종식, 기후변화 대응 등 인류와 지구를 위한 포괄적인 발전 계획을 제시한다.

생(SDG 6)을 설정하고 전 세계적으로 통합적이고 지속가능한 물 관리의 개선을 촉진하고 있다. 세계은행(World Bank) 등 국제 금융기관들도 물 관련 프로젝트에 대한 지원을 확대하며, 물 인프라 확충과 안전한 물 공급 보장을 위한 재정적·기술적 지원을 강화하고 있다.

▌국가 간 협력을 통한 물 관리 협력체계 방안

국제 유역은 하나의 강이 여러 국가에 걸쳐 흐르기 때문에 수자원의 효율적이고 지속가능한 이용을 위해서는 국가 간 협력체계 구축이 필수적이다. 개별 국가의 이해관계만으로는 수질 오염, 홍수 피해, 생태계 훼손 등의 문제를 효과적으로 해결하기 어렵기 때문이다. 그 대표적인 사례가 유럽의 다뉴브강이다. 다뉴브강은 동부 유럽의 10개국 이상을 지나는 국제 하천으로, 이를 효율적으로 관리하기 위해 다뉴브강 위원회(Danube Commission)가 설립되었다.

다뉴브강 위원회는 수질 개선, 홍수 예방, 생태계 보호를 포함한 다양한 환경적·사회적 목표 달성을 위해 다각적인 노력을 기울이고 있으며, 실제로 다음과 같은 핵심 영역에서 협력을 이끌고 있다.

- **수질 관리** : 유역국들은 강의 수질을 지속적으로 모니터링하고, 오염 저감을 위한 공동 정책을 마련해 수질 개선에 힘쓰고 있다.
- **홍수 예방** : 홍수 피해를 줄이기 위해 강 수위를 조절하고, 각국이 협력하여 효과적인 대응 계획을 수립하고 있다.
- **생태계 보호** : 다뉴브강 주변의 자연환경과 생물 다양성 보전을 위

해 보호 활동을 추진하며, 건강한 생태계 유지에 주력하고 있다.
- **정보 공유**: 각국이 수집한 데이터를 위원회 차원에서 공유함으로써 보다 효과적인 수자원 관리 지원과 협력을 통한 보다 효과적인 해결책을 모색하고 있다.

그림 3.10은 다뉴브강이 흐르는 국가들의 분포를 시각적으로 보여주는 자료로, 다국적 유역을 관리하는 협력의 필요성과 범위를 직관적으로 이해하는 데 도움을 준다.

다뉴브강 유역의 사례는 국제 유역 관리의 모범적 모델로 꼽히며, 전 세계 다른 유역에도 적용 가능한 중요한 시사점을 제공한다. 국가 간 협력을 통해 수자원을 지속가능하게 관리하고, 환경 보호와 경제 발전을 동시에 달성할 수 있다는 점에서 매우 의미 있는 경험을 보여준다.

그림 3.10 다뉴브강 관리 협력 도표

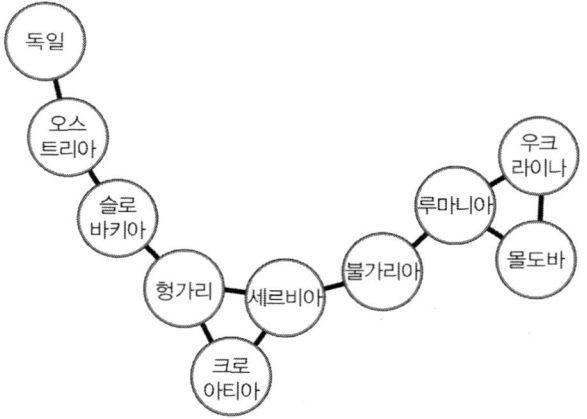

출처: 유럽환경청(EAA) 보고서

▎물 자원의 공정한 분배와 협력: 국제협정과 조약

국제협정은 물 자원 관리의 공정성과 지속가능성을 보장하는 중요한 수단이다. 유엔은 국제 수로 이용에 관한 협약을 통해 국가 간 물 분쟁을 예방하고, 공평하고 지속가능한 물 자원 사용을 촉진하고 있다. 이 협약의 주요 원칙은 다음과 같다.

- **합리적이고 공평한 이용** : 모든 국가는 수로의 공평한 사용을 보장받을 권리를 가지며, 자원을 불공정하게 독점하지 않아야 한다.
- **의무적 협력** : 모든 국가는 수로의 공평한 사용을 보장받을 권리를 가지며, 자원을 불공정하게 독점하지 않아야 한다.
- **생태계 보호** : 물 자원의 이용은 하천과 그 주변 생태계의 지속가능성을 보장해야 하며, 생물 다양성을 저해하지 않아야 한다.

이러한 국제협약은 물 자원의 공정한 분배와 국가 간 협력을 촉진해 물 분쟁을 예방하고, 상호 신뢰와 안정성을 증진시키는 데 중요한 역할을 한다.

▎물 부족 문제 해결을 위한 기술 및 정보 교환

기술 개발은 물 부족 문제 해결에 핵심적인 역할을 한다. 위성 기술을 활용한 강수량 및 수자원 모니터링 시스템은 기후변화 대응과 물 관리에 필수적이다. 선진국은 이러한 기술을 개발도상국과 공유함으로써 글로벌 물 관리 개선에 기여할 수 있다. 또한, 스마트 관개 시스템, 물 재활용 기술, 고도화된 정수 처리 기술은 물 자원의 효율적 사용을 지원하여 물 부족 문제를 완화할 수 있다.

국가 간 기술 협력과 정보 교환은 각국의 물 관리 역량을 강화하고, 전 세계적으로 물 자원의 지속가능한 사용을 촉진한다.

▎물을 위한 공공-민간 파트너십과 협력

공공–민간 파트너십(Public Private Partnerships, PPP)[4]은 물 관리 인프라 개발과 혁신적 솔루션 제공에 있어 중요한 역할을 한다. PPP는 정부와 민간 부문이 협력하여 공공 인프라나 서비스를 공동으로 기획·건설·운영하는 형태로, 각 주체의 자원과 전문성을 결합하여 보다 효과적이고 지속가능한 성과를 도출할 수 있다.

한국의 수도권 광역상수도 사업은 이러한 PPP의 대표적인 성공 사례로 꼽힌다. 이 사업은 수도권 지역의 안정적인 물 공급을 목표로 추진되었으며, 정부와 민간 기업이 협력하여 대규모 상수도 시설을 건설하고 운영하였다. 특히 수도권 기업과 정부가 공동으로 참여하여 민간 투자를 유치함으로써 재정적 부담을 줄이는 동시에, 운영의 효율성과 관리 체계의 전문성을 높일 수 있었다. 이러한 협력을 통해 수도권 지

---

4 정부와 민간 부문이 협력하여 공공 인프라 프로젝트나 서비스 제공을 공동으로 수행하는 협력 형태를 말한다. PPP는 각 파트너의 자원과 전문성을 결합하여 공공 서비스를 더 효율적이고 효과적으로 제공하기 위한 전략적 방법으로, 이러한 파트너십은 대규모 인프라 개발(예: 도로, 철도, 공항), 에너지 프로젝트, 사회 기반 시설(예: 병원, 학교), 환경 프로젝트 등 다양한 분야에서 활용된다.

역의 물 부족 문제를 효과적으로 해결할 수 있었으며, PPP가 대규모 사회기반시설 구축에 있어 유효한 방식임을 입증한 사례로 평가된다.

또한, 한국수자원공사(K-water)는 물 자원의 보다 정밀한 관리와 효율적인 운용을 위해 민간 기업과의 협력을 확대하고 있다. 특히 스마트 물 관리 시스템의 구축은 그 대표적 결과물로, 실시간 모니터링을 통해 물 사용량을 정밀하게 측정하고, 이를 바탕으로 수요에 맞춘 공급 조절이 가능하게 되었다. 이로 인해 물 낭비를 줄이고, 급수의 안정성과 지속가능성을 확보하는 데 기여하고 있다. 이러한 스마트 기술 기반의 협력은 단순한 인프라 제공을 넘어, 물 자원 관리의 질적 전환을 이끄는 중요한 전환점이라 할 수 있다.

▎물 부족 해결을 위한 근본적인 해결 기술

(1) 해수 담수화 기술

해수 담수화는 바닷물을 식수로 전환하는 기술로, 물 부족 문제 해결에 큰 기여를 하고 있다. 특히 중동 지역에서는 담수화 기술이 주요 물 공급원으로 활용되고 있다. 현대의 담수화 기술은 에너지 효율성을 높이고, 환경 영향을 최소화하는 방향으로 발전하고 있다.

- 해수 담수화 공정(예: 막여과공정)
  - 해수 취수: 바닷물을 취수하여 담수화 공정으로 유입하는 단계로, 해수의 품질 관리와 안정적인 공급이 핵심 요소임

그림 3.11 막여과 전처리 해수 담수화 공정도

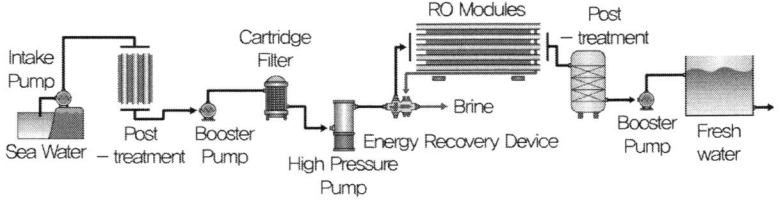

출처: www.roplant.com

- 전처리: 해수 내 미세 입자와 오염 물질을 제거하여 필터 막힘을 방지하고 처리 효율을 높이는 과정
- 역삼투압(RO): 고압을 이용해 반투막을 통과한 물에서 염분과 불순물을 제거하여 깨끗한 물을 얻는 핵심 단계
- 후처리: 생산된 담수에 미네랄을 보충하거나 pH를 조절해 음용수로 적합하게 조정하는 과정

(2) 물 재이용 및 재순환 기술

물 재이용 및 재순환 기술은 사용된 물을 정화하여 다시 사용하는 방법으로, 물 자원의 효율적 이용을 도모한다. 특히 산업 분야에서는 공정에서 사용된 물을 정화하여 재사용함으로써 물 사용량을 줄일 수 있다. 이러한 기술은 생활하수의 재이용을 통해 도시 물 관리의 효율성을 높이는 데도 기여하고 있다.

• 물 재이용 시스템
- 생활하수 정화: 하수를 처리하여 농업용수나 산업용수로 재활용

- 빗물 수집: 빗물을 수집하여 비음용 용도로 사용

(3) 스마트 물 관리 시스템

스마트 물 관리 시스템은 IoT와 인공지능 기술을 활용하여 실시간으로 물 사용을 모니터링하고, 물 공급을 최적화하는 시스템이다. 이러한 시스템은 누수를 감지하고, 수요를 예측하여 물 공급을 조정함으로써 물 자원의 낭비를 줄인다. 스마트 미터링 기술은 가정과 산업에서 물 사용 패턴을 분석하여 효율적인 물 관리 방안을 제시한다.

그림 3.12 스마트 물 관리 시스템

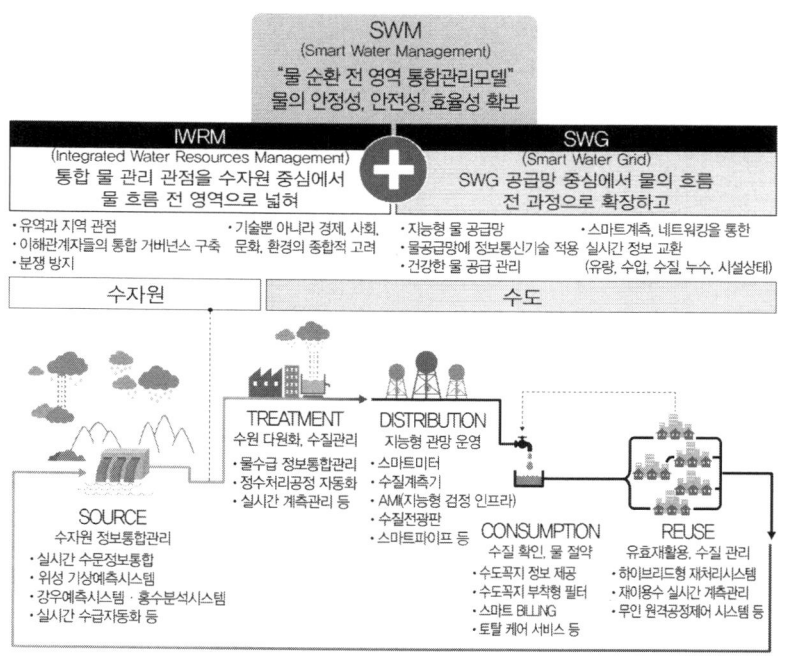

출처: K-water, SWM

(4) 기후 적응형 농업 기술

기후변화로 인한 물 부족 문제는 농업 분야에도 큰 영향을 미친다. 기후 적응형 농업 기술은 물 사용 효율성을 높이고, 가뭄과 같은 극단적 기상 조건에 적응할 수 있는 농업 방식을 개발하는 데 중점을 두고 있다. 드립 관개 시스템[5]은 물 사용을 최소화하면서도 작물 생산성을 유지할 수 있는 방법이다.

- 드립 관개 시스템의 장점
  - 물 절약: 물을 직접 식물 뿌리에 전달하여 증발 손실을 최소화
  - 작물 생산성 향상: 균일한 수분 공급으로 작물의 성장을 촉진

물 부족 문제 해결을 위한 글로벌 협력의 중요성

물 부족 문제는 단순히 자원의 부족을 넘어 경제적, 사회적, 환경적 문제와 밀접하게 연결된 복합적인 과제다. 인구 증가, 산업화, 기후변화 등 다양한 요인에 의해 악화되는 이 문제는 국가의 경계를 넘어 세계적인 도전 과제로 자리 잡고 있다. 물 자원은 인간 생존과 직결될 뿐만 아니라 식량 생산, 공업 활동, 에너지 생산, 생태계 유지 등 모든 영역에서 필수적인 요소다. 따라서 물 부족 문제를 해결하는 것은 지역적 과제를 넘어 전 세계적인 협력과 노력을 요구한다.

---

[5] 작물의 뿌리 근처에 물을 천천히 점적 형태로 공급하여 물 낭비를 최소화하고 수분 공급을 최적화하는 효율적인 농업 물 관리 방법

(1) 국가 간 협력의 중요성

국제 유역 관리 협력은 물 부족 문제 해결의 핵심이다. 다국적 하천을 둘러싼 분쟁을 방지하고 지속가능한 자원 관리를 가능하게 한다. 예를 들어, 유럽의 다뉴브강 위원회는 수질 개선, 홍수 예방, 생태계 보호에서 성공적인 협력 사례로 꼽히며, 이는 다른 국제 하천 관리에도 모범적인 모델이 될 수 있다. 이러한 협력은 각국의 이해관계를 조정하며, 물 자원의 공정한 분배와 보호를 촉진한다.

(2) 기술 개발의 역할

첨단 기술은 물 부족 문제 해결에 핵심적인 역할을 하며, 다양한 혁신적인 방법을 통해 지속가능한 수자원 관리에 기여하고 있다.

먼저, 해수 담수화 기술은 바닷물을 정수하여 식수로 변환하는 기술로, 특히 중동과 같은 물 부족 지역에서 필수적인 식수 공급원으로 활용되고 있다. 최근에는 에너지 효율을 높이고 환경적 영향을 최소화하는 방향으로 기술이 발전하고 있어, 더욱 친환경적인 담수화가 가능해지고 있다.

다음으로, 스마트 물 관리 시스템은 IoT와 AI 기술을 활용해 물 사용량을 실시간으로 모니터링하고 최적화함으로써 물 낭비를 줄인다. 이러한 시스템은 가정뿐 아니라 농업 및 산업 현장에서도 폭넓게 활용되며, 효율적인 물 관리와 절약을 가능하게 한다.

또한, 물 재이용 및 재순환 기술은 사용된 물을 정화해 다시 활용함으로써 자원의 활용도를 극대화한다. 특히 산업용수와 생활용수의 재활용 기술이 발전하면서, 기존에 버려지던 물을 효과적으로 다시 사용할 수 있는 가능성이 확대되고 있다.

이러한 다양한 기술들은 물 자원의 지속가능성을 높이고, 글로벌 물 부족 문제 완화에 실질적인 기여를 하고 있다. 앞으로도 기술 혁신은 보다 효율적이고 친환경적인 수자원 관리 체계를 구축하는 데 핵심적인 동력이 될 것이다.

(3) 공공-민간 파트너십(PPP)의 중요성

공공 부문과 민간 기업 간의 협력은 자원과 기술을 결합하여 보다 효율적인 물 관리 솔루션을 제공하는 중요한 방식이다. 정부가 정책과 인프라 구축을 주도하는 한편, 민간 기업은 혁신적인 기술과 운영 효율성을 바탕으로 효과적인 수자원 관리 시스템을 구현할 수 있도록 지원한다.

대표적인 성공 사례로 한국의 수도권 광역 상수도 사업을 들 수 있다. 이 사업은 정부와 민간 기업이 협력하여 대규모 상수도 시설을 건설하고 운영한 사례로, 안정적인 식수 공급을 보장하고 물 부족 문제를 해결하는 데 기여했다. 특히, 민간 기업의 기술력과 운영 노하우가 더해지면서 효율성과 서비스 품질이 향상되었으며, 이러한 협력 모델은 다른 국가에도 적용할 수 있는 유용한 사례가 될 수 있다.

이처럼 공공과 민간이 협력하면 인프라 투자 부담을 줄이는 동시에, 보다 혁신적이고 지속가능한 수자원 관리가 가능해진다. 앞으로도 PPP 모델을 활용한 물 관리 프로젝트가 확대되면서, 세계적인 물 부족 문제 해결에 기여할 것으로 기대된다.

(4) 글로벌 협력의 필요성

물 부족 문제 해결을 위해 국제 사회의 단합은 필수적이며, 글로벌 협력은 단순히 각국의 이익을 조율하는 것을 넘어 인류 전체의 생존과 번영을 위한 중요한 전략이다. 세계 각국이 협력하여 기술과 지식을 공유하면 물 관리 역량을 강화할 수 있을 뿐만 아니라, 새로운 해결책을 창출하고 보다 지속가능한 수자원 활용 방안을 마련할 수 있다.

또한, 기후변화로 인해 극심한 가뭄과 홍수 등 물과 관련된 위기가 심화되는 가운데, 국제 협력은 공정한 물 분배와 자원 보존을 보장하는 데 중요한 역할을 한다. 특히, 물이 국가 간 갈등 요소가 되지 않도록 조정하는 것은 지속가능한 발전을 위한 핵심 과제 중 하나다. 이를 해결하기 위해서는 국가 간 협력뿐만 아니라 첨단 기술 개발, 공공과 민간의 파트너십 확대, 그리고 NGO와 학술 기관의 적극적인 활동이 모두 필요하다. 다양한 이해관계자들이 힘을 모아 혁신적인 해결 방안을 모색하고, 전 세계가 연대하여 물 부족 문제를 극복한다면 인류는 보다 평화롭고 지속가능한 미래를 만들어갈 수 있을 것이다.

4

'식량이 남는다'는 착각, 글로벌 식량 위기로

CHAPTER 04
'식량이 남는다'는 착각, 글로벌 식량 위기로

>>> CJ제일제당 강민구

요약

현대 사회는 기술 발전과 국제 무역을 통해 전 세계적으로 충분한 식량을 생산하고 있지만, 식량 위기는 여전히 심각한 글로벌 과제로 남아 있다. 기후변화, 인구 증가, 자원 고갈, 경제적 불평등, 정치적 불안정 등 복합적인 요인들이 식량 위기를 심화시키고 있다. 이러한 문제는 단순한 생산 부족을 넘어, 분배와 접근성의 불균형, 국제 협력의 구조적 한계에서 비롯된다.

그중에서도 기후변화는 식량 위기의 가장 주요한 원인 중 하나다. 극심한 가뭄, 홍수, 폭염 등 이상기후는 농업 생산성을 심각하게 저하시킨다. 예측 불가능한 기후변화로 인해 농작물 생산량은 감소하고, 이로 인해 식량 가격이 급등하면서 빈곤층의 식량 접근성은 더욱 악화된다. 경제적 불평등과 불공정한 무역 구조도 식량 불균형을 심화시키고 있다. 부유한 국가는 자원을 선점하고 상대적으로 안정적인 공급망을 구축할 수 있지만, 저소득 국가는 국제 시장의 가격 변동에 취약하게 노출되어 더욱 심각한 식량 위기에 직면한다.

정치적 불안정 또한 식량위기를 초래하는 주요 원인이다. 전쟁과 내전은 농업 생산 기반과 물류망을 파괴하며, 이는 곧 지역적 식량 부족과 글로벌 공급망의 불안을 유발한다. 러시아와 우크라이나 전쟁이 글로벌 곡물 시장에 미친 영향은 그 대표적인 사례다.

이처럼 복합적인 위기는 단순히 생산량을 늘리는 방식으로 해결될 수 없다. 지속가능한 농업 기술의 도입, 공정한 분배 체계 구축, 그리고 국제적 협력 강화가 필수적이다. 스마트 농업, 수직농업, 도시농업과 같은 기술 혁신은 생산성과 자원 효율성을 높이는 데 중요한 역할을 하며, 국제기구와 각국 정부는 협력을 통해 글로벌 식량 시스템의 안정성을 강화해야 한다.

결국 식량 위기는 환경, 경제, 사회적 요인이 맞물린 복합적인 문제다. 이를 해결하기 위해서는 기술적, 정책적, 사회적 접근의 조화가 필요하며, 글로벌 협력은 물론 개인의 지속가능한 실천이 함께 이루어질 때, 비로소 지속가능한 미래와 식량 안보를 실현할 수 있을 것이다.

episode

글로벌 식량 위기의 근본 원인: 사상 최악의 위기

세계적인 식량 위기는 기후변화, 인구 증가, 경제적 불평등, 정치적 불안정 등 다양한 요인들이 복합적으로 얽힌 결과다. 첫 번째 원인은 기후변화다. 가뭄, 홍수, 폭염과 같은 극단적인 기상 현상이 농작물 생육에 심각한 영향을 미치며, 예측 불가능한 이상 기후는 농업 환경을 불안정하게 만들어 작황 계획을 어렵게 한다. 사헬 지역의 반복적인 가뭄은 농업 기반 사회의 생존을 위협하며, 이는 기후변화가 초래하는 식량 문제를 단적으로 보여준다.

두 번째 원인은 인구 증가와 자원 고갈이다. 전 세계 인구가 지속적으로 증가하면서 식량 수요가 급격히 늘고 있지만, 경작 가능한 토지와 물 자원은 제한적이다. 이러한 제약은 특히 개발도상국에서 더욱 심각하게 나타나며, 농업용지와 물 자원의 부족은 생산량 감소로 이어진다. 특히 아프리카와 남아시아 지역에서는 기술과 인프라 부족이 식량 불균형을 심화시키고 있다.

세 번째는 경제적 불평등과 불공정한 무역 구조다. 부유한 국가들이 식량 공급망을 장악하는 과정에서, 저소득 국가들은 필수적인 영양을 충족하는 데 어려움을 겪고 있다. 식량 생산국과 수입국 간의 무역은 주로 선진국에 유리한 방식으로 이루어지며, 이는 개발도상국이 식량을 안정적으로 확보하지 못하는 원인이 된다. 특히 기후변화나 정치적

그림 4.1 통합식량부족등급 구분

단계 및 설명	설명	우선대응목표	
1단계 없음/최소 (None/Minimal)	가구는 비정상적이고 지속 불가능한 식량 및 소득 접근 전략에 의존하지 않고 필수 식량 및 비식량 수요를 충족할 수 있음	회복력 구축 및 재난 위험 감소를 위한 조치 필요	
2단계 스트레스 (Stressed)	가구는 최소한의 적절한 식량 소비를 유지하지만 일부 필수 비식량 지출을 감당하지 못해 스트레스 대응 전략에 의존함	재난 위험 감소 및 생계 보호를 위한 조치 필요	
3단계 위기 (Crisis)	가구는 다음 중 하나에 해당 • 고도 또는 평소 이상 급성 영양실조로 반영되는 식량 소비 격차가 있음 • 필수 생계 자산을 고갈시키거나 위기 대응 전략을 통해서만 최소 식량 요구를 겨우 충족함	긴급조치필요	생계 보호 및 식량 소비 격차 감소를 위한 긴급 조치 필요
4단계 긴급 (Emergency)	가구는 다음 중 하나에 해당 • 매우 높은 급성 영양실조와 과다 사망률로 나타나는 큰 식량 소비 격차가 있음 • 긴급 생계 전략과 자산 처분을 통해서만 큰 식량 소비 격차를 완화함		생명과 생계 보호
5단계 재앙/기근 (Catastrophe/ Famine)	• 가구는 대처 전략을 완전히 동원해도 심각한 식량 및 기타 기본 수요가 극도로 부족함 • 기아, 사망, 빈곤, 극심한 급성 영양실조가 분명함(기근 분류 시, 해당 지역은 극심한 급성 영양실조 및 사망률이 극단적으로 높아야 함)		광범위한 사망 및 생계 총 붕괴 방지/복구

출처: USAID 홈페이지

불안으로 곡물 생산이 감소하면, 부유한 국가들이 자원을 선점하면서 개발도상국의 식량 부족이 더욱 심화된다.

마지막으로, 전쟁과 정치적 불안정은 식량 공급망을 직접적으로 위협하는 중요한 요소다. 전쟁과 내전은 농업 생산 기반과 물류 네트워크를 파괴하여 국가 간 식량 공급을 불안정하게 만들고, 국제 시장에서 식량 가격 급등을 초래한다. 특히 최근의 글로벌 갈등과 지정학적 긴장은 식량을 전략적 무기로 활용하는 경향을 강화하고 있다. 식량이 단순한 상품이 아니라 정치적 도구로 활용될 가능성이 높아진 것이다.

이처럼 식량 위기는 단순한 생산량 감소 문제가 아니라, 국제적인 협력이 필요한 복합적인 문제다. 이를 해결하기 위해서는 식량 보호주의 완화, 공급망 다변화, 기후 적응형 농업 확대 등의 구조적인 대응책이 요구된다.

▎국가 간 분쟁 또는 정치·사회적 불안정

국가 간 분쟁과 정치적 불안정은 농업 생산 기반 시설 파괴, 농민 이주, 유통망 붕괴 등을 초래하여 식량위기를 만드는 주요 원인이 된다. 최근 러시아-우크라이나 전쟁은 이러한 분쟁이 국제 식량 공급망에 미치는 영향을 보여주는 대표적인 사례다. 우크라이나는 세계 밀 수출의 29%를 차지하며, 세계식량계획(WFP)의 주요 식량 공급국이다. 그러나 전쟁이 장기화되면서 식량 수출이 차단되고, 밀과 옥수수 가격이 급등했다.

아프리카 및 중동 지역은 특히 큰 타격을 받았다. 소말리아는 전쟁

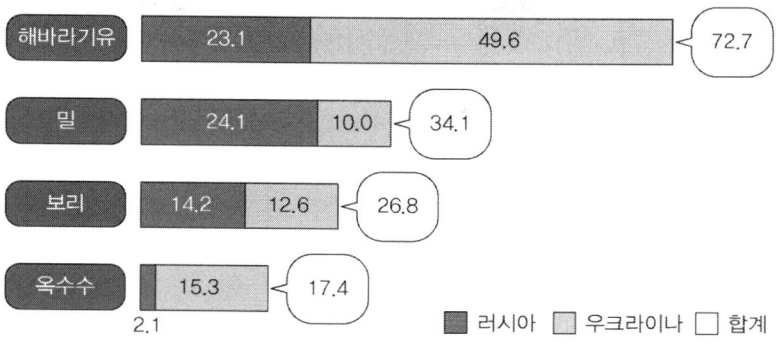

그림 4.2 러시아와 우크라이나 주요 곡물의 세계 시장 점유율(2018~2020년 기준, 단위 %)

출처: 국제식량정책연구소(IFPRI)

이후 밀 가격이 두 배 이상 급등하며 심각한 식량 위기를 겪고 있고, 예멘과 레바논은 우크라이나산 곡물 의존도가 높아 공급 부족과 가격 상승의 직격탄을 맞았다. 이집트 역시 주요 밀 수입국 중 하나로, 전쟁 이후 정부의 식량 보조금 부담이 증가하는 등 경제적 압박이 커졌다.

'식량 무기화(Food Weaponization)'는 식량을 경제적, 정치적 압박 수단으로 활용하는 전략을 의미한다. 러시아는 흑해 항로를 봉쇄해 우크라이나 곡물 수출을 차단하며, 국제 시장에서 식량 가격을 전략적으로 조정하려는 행동을 보이고 있다. 이처럼 식량 무기화는 단순한 무역 제한을 넘어 인도적 위기와 식량 안보 문제를 심화시키고 있으며, 국제사회는 이에 대한 해결책 마련을 촉구하고 있다.

세계 각국은 분쟁으로 인한 식량 위기를 완화하기 위해 식량 보호주의 완화, 국제 협력 강화, 공급망 다변화, 기후 적응형 농업 확대와 같은 대응을 추진해야 한다. 식량 수출 제한 정책을 완화하여 국제 공급망을 안정시키고, WFP와 FAO 등 국제기구의 긴급 식량 지원을 확대하는 것이 필요하다. 또한, 특정 국가에 대한 식량 의존도를 낮추고 생산 지역을 다양화하는 동시에, 기후변화에 대응할 수 있는 내성 작물 개발과 스마트 농업 기술을 도입해야 한다. 국제사회는 식량 안보 강화를 위한 협력과 정책적 대응을 더욱 강화해야 한다.

기후변화로 인한 식량위기 시대

기후변화는 현대 사회에서 식량 위기의 가장 심각한 원인 중 하나로 지목되고 있다. 많은 연구는 기후변화로 인한 식량 위기가 인류에 막대한 고통을 가져올 것이라고 경고하고 있으며, 실제로 빈번히 발생하는 홍수, 가뭄, 폭염, 폭설 등은 이러한 문제의 심각성을 보여준다. 이러한 기상 현상은 농작물의 생육을 방해해 생산량을 줄이고, 공급이 수요를 따라가지 못하게 하며, 결과적으로 식량 가격을 급등시켜 빈곤 지역의 식량 접근성을 악화시킨다.

한 연구에 따르면, 이산화탄소 농도가 증가하면 식량의 영양 가치가 감소하여 아연, 단백질, 철분 함량이 저하될 수 있다. 또한, 가뭄 상태에서 재배된 작물은 저장 과정에서 곰팡이와 해충에 더 취약해져 식량 손실이 증가할 가능성이 크다. 미국 텍사스 A&M 대학의 앤드루 데슬러 교수는 "대기 온도가 20°C일 때 농작물의 광합성이 최적이지만, 30°C를 초과하면 급격히 감소한다"고 언급하며, 온도 상승이 농작물 생산에 미치는 심각한 영향을 경고했다.

기후변화에 관한 정부간 협의체(IPCC) 또한 탄소중립 정책이 이행되지 않을 경우 밀 생산량이 최대 30% 감소할 것으로 전망했다. 2022

년에는 유럽에서 기록적인 폭염과 가뭄이 발생하며 주요 곡물 생산국들의 생산량이 큰 타격을 받았다. 프랑스의 밀 수확량은 전년 대비 7% 감소한 3,290만 톤을 기록했으며, 이탈리아와 영국도 각각 13%와 12%의 감소율을 보였다.

그림 4.3 프랑스의 연질 밀 생산량 추이 변화

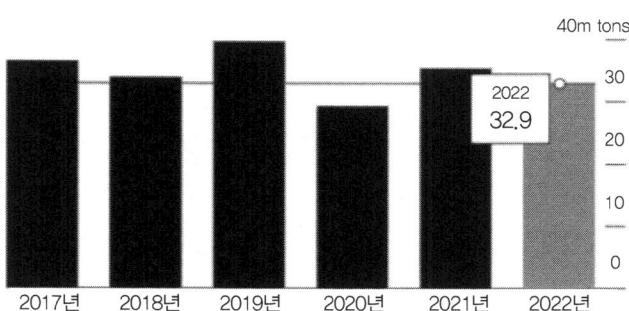

출처: 국제곡물이사회(International Grains Council, IGC)

이러한 사례들은 기후변화가 단순한 환경 문제가 아니라, 식량 안보와 인류 생존에 직접적 위협이 되고 있음을 보여준다. 글로벌 협력과 신속한 정책 이행 없이는 이러한 위기를 극복할 수 없으며, 탄소중립을 포함한 전방위적 대응이 절실하다.

기후변화의 영향은 유럽을 넘어 전 세계로 확산되고 있다. 2023년 3월, 아르헨티나는 63년 만의 폭염과 가뭄으로 식량 생산량이 급감하며, 세계 옥수수 공급량이 전년 대비 약 13.9% 줄었다. 인도에서는 폭염과 집중호우로 인해 쌀 가격이 급등하면서 일부 품목의 수출을 금지했고, 사탕수수 작황 부진으로 설탕 가격도 급등세를 보였다. 태국 역

시 엘니뇨[6] 현상으로 강우량이 감소하며 쌀 생산량이 줄었고, 베트남에서는 가뭄으로 쌀 가격이 10년 만에 최고치를 기록했다. 인도네시

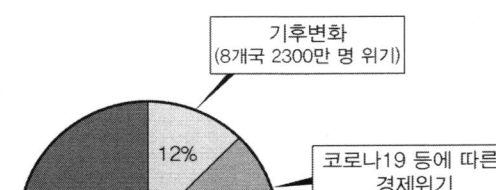
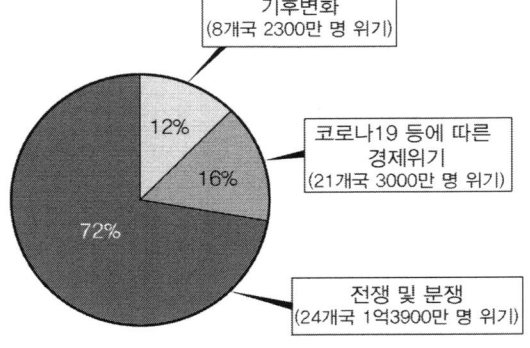

그림 4.4 2021년 식량 위기의 주요 원인

아와 말레이시아의 팜유 생산량 감소 전망은 글로벌 식용유 가격 상승을 예고하고 있다.

기후변화로 인한 이러한 식량 문제는 각국의 식량 보호주의를 강화시키고 있다. 헝가리를 포함한 19개국이 이미 수출 금지를 시행했고, 아르헨티나 등 8개국은 수출 제한 조치를 시행하고 있다. 이러한 보호주의 정책은 자국의 식량 안보를 위한 불가피한 조치이지만, 결과적으로 국제 시장의 식량 가격 상승을 초래하고 있다. 이러한 보호주의는 세계 식량 안보를 더욱 위협하며 빈곤국들의 상황을 악화시키고 있다.

여기에 코로나19 팬데믹은 식량 위기를 가속화시켰다. 이동 제한 조치로 인해 세계 경제는 둔화되었고, 실업률이 증가하면서 많은 사람들이 사회적 지원 없이 식량을 구하기 어려운 상황에 처했다. 농작물 재배와 수확이 지연되고 시장 접근이 제한되면서 공급망 붕괴와 인플

---

6 태평양 적도 지역의 해수면 온도가 비정상적으로 상승하면서 전 세계 기상 패턴에 영향을 미치는 기후 현상으로, 이로 인해 가뭄, 홍수, 폭염 등 기상 이변이 발생해 농업과 경제에 큰 영향을 줄 수 있다.

레이션이 발생했다. 미국에서는 식료품 가격이 2.6% 상승했지만, 농가 소득은 오히려 감소하는 모순적인 현상이 나타났다. 이러한 여파는 전 세계적으로 식량 생산 감소와 공급망 문제를 야기하며 식량 위기를 촉발했다.

　기후변화와 팬데믹 등 복합적인 요인들은 식량 위기를 더욱 심화시키고 있다. 이 위기를 해결하기 위해 신속하고 효과적인 대응책이 마련되지 않는다면, 인류는 이전에 경험하지 못한 심각한 위기에 직면할 것이다. 글로벌 협력과 지속가능한 정책은 이 문제를 해결하기 위한 필수적인 열쇠가 될 것이다.

episode

식량은 넘치는데
왜 위기는 찾아오는가?

▌풍요의 역설: 넘쳐나는 식량의 이면

현대 농업은 20세기 중반 이후 화학 비료, 살충제, 기계화, 유전자 변형 기술 등 혁신적인 기술의 도입으로 비약적인 생산성 향상을 이루며 전 세계 인구를 부양하는 데 중요한 역할을 했다. 이러한 발전은 기아 문제 해결에 기여하며 농업의 한계를 넘어서는 성과를 이뤘지만, 동시에 다양한 부작용을 초래했다.

대표적인 예로, 대규모 단일재배(모노컬처) 방식은 관리 효율성과 생산성을 높였지만, 토양 비옥도 저하와 생물 다양성 감소라는 부작용을 낳았다. 단일 작물에 집중된 재배 방식은 병충해와 기후변화에 취약해지는 문제를 야기하며, 토양의 건강을 훼손하고 장기적으로는 생산성의 하락을 초래했다. 또한, 화학 비료와 살충제의 과도한 사용은 하천과 지하수의 오염을 초래하며 수질 악화와 생태계 파괴로 이어졌다. 이러한 환경적 문제는 인간 건강에도 부정적인 영향을 미치며 현대 식량 시스템의 구조적 한계를 드러냈다.

이와 같은 부작용은 단기적인 생산성 증대에 집중한 농업 기술이 환경과 인류에게 장기적으로 심각한 위협이 될 수 있음을 경고하고 있다. 지속가능한 식량 시스템의 구축은 이제 선택이 아닌 필수 과제가 되었다. 환경 보호와 생산성 간의 균형을 추구하며, 생물다양성을 유지하고 자원의 지속가능한 활용을 보장하는 농업 모델로의 전환이 필요하다. 이는 미래 세대가 안정적으로 식량을 공급받을 수 있는 기반을 마련하고, 인류와 지구의 건강한 공존을 이루기 위한 중요한 과제다.

그림 4.5 농업기술 패러다임의 변화

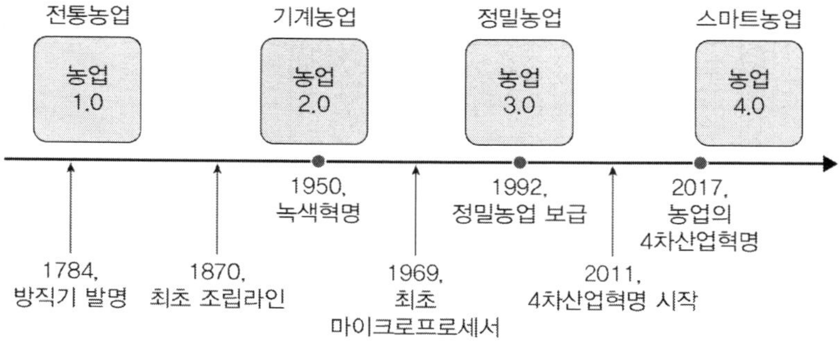

전통농업	기계농업	정밀농업	스마트농업
농업 1.0	농업 2.0	농업 3.0	농업 4.0

- 1784, 방직기 발명
- 1870, 최초 조립라인
- 1950, 녹색혁명
- 1969, 최초 마이크로프로세서
- 1992, 정밀농업 보급
- 2011, 4차산업혁명 시작
- 2017, 농업의 4차산업혁명

출처: 이동진, 스마트농업 기술 동향

세계의 곡물 생산량은 꾸준히 증가하고 있지만, 이와 반대로 재고율은 점점 낮아지는 경향을 보이고 있다. 이는 인구 증가로 인한 수요 증가가 생산량 증가를 앞지르고 있기 때문이다. 현재 약 70억 명에 이르는 세계 인구는 2050년이면 90억 명에 도달할 것으로 예상된다. 이런 인구 증가 추세는 곡물 생산량이 늘어나더라도 식량 부족 현상이 발생할 수 있음을 시사한다.

그림 4.6 전 세계 곡물 생산량과 재고율 추이

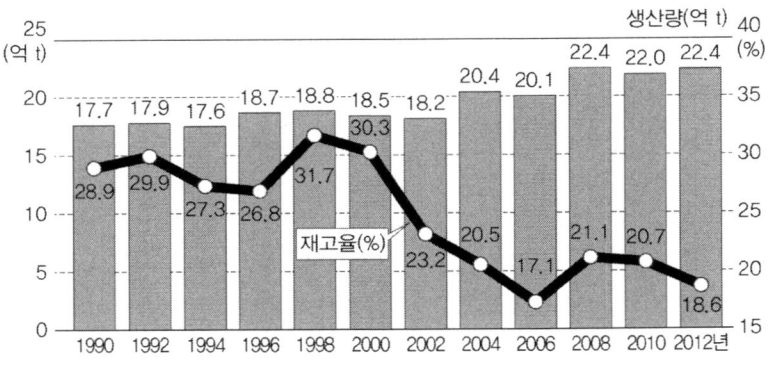

출처: 미국 농무부 국제금융센터

현대 농업의 기술 발전은 전 세계 기아 문제 해결에 기여했지만, 지속가능성에 대한 심각한 우려도 제기했다. 대규모 농업 생산 시스템은 단기적으로 식량 생산성을 높였지만, 토양 비옥도 손상과 생태계 파괴라는 환경적 대가를 치렀다. 화학 비료와 살충제의 과도한 사용은 하천과 지하수로 유입되어 수질 오염을 일으키고, 수생 생물을 위협하며, 인간 건강에까지 악영향을 미치고 있다.

단일 재배 방식은 특정 작물에 대한 의존도를 높이는 동시에 농업 시스템 전체의 취약성을 증대시켰다. 병충해나 기후변화로 인해 한 작물이 피해를 입을 경우, 대규모로 재배된 작물들이 연쇄적으로 영향을 받아 식량 공급이 불안정해질 가능성이 크다. 이는 다양한 작물을 혼합 재배했던 전통적 농업 방식에 비해 안정성이 낮다는 문제를 보여준다.

세계적으로 충분한 식량이 생산되고 있음에도 불구하고, 수억 명이 기아와 영양실조에 시달리는 현실은 현대 식량 분배 시스템의 구조적 모순을 드러낸다. 부유한 국가에서는 과잉 영양과 비만이 문제가 되는

반면, 저소득 국가에서는 식량 접근성 부족으로 영양 불균형과 기아가 심화되고 있다. 이는 생산의 문제가 아니라, 불공정한 분배와 접근성의 문제에서 비롯된다. 식량 불평등은 경제적, 사회적, 정치적 요인들이 얽혀 발생한다. 부유한 국가들은 재정적 여유를 바탕으로 더 많은 자원을 확보할 수 있지만, 저소득 국가는 국제 시장의 식량 가격 변동에 민감하게 반응하며, 가격이 급등할 경우 심각한 식량 위기에 처하게 된다. 이러한 상황은 단순한 생존 문제를 넘어 사회적 불안과 정치적 불안정으로 이어질 위험이 크다.

이 문제를 해결하기 위해서는 국제적인 협력과 지속가능한 분배 정책이 필수적이다. 공정한 식량 접근성을 보장하고, 분배 시스템의 효율성을 높이는 것은 전 세계의 식량 안보를 강화하는 데 핵심적인 역

그림 4.7 2022년 4대 곡물 주요 국가별 생산량과 수출량(괄호 안의 숫자는 점유율, %(2021년), 단위 100만t)

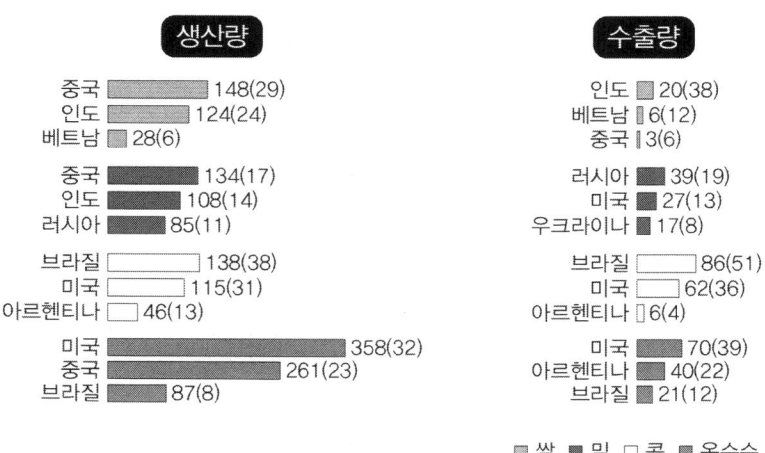

출처: 유엔 식량 농업 기구(UN FAO)

할을 할 것이다. 이러한 변화는 장기적으로 사회적 안정과 번영을 실현하고, 인류의 지속가능한 미래를 위한 중요한 기반이 될 것이다.

현대 식량 시스템은 전 세계적으로 많은 사람들에게 충분한 식량을 제공할 수 있는 능력을 갖췄지만, 그 분배는 여전히 심각한 불평등을 초래하고 있다. 선진국에서는 음식이 풍부하여 과잉 섭취와 비만 문제가 두드러지는 반면, 개발도상국에서는 기아와 영양실조가 만연하다. 이러한 불평등은 단순히 생산량 부족에서 기인하는 것이 아니라, 구조적인 분배와 접근성의 문제에서 비롯된다. 경제적, 사회적, 정치적 요인들이 복합적으로 작용하면서 식량 불평등이 지속되고 있다.

특히 세계적인 경제 시스템은 이러한 불평등을 악화시키고 있다. 부유한 국가들은 더 많은 재정적 여유를 바탕으로 글로벌 시장에서 식량을 우선적으로 구매할 수 있는 반면, 저소득 국가들은 국제 시장의 식량 가격 변동에 민감하게 반응할 수밖에 없다. 식량 가격이 급등하면 가난한 국가들은 심각한 식량 위기에 처하게 되며, 이는 단순한 공급 문제를 넘어 글로벌 식량 안보를 위협하는 요인으로 작용한다.

식량 불평등은 사회적 불안정을 초래할 수 있다는 점에서도 심각한 문제다. 빈곤층이 기본적인 식량을 얻지 못하면 사회적 갈등이 고조되고, 이는 정치적 불안정으로 이어질 가능성이 높다. 이러한 불안정은 지역적 분쟁과 인도주의적 위기로 확대될 수 있으며, 국제 사회의 협력과 개입이 필수적이다. 따라서 식량 불평등 문제는 단순한 농업 생산성의 문제를 넘어선, 공정한 분배와 접근성 개선을 요구하는 복합적 과제다.

이를 해결하기 위해서는 국제적인 협력이 필요하며, 구체적으로는

WTO 농업협정 개정, 식량 원조 시스템 개선, 개발도상국 농업 기술 지원 확대 등의 제도적 변화와 정책적 노력이 뒤따라야 한다. 글로벌 식량 시스템의 구조를 재검토하고, 지속가능한 방식으로 생산성과 분배 체계를 강화해야 한다. 궁극적으로 식량 불평등 문제를 해결하는 것은 전 세계적인 식량 안보를 강화하고, 장기적인 사회적 안정과 번영을 이루는 핵심적인 과제이다.

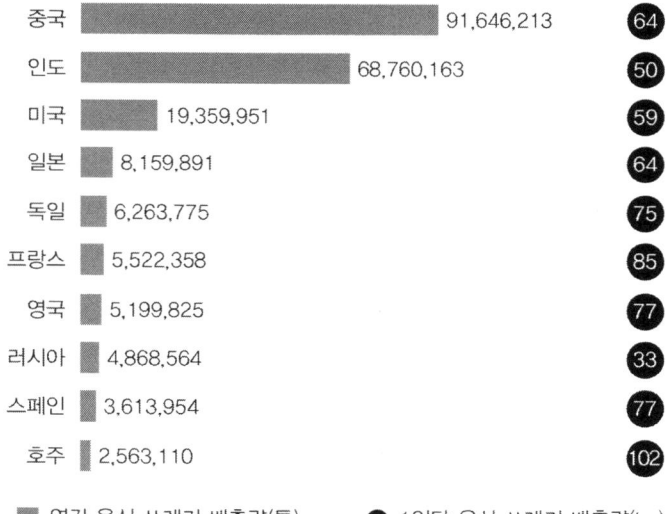

그림 4.8 세계 각국 음식물 쓰레기 배출량

출처: 유엔환경계획(UNEP), 「음식물 쓰레기 지수 보고서 2021」

전 세계적으로 음식물 낭비를 줄이기 위한 다양한 노력과 정책이 활발히 이루어지고 있다. 많은 국가에서 소비자 교육을 통해 음식물 낭비에 대한 인식을 높이고, 효율적인 유통과 보관 기술을 도입해 낭비를 최소화하려는 시도가 이어지고 있다. 예를 들어, 식재료의 신선도를 유지하기 위한 냉장 기술의 개선이나 공급망 최적화는 음식물 손실을 크게 줄이는 데 기여한다. 뿐만 아니라, 버려지는 음식물을 비료로 재활용하거나 에너지로 전환하는 방안은 음식물 쓰레기의 자원화와 환경 보호를 동시에 실현할 수 있는 대안으로 주목받고 있다.

음식물 낭비 문제를 해결하는 것은 단순히 경제적 손실을 줄이는 데 그치지 않는다. 이는 세계 식량 안보와 환경 보호에도 긴밀히 연결된 중대한 과제다. 매년 버려지는 엄청난 양의 음식물은 매립지에서 분해되며 메탄가스를 배출하는데, 이 가스는 지구 온난화에 큰 영향을 미치는 강력한 온실가스다. 따라서 음식물 낭비를 줄이는 것은 온실가스 배출을 감소시키고 기후변화에 대응하는 데 긍정적인 영향을 미친다.

지속가능한 미래를 위해 음식물 낭비를 줄이기 위한 정책과 프로그램의 시행은 필수적이다. 이를 통해 식량 위기를 완화할 뿐만 아니라, 환경에 미치는 부정적인 영향을 줄이고 자원의 순환을 촉진할 수 있다. 음식물 낭비 문제를 해결하기 위한 노력은 개별 소비자에서부터 기업, 정부, 국제 사회에 이르기까지 모두의 협력과 참여가 요구되는 중요한 과제다.

▌기후변화로 인한 식량위기

기후변화는 농업에 심대한 영향을 미치며, 이는 세계 식량 공급에 중대한 위협이 되고 있다. 지속적인 기온 상승과 강수 패턴의 변화는 작물의 생장 주기에 직접적인 영향을 미쳐 농작물의 생산성과 품질을 저하시킨다. 예를 들어, 기온이 일정 한계를 넘어서면 작물의 광합성

효율이 감소하고, 결과적으로 수확량이 줄어든다. 가뭄과 홍수와 같은 극단적인 기상 현상은 농경지를 황폐화시키고, 농작물의 성장을 저해함으로써 생산성이 떨어진다. 이러한 극한 기후 조건은 농민들이 농업 계획을 세우고 관리하는 것을 어렵게 만들어, 안정적인 식량 생산을 위협한다.

기온 상승과 강수 패턴 변화로 인한 직접적 영향 외에도, 기후변화는 병충해의 서식 환경을 변화시켜 새로운 위협을 만들어내고 있다. 따뜻해진 기후는 병충해의 서식지와 번식지를 확대시켜 작물의 건강을 위협하고, 농업 생산 비용을 증가시킨다. 이로 인해 농민들은 더욱 빈번하게 해충 방제와 관련된 문제를 직면하게 된다. 또한, 불규칙한 강수량은 홍수와 물 부족을 동시에 초래해 농업 기반 인프라의 효율적인 운영을 방해한다.

결국, 기후변화가 농업에 미치는 영향은 단순한 수확량 감소를 넘어

표 4.1 기후변화가 농업 부문에 미치는 파급 영향

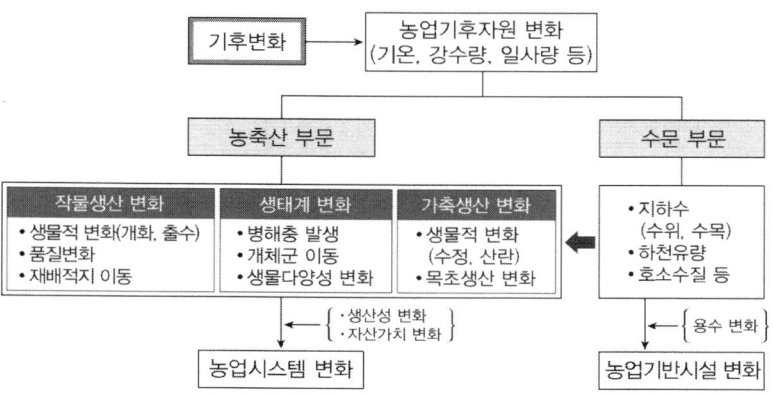

출처: IFS 보고서, 기후변화가 농업에 미치는 영향과 대책

선다. 농업 생산성 저하는 식량 가격 상승과 글로벌 식량 안보 위기로 이어지며, 특히 기후변화에 취약한 저소득 국가에서는 더 큰 영향을 미친다. 이러한 상황은 국제 사회의 협력과 혁신적인 농업 기술의 개발을 통해 기후변화에 대응하고 농업의 지속가능성을 확보해야 함을 강조하고 있다.

기후변화는 이미 전 세계 농업에 심대한 영향을 미치고 있으며, 그 영향은 앞으로 더욱 심화될 전망이다. 특히, 기후변화는 농작물의 생장 주기를 변동시켜, 생산량의 불확실성을 증가시킨다. 기온 상승은 작물의 성장 속도를 변화시켜 수확 시기를 앞당기거나 지연시키며, 이는 곧 작물 품질의 저하와 시장 경쟁력의 약화를 초래할 수 있다. 또한, 강수 패턴의 변화는 농업에 필요한 물 공급에 불확실성을 가져오며, 가뭄이나 홍수 같은 극한 기상 현상은 농경지를 황폐화시켜 수확량 감소를 초래한다.

가뭄은 특히 농업에 치명적인 영향을 미쳐, 작물의 성장과 수확을 크게 제한한다. 물 부족은 식물 생장을 저해하고, 심각한 가뭄은 농작물의 대량 피해로 이어질 수 있다. 반면, 홍수는 농경지를 침수해 작물의 뿌리를 썩게 하거나 물리적 피해를 입히며, 전체 농업 생태계를 교란시킨다. 이러한 극단적인 기후 현상은 특히 기후변화에 취약한 지역에서 식량 안보를 위협하는 주요 원인으로 작용한다.

또한, 기후변화는 병충해의 발생 빈도와 확산 범위에도 영향을 미친다. 새로운 병충해의 등장과 기존 병충해의 확산은 농작물의 수확량을 추가적으로 감소시키며, 농업 생산에 새로운 도전을 제기한다. 이러한 변화는 기존 농업 시스템이 기후변화에 적응하지 못할 경우, 식량

위기의 심화를 초래할 수 있다.

기후변화에 대응하기 위해서는 농업 시스템 전반의 혁신이 필요하다. 기후에 적응할 수 있는 작물 품종 개발, 효율적인 물 관리 시스템 구축, 지속가능한 농업 관행의 도입이 핵심 과제다. 아울러, 농업 생산 시스템의 탄소 발자국을 줄이는 노력은 기후변화 영향을 완화하고, 장기적으로 식량 안보를 강화하는 데 중요한 역할을 한다. 이러한 구조적 혁신이 뒷받침될 때에만, 농업은 기후변화라는 중대한 도전에 대응하며 지속가능한 성장을 실현할 수 있다.

결론적으로, 폭염, 가뭄, 홍수, 태풍 등 빈번해지는 극한 기상 현상은 농업 생산에 큰 불확실성을 초래하며, 이는 식량 가격의 급등과 글로벌 식량 공급망의 불안정으로 이어진다. 기후변화가 식량 안보에 미

그림 4.9 전 세계 극한 기상현상 시기별 발생 건수(단위: 건)

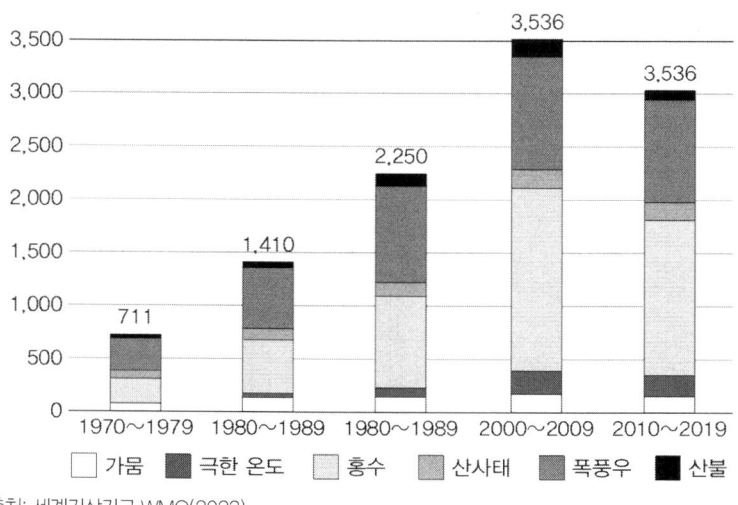

출처: 세계기상기구 WMO(2023)

그림 4.10 지역별 보고된 극한 기상현상 발생 건수

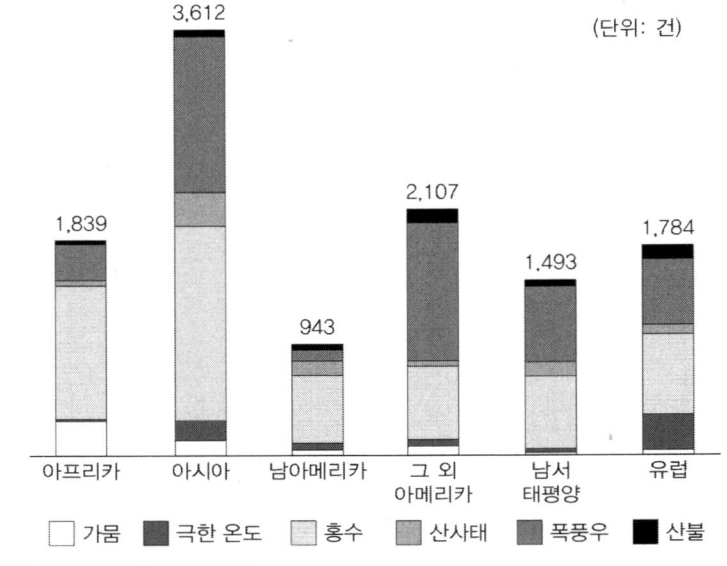

출처: 세계기상기구 WMO(2023)

치는 심각한 위협은 국제 사회의 주목을 받으며, 이를 해결하기 위한 협력과 장기적 대책 마련이 절실하다.

극한 기상 현상은 전 세계 농업 생산에 심각한 영향을 미치며, 앞으로도 그 영향은 더욱 심화될 것으로 보인다. 폭염은 작물의 생육에 필요한 적정 온도를 초과하여, 수분 손실을 증가시키고 광합성 능력을 저하시켜 작물의 성장을 멈추게 하거나 수확량을 감소시킬 수 있다. 특히 쌀과 옥수수와 같은 물 의존도가 높은 작물은 가뭄에 크게 영향을 받는다. 가뭄은 물 부족으로 인해 작물 성장을 저해하고 수확량을 급감시켜 농업 생산에 가장 큰 위협 중 하나로 작용한다.

반면, 홍수는 농경지를 침수시켜 작물 뿌리를 썩게 하거나 물리적으

로 파괴하며, 토양의 영양분을 유실시켜 농작물의 생장을 어렵게 만든다. 이는 수확량 감소를 초래하고, 장기적으로 토양의 비옥도 저하로 이어질 수 있다. 태풍과 같은 강력한 폭풍은 작물을 물리적으로 파괴하고 비바람으로 농경지에 심각한 피해를 주며 농업 생산에 부정적인 영향을 미친다.

이러한 극한 기상 현상은 식량 가격의 급등을 초래할 수 있다. 특정 지역의 농작물 수확량 감소는 해당 작물의 시장 가격을 급등시키며, 이는 글로벌 식량 시장의 불안정성을 초래한다. 특히 저소득 국가에서는 이러한 변화가 식량 안보에 심각한 위협이 되며, 빈곤층이 가장 먼저 큰 타격을 받아 사회적 불안정으로 이어질 수 있다.

극한 기상 현상에 대응하기 위해 농업 생산 시스템의 적응력이 중요하다. 기후변화에 강한 작물 품종을 개발하고, 극한 기상에 대응할 수 있는 농업 기술을 도입하는 것이 필수적이다. 농업 생산의 유연성을 높이기 위해 다양한 작물 재배와 새로운 농업 방식을 도입해야 한다. 이러한 노력은 극한 기상 현상의 부정적 영향을 최소화하고, 식량 안보를 강화하는 데 중요한 역할을 한다. 기후변화에 대응하는 농업 시스템은 향후 식량 공급의 안정성을 보장하고 사회적 안정을 유지하는 데 필수적이다.

▍경제와 정치: 식량위기의 복잡성

식량 가격 변동은 글로벌 경제의 복잡성과 긴밀히 연결되어 있으며, 특히 저소득 국가의 식량 안보에 중대한 영향을 미친다. 식량 가격은 에너지 비용, 정치적 불안정, 금융 시장의 투기 활동 등 여러 요인에 의해 결정되며, 이러한 요소들은 상호작용하여 위기를 가중시킬 수 있다. 예를 들어, 국제 유가가 상승하면 농업 생산과 운송 비용이 함께 증가해 식량 가격이 연쇄적으로 상승한다. 이는 특히 빈곤층에 가장 큰 타격을 주며, 사회적 불안정과 정치적 갈등을 촉발할 수 있다. 경제적 불안정은 점차 전 세계적으로 확산되며, 한 국가의 문제가 다른 국가로 번지는 도미노 효과를 일으킬 수 있다.

정치적 불안정 또한 식량 가격 변동의 주요 요인이다. 전쟁이나 내전은 농업 생산과 공급망을 파괴하고, 무역 제한이나 봉쇄 조치는 식량 수출입을 방해하여 가격 급등을 유발한다. 러시아-우크라이나 전쟁은 이와 같은 영향을 극명하게 보여준다. 이 전쟁은 글로벌 밀 수출에 중대한 영향을 미쳐 식량 공급망의 혼란을 초래했고, 이는 저소득 국가의 식량 가격에 직접적인 압박으로 작용했다.

또한, 금융 시장의 투기 활동은 식량 가격을 더욱 불안정하게 만든다. 투자자들이 식량을 투자 대상으로 삼아 거래에 개입하면, 실질적인 공급과 수요와 관계없이 가격이 급등락할 수 있다. 이러한 투기성 거래는 식량위기를 심화시켜, 특히 경제적으로 취약한 국가들에서 심각한 문제로 작용한다. 결과적으로, 이러한 식량 가격 변동은 단순히 시장의 변화로 끝나지 않으며, 전 세계적인 경제 불균형과 불안정을 초래한다.

따라서 글로벌 경제는 식량 가격의 변동성과 복잡하게 얽혀 있으며, 이는 경제적 요인이 식량위기의 복잡성을 어떻게 증폭시킬 수 있는지를 잘 보여준다. 이러한 문제를 해결하기 위해서는 국제 사회의 협력과 투명한 정책이 필요하다. 경제적 안정성을 유지하면서도 식량 안보

그림 4.11 세계 식량가격지수(2004~2022년)

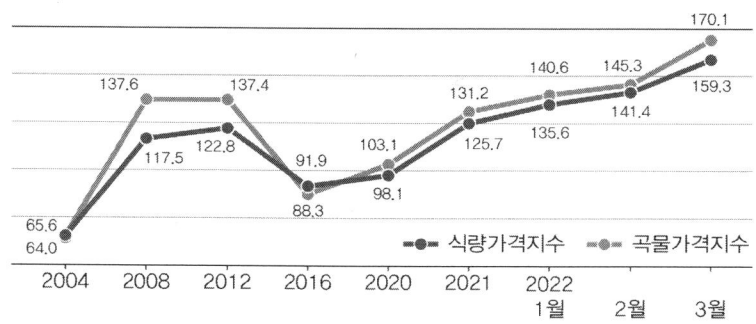

출처: 유엔식량농업기구

를 강화할 수 있는 구조적 대책과 국제적인 협력이 요구되며, 이를 통해 전 세계적으로 더 공정하고 안정적인 식량 공급 체계를 구축할 수 있을 것이다.

식량 가격 변동은 글로벌 경제와 사회 전반에 깊은 영향을 미치며, 특히 저소득 국가의 식량 안보에 심각한 위협이 된다. 다양한 요인들이 식량 가격 변동을 초래하는데, 그중에서도 에너지 가격의 역할은 매우 중요하다. 석유 가격이 상승할 경우, 농업 생산에 필요한 기계의 연료비가 증가하여 생산 비용이 높아지고 이는 곧 식량 가격의 상승으로 이어진다. 또한, 극한 기상 현상인 가뭄과 홍수는 농작물의 수확량을 급감시키고, 식량 가격을 급등시키는 주요 원인이 된다.

정치적 불안정 역시 식량 가격 변동을 일으키는 핵심 요소 중 하나다. 전쟁과 내전은 농업 생산 중단 및 물류망 파괴를 초래하여 지역 내 식량 공급을 제한하며, 이는 식량 가격을 급등시킬 뿐만 아니라 국제 시장에도 악영향을 미친다. 또한, 금융 시장의 투기 활동은 식량 가격의 인위적 변동을 초래할 수 있다. 투기자들이 식량을 투자 대상으로 삼아 가격을 조작하면, 공급이나 수요와 무관하게 가격이 급변할 수 있으며, 이는 특히 저소득 국가의 식량위기를 더욱 심화시킨다.

식량 가격이 급등하면 빈곤층이 가장 먼저 타격을 받는다. 이러한 가격 상승은 가난한 가정이 필수 식량을 충분히 구매하지 못하게 하며, 영양 실조와 기아로 이어질 수 있다. 또한, 식량 가격의 급등은 사회적 불안정과 폭동, 정치적 갈등을 유발할 수 있다. 이는 식량 접근성 제한에 따른 사회적 불만이 고조되어 발생하며, 결국 폭동이나 정치적 불안으로 이어질 위험이 있다.

이러한 상황에서 국제 사회는 공동의 대응이 필요하다. 식량 가격 변동을 안정화하기 위한 국제적인 협력은 필수적이다. 정부는 식량 비축량을 늘리고, 투기 활동에 대한 규제를 강화하여 가격의 급변동을 막아야 한다. 또한, 농업 생산성을 높이고, 기후변화에 적응할 수 있는 새로운 농업 기술 도입을 통해 보다 안정적인 식량 공급 체계를 구축해야 한다. 이러한 다각적인 정책과 노력은 글로벌 경제의 안정성을 유지하고, 전 세계적인 식량 안보를 강화하는 데 중요한 역할을 할 것이다.

식량위기는 전 세계가 직면한 중요한 문제로, 이를 해결하기 위해서는 국제 사회의 협력과 개인의 노력이 조화를 이루어야 한다. 각국은 식량 생산과 분배에 있어 상호 협력하며, 기후변화에 대응하기 위한 공동의 노력을 기울여야 한다. 선진국은 저소득 국가에 식량 지원과 지속가능한 농업 기술을 이전함으로써 식량 자급률을 높이고, 전 세계적인 식량 안보 강화에 기여할 수 있다. 또한, 기후변화에 대응하는 전략을 마련하여 안정적인 식량 공급을 보장하는 것이 필요하다.

국제 협력은 식량위기를 해결하는 데 중요한 역할을 한다. 기후변화로 인해 농업 생산에 어려움을 겪는 국가들은 국제 지원을 통해 첨단 농업 기술을 도입하고, 기후변화에 적응할 수 있는 방안을 모색할 수 있다. 분쟁으로 인해 식량 공급망이 붕괴된 지역에서는 인도주의적 지원이 필수적이다. 국제 사회는 긴급 식량 공급과 접근성 향상에 적극적으로 기여해야 한다.

개인의 역할 또한 무시할 수 없다. 음식물 낭비를 줄이는 것은 식량위기를 완화하는 데 큰 도움이 된다. 개인은 필요 이상의 식량을 구매하지 않고, 남은 음식을 재활용하거나, 환경 친화적인 소비를 실천함으로써 지속가능한 식량 시스템을 지원할 수 있다. 이러한 개인의 행동은 지역사회에 긍정적인 변화를 가져오고, 궁극적으로 글로벌 식량 안정성에 기여한다.

또한, 식량위기에 대한 인식을 높이고 이를 해결하기 위한 행동에 동참하는 것도 중요하다. 예를 들어, 교육과 홍보 활동에 참여하거나 기부를 통해 식량 지원 프로그램을 후원하는 등의 행동은 작은 실천이지만 큰 변화를 이끌어낼 수 있다. 개개인의 노력이 모여 사회적 움직임을 촉발시키고, 궁극적으로 식량위기 극복에 기여할 수 있다.

결론적으로, 글로벌 협력과 개인의 실천이 합쳐져야 식량위기를 극복하고 지속가능한 미래를 만들어 나갈 수 있다. 국제 사회는 식량 문제에 대한 협력을 강화하고, 개인은 일상 생활에서 지속가능한 식습관을 실천해야 한다. 이러한 노력이 전 세계적으로 안정적인 식량 공급을 보장하고, 기후변화와 자원 고갈에 대응하는 데 중요한 역할을 할 것이다.

episode

식량위기를 해결할 열쇠는?

▎글로벌 식량위기의 심각성

글로벌 식량위기는 21세기 들어서도 인류가 직면한 가장 심각한 문제 중 하나로 남아 있으며, 그 심각성은 지속적으로 커지고 있다. 세계 인구는 2050년까지 90억 명을 넘어설 것으로 예상되며, 이에 따라 식량 수요는 급격히 증가할 것이다. 그러나 농업 생산성의 성장 속도는 이를 따라가지 못하고 있으며, 기후변화, 물 부족, 토지 황폐화 등 환경적 문제는 상황을 더욱 악화시키고 있다. 유엔 식량농업기구(FAO)의 최근 보고서에 따르면, 전 세계적으로 8억 명 이상의 사람들이 만성적인 기아에 시달리고 있으며, 이는 최근 기후변화와 경제적 불안정으로 인해 증가세를 보이고 있다. 극심한 가뭄과 폭염은 농작물 생산량을 감소시키고, 이로 인해 식량 가격이 급등하여 빈곤층의 식량 접근성을 더욱 악화시키고 있다. 이러한 위기를 해결하기 위해서는 단순한 생산량 증가가 아니라, 국제 협력과 정책 개혁, 지속가능한 농업 기술 도입이 필수적이다.

첫째, 식량 공급망 안정화와 보호주의 완화가 필요하다. 일부 국가들은 식량 부족을 우려해 자국 내 식량 수출을 제한하고 있으며, 이는 글로벌 식량 가격 상승을 더욱 부추기고 있다. 국제사회는 식량 보호주의 완화를 위한 협력을 강화하고, 공정한 무역 체계를 마련해야 한다.

둘째, 스마트 농업 및 지속가능한 식량 생산 기술 도입이 필수적이다. 기후변화에 적응할 수 있는 농업 방식이 필요하며, AI 기반 스마트 농업, 내염성·내한성 작물 개발, 수직농업 및 도시농업과 같은 기술이 적극적으로 도입되어야 한다. 이는 식량 생산성을 높이고, 기후변화로 인한 농업 피해를 줄이는 데 기여할 것이다.

셋째, 국제 기구 및 민간 부문의 협력을 강화해야 한다. FAO, WFP와 같은 국제 기구뿐만 아니라, 글로벌 농업 기업 및 비정부기구(NGO)들이 협력하여 식량 공급 안정화를 위한 공동 노력을 기울여야 한다. 특히, 기아가 심각한 지역을 대상으로 긴급 식량 지원뿐만 아니라, 자립형 농업 교육과 기술 지원을 확대해야 한다.

넷째, 식량 낭비 감소 및 소비 구조 개선이 필요하다. 현재 생산된 식량의 30% 이상이 폐기되거나 낭비되고 있으며, 이는 기아 문제 해결을 어렵게 만드는 주요 요인 중 하나다. 각국 정부와 기업은 식량 유통 및 저장 기술을 개선하고, 식량 손실을 줄이기 위한 정책을 강화해야 한다.

이처럼 식량 위기는 단순한 생산 문제가 아니라, 국제적인 협력이 필요한 복합적인 구조적 문제다. 지속가능한 해결책을 마련하기 위해서는 식량 생산·유통·소비의 전 과정에서 혁신적인 접근과 국제사회

그림 4.12 세계 기아 인구 추이

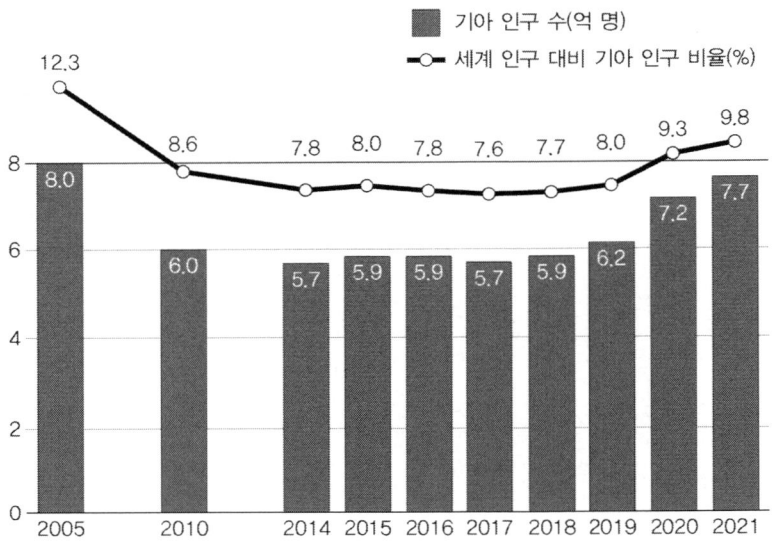

출처: 유엔식량농업기구(FAO)

의 공동 대응이 필수적이다.

글로벌 식량위기는 단순한 식량 부족 문제를 넘어 사회적, 경제적, 환경적으로 광범위한 영향을 미친다. 사회적으로, 기아와 영양실조는 인류의 건강뿐만 아니라 교육과 노동 생산성에도 직접적인 영향을 준다. 특히 어린 시절 영양 결핍은 신체적·인지적 발달을 저해하며, 학습 능력을 떨어뜨려 교육 성과에도 악영향을 미친다. 장기적으로 이는 노동력 감소로 이어지고, 사회 발전을 저해하는 주요 요인이 된다.

경제적으로, 기아와 영양실조는 국가의 경제 성장에도 부정적인 영향을 미친다. 영양 부족으로 인한 건강 문제는 노동 생산성을 저하시켜 경제적 손실을 유발하며, 의료비 증가와 복지 비용 부담을 가중시킨다. 특히 개발도상국에서는 식량 부족이 빈곤 악순환을 초래하고, 경제 발전을 저해하는 주요 요인으로 작용하고 있다.

환경적으로, 식량위기는 지속적인 환경 파괴를 가속화한다. 식량 생산을 늘리기 위해 무분별한 산림 개간과 수자원 과잉 사용이 이루어지면서 토양 침식, 수질 오염, 생물 다양성 감소 등의 문제가 발생한다. 이러한 환경 파괴는 기후변화에 대한 대응력을 더욱 약화시키고, 장기적으로는 농업 생산성 감소를 초래하는 악순환을 만들게 된다.

이러한 문제를 해결하기 위해서는 단기적 대응을 넘어, 지속가능한 식량 시스템을 구축하는 노력이 필요하다. 첫째, 식량 공급망을 안정화하고 보호주의를 완화해야 한다. 일부 국가들이 식량 위기를 우려해 수출을 제한하고 있지만, 이는 오히려 글로벌 식량 가격을 더욱 불안정하게 만들고 있다. 국제사회는 공정한 무역 체계를 구축하고, 필수 식량의 안정적인 공급을 위한 국제 협력을 강화해야 한다.

둘째, 지속가능한 농업 기술을 도입해야 한다. AI 기반 스마트 농업, 수직농업, 도시농업, 내염성·내한성 작물 개발 등 기후변화에 적응할 수 있는 혁신적인 농업 방식이 필요하다. 특히 기후변화로 인한 생산량 감소에 대응하기 위해, 각국 정부와 연구기관은 친환경 농업 기술 개발과 지원을 확대해야 한다.

셋째, 긴급 식량 지원을 넘어, 자립형 농업 기반을 강화해야 한다. FAO, WFP 등 국제 기구뿐만 아니라 민간 기업, NGO 등이 협력하여 기아가 심각한 지역에 대한 긴급 식량 지원을 지속하는 동시에, 농업 교육과 기술 지원을 통해 자립할 수 있는 기반을 마련해야 한다.

넷째, 식량 낭비를 줄이고 소비 구조를 개선해야 한다. 현재 생산된 식량의 30% 이상이 폐기되고 있으며, 이는 기아 문제 해결을 어렵게 만드는 주요 요인 중 하나다. 식량 유통 및 저장 기술을 개선하고, 각국 정부와 기업이 식량 손실을 줄이는 정책을 강화해야 한다.

결국, 식량위기는 생산, 유통, 소비 전 과정에서 지속가능한 해결책을 마련하고 국제사회의 협력을 이끌어내야 하는 복합적인 과제다. 개별 국가뿐만 아니라 국제기구, 기업, 개인 모두가 참여하여 식량위기를 해결하기 위한 노력을 기울여야 한다.

그림 4.13 식량위기의 사회적, 경제적, 환경적 영향

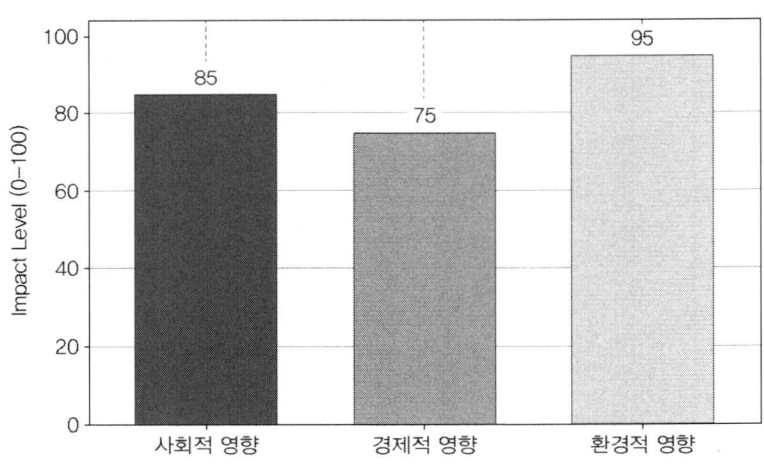

출처: 유엔식량농업기구(FAO), 세계식량위기보고서(2023)

위의 그래프는 글로벌 식량위기가 사회적, 경제적, 환경적 측면에서 미치는 영향을 시각적으로 나타냈다. 각 영향 범주는 0에서 100까지의 스케일로 평가되었으며, 이를 통해 식량위기가 얼마나 심각한 문제인지를 다양한 측면에서 이해할 수 있다.

(1) 사회적 영향(Social Impact): 85점

식량위기는 단순히 개인의 건강 문제를 넘어 사회 전체에 광범위한 영향을 미친다. 특히 저개발국가에서는 기아와 영양실조가 심각하게 나타나, 어린이들의 신체적·인지적 발달에 큰 장애를 초래한다. 이러한 영양 부족은 교육 수준 저하와 노동 생산성 감소로 이어지며, 장기적으로 사회의 경제적 성장을 저해한다. 식량 부족이 지속되면 이는 사회적 불안정과 갈등을 촉발할 수 있으며, 정치적 불안정으로까지 확대될 수 있다. 결과적으로, 식량위기는 단순한 건강 문제가 아니라 사회적 안정과 경제 발전을 저해하는 다층적이고 복합적인 문제임을 보여준다.

(2) 경제적 영향(Economic Impact): 75점

경제적 측면에서 식량위기는 글로벌 차원에서 심각한 결과를 초래했다. 기후변화, 토지 황폐화, 물 부족 등의 요인으로 농업 생산성이 감소하면서 식량 가격이 급등했다. 이는 전 세계적으로 인플레이션을 유발할 수 있으며, 특히 저소득 국가에서는 가계 지출의 대부분이 식량에 집중되면서 경제적 압박이 더욱 심화된다. 이러한 상황은 단지 식량비 상승에 그치지 않고 경제 전반에 부정적인 영향을 미친다. 노동력 감소와 생산성 하락은 국가 경제에 큰 부담으로 작용하며, 영양실조로 인한 건강 문제는 노동자의 효율성을 저하시켜 기업의 경쟁력에도 악영향을 끼친다. 결과적으로, 식량위기는 경제적 안정을 위협하며 전반적인 성장과 발전을 가로막는다.

(3) 환경적 영향(Environmental Impact): 95점

환경에 미치는 영향은 심각한 수준에 이르렀다. 기후변화로 인해 농업 환경이 악화되면서, 이는 다시 환경 파괴로 이어지는 악순환을 만들어냈다. 예를 들어, 농업 생산을 증가시키기 위해 산림을 개간하는 것은 단기적으로는 경작지를 늘릴 수 있지만, 장기적으로는 생태계를 파괴하고 탄소 흡수 능력을 감소시켜 기후변화를 가속화한다. 그 결과, 기후변화는 다시 농업 생산성을 떨어뜨리며, 식량 공급을 위협하는 상황으로 이어진다.

또한, 과도한 물 사용과 화학 비료의 남용은 토양의 건강을 해치고 수자원을 오염시킨다. 이런 농업 관행은 지하수와 하천에 질소와 인 성분을 유입시켜 수질 오염을 초래하고, 수생 생태계에 악영향을 미친다. 이는 물고기와 같은 생물종의 감소로 이어지며, 생태계 전체의 생물 다양성을 위협한다. 이러한 생태적 손실은 식량위기를 더욱 악화시켜, 지속가능한 농업과 환경 보호의 중요성을 절실히 요구하게 만든다.

따라서 지속가능한 농업 실천이 필요하다. 토양 보존, 효율적인 물 관리, 화학물질 사용 최소화와 같은 환경친화적인 농업 기술은 장기적으로 기후변화에 적응하고 생태계를 보호하는 데 기여할 수 있다.

그렇다면 글로벌 식량위기를 해결할 열쇠는 무엇일까?

▌혁신적 농업 기술의 발전

스마트 농업기술은 현대 농업의 전환점이 되고 있다. 센서, 드론, 인공지능(AI), 사물인터넷(IoT)과 같은 첨단 기술이 농업에 도입되면서, 농작물의 성장과 토양 상태, 기후 조건 등을 실시간으로 모니터링하고 분석하는 능력이 향상되었다. 이러한 기술들은 농업 현장에서의 의사결정을 더욱 정교하고 신속하게 만들며, 농업 생산성과 자원 사용의 효율성을 극대화하는 데 기여한다.

정밀 농업은 데이터 기반의 관개 시스템을 통해 물 사용량을 절감하고 작물의 건강을 최적화하는 실례를 제공한다. 드론 기술은 넓은 농지를 빠르게 촬영하고 분석함으로써 병해충 발생을 조기에 발견하고, 이를 통해 빠른 대응이 가능하다. 이러한 기술들은 농업 자원을 절약하고 환경적 영향을 최소화하면서도 생산성을 높이는 데 중요한 역할을 한다.

AI는 과거의 데이터를 학습하여 기후변화와 작물 성장 패턴을 예측하고, 최적의 작물 관리 방법을 농부에게 제공한다. AI 기반의 기상 데이터 분석은 최적의 파종 및 수확 시기를 알려주고, 병해충의 발생 가능성을 조기에 경고하여 필요한 방제 조치를 제안한다. 이로써 농업의 불확실성을 줄이고 생산성과 비용 절감이 가능하다.

IoT는 농업 기기와 센서를 연결해 실시간 데이터 수집과 관리가 가능하게 하며, 자동화된 환경 제어 시스템을 통해 작물의 성장 조건을 최적화한다. 이는 특히 온실이나 스마트팜에서 온도와 습도 등의 환경 요소를 자동 조절하여 농업 생산성을 높이는 데 큰 도움이 된다.

스마트 농업기술은 지속가능한 농업을 위한 핵심 도구다. 자원을 효율적으로 사용하고 환경을 보호하며, 미래의 식량 문제 해결에 중요한 역할을 한다. 전 세계적으로 증가하는 식량 수요를 충족시키기 위해 이러한 기술은 필수적이며, 농업의 경제성과 지속가능성을 동시에 높일 것으로 기대된다.

수직농업[7]과 도시농업은 급격히 증가하는 도시 인구와 제한된 경작지 문제를 해결할 수 있는 혁신적 농업 방법으로 각광받고 있다. 수직

그림 4.14 과수 분야 스마트팜 구성도

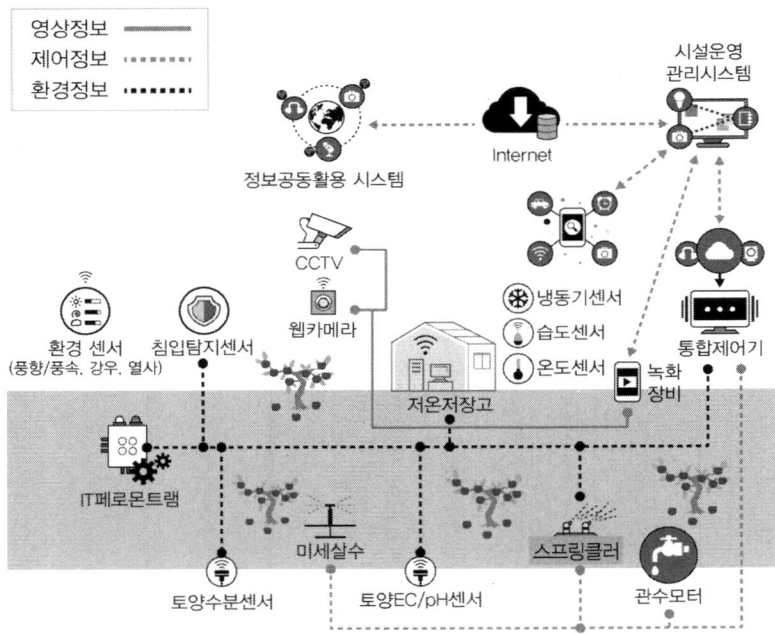

출처: 농수축산신문(2018. 4. 18.), "스마트팜을 더 스마트하게"

---

7 실내에서 작물을 층층이 쌓아 올려 재배하는 방식으로, 공간 효율성과 물 절약 효과가 뛰어나며 기후변화에 영향을 덜 는다. 이 방식은 식량 안정성을 높이고 수송 비용을 줄이지만, 초기 설치 비용과 에너지 소모가 높은 것이 단점이다.

농업은 특히 빌딩 내부의 다층 구조를 활용해 작물을 재배함으로써 공간 활용의 효율성을 극대화한다. 이는 도시 중심부에서도 신선한 작물을 지속적으로 공급할 수 있게 하며, 높은 생산성을 유지할 수 있는 장점이 있다.

수직농업의 핵심 기술 중 하나는 LED 조명과 같은 인공광을 사용해 작물의 성장에 필요한 최적의 환경을 조성하는 것이다. 이를 통해 농작물은 기후나 계절에 구애받지 않고 균일하게 성장할 수 있다. 또한, 수경 재배 시스템을 도입함으로써 토양을 대신해 순환하는 물과 영양분을 제공하여 작물의 성장을 지원한다. 이러한 시스템은 전통적인 농업에 비해 물 사용량을 대폭 절감할 수 있으며, 폐수의 재사용도 용이하다.

이러한 수직농업은 토양의 질과 기후 조건에 영향을 받지 않기 때문에 사막화 지역이나 극단적인 기후에서도 실현 가능하다. 또한, 밀폐된 공간에서 작물을 재배하기 때문에 병충해에 대한 노출이 줄어들어 화학 농약의 사용을 최소화할 수 있다. 따라서 수직농업은 친환경적이며 지속가능한 농업의 한 형태로 발전하고 있으며, 도시 내 식량 자급률을 높이고 환경 보호에도 기여할 것으로 기대된다.

도시농업은 도심의 유휴 공간, 옥상, 버려진 공터 등을 활용해 식량을 생산하는 창의적인 방법으로, 지속가능한 도시 생활을 지향하는 현대 사회에서 주목받고 있다. 이 방식은 도시 주민들에게 신선하고 건강한 식품을 제공할 뿐만 아니라, 지역 내 식량 자급률을 높이는 데 기여한다. 특히, 도시농업은 생산된 식량이 가까운 거리 내에서 소비되기 때문에 식품의 신선도가 보장되고, 운송 과정에서 발생하는 탄소배

그림 4.15 미국 일리노이대 연구팀이 설계한 수직농장 '리빙 스카이스크래퍼'

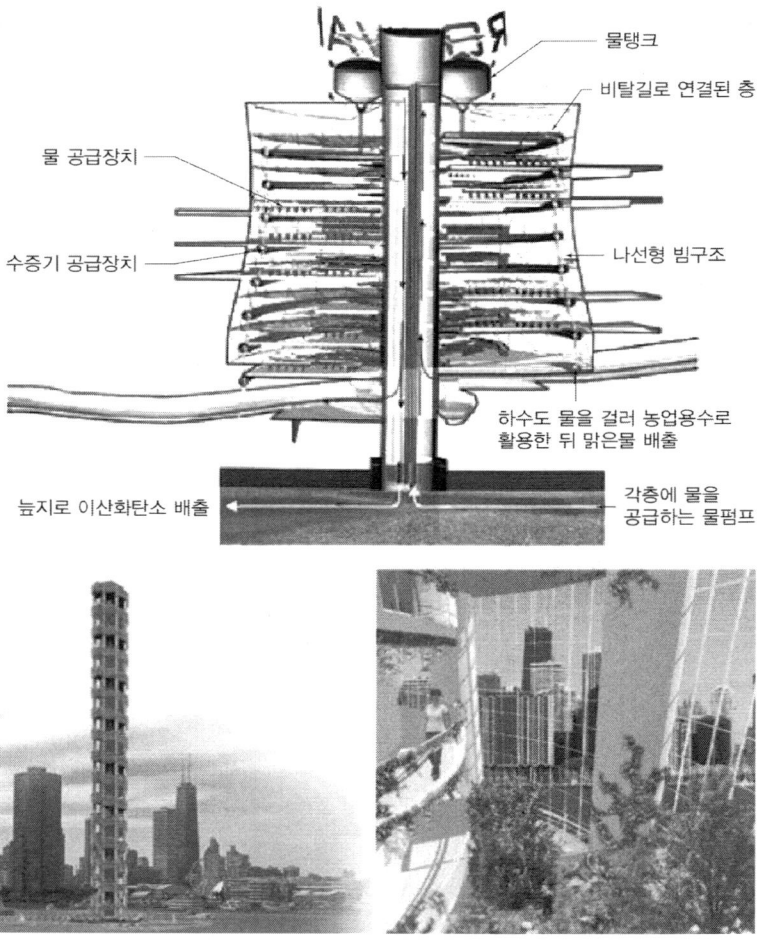

출처: 버티컬팜 프로젝트 공식 웹사이트

출을 줄일 수 있다.

도시농업의 장점은 단순히 식량 생산에 국한되지 않는다. 도심 내 녹색 공간이 증가함에 따라 공기 질이 개선되고, 열섬 현상이 완화되어 도시 환경 전반이 개선될 수 있다. 이러한 녹색 공간은 도심의 미관을 향상시키며, 주민들에게 심리적 안정과 휴식처를 제공한다. 나아가, 도시농업은 주민들이 직접 농업 활동에 참여할 수 있는 기회를 제공하여, 신체 활동을 증가시키고 건강한 식생활을 촉진한다. 이를 통해 농업에 대한 이해와 관심이 높아지고, 지역 사회의 결속력을 강화하는 데도 긍정적인 역할을 한다.

이처럼 도시농업은 식량 생산 이상의 가치, 즉 환경적 이점과 사회적 건강 증진의 혜택을 제공하며, 지속가능한 도시에 중요한 요소로 자리 잡고 있다.

도시농업은 단순한 식량 생산을 넘어 지역 사회의 활성화와 협력을

그림 4.16 도시농업 개념도

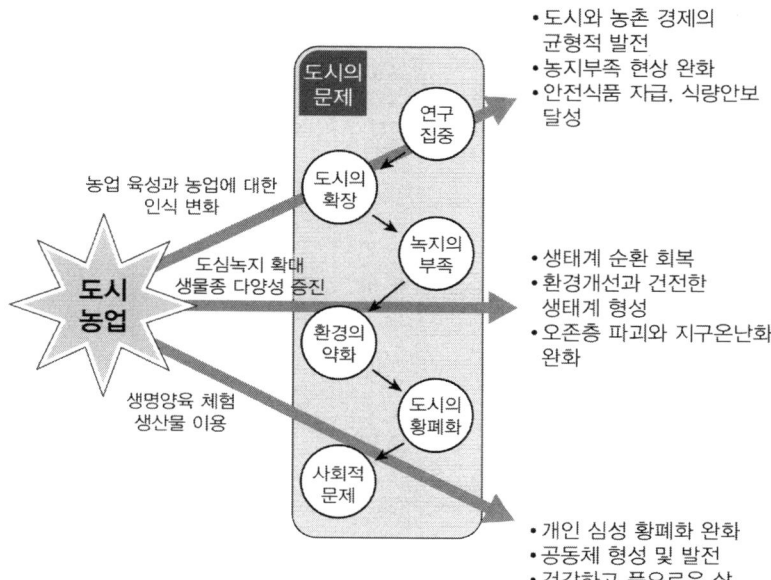

출처: 월간 친환경, 2010년 5월호

촉진하는 중요한 도구로 자리 잡고 있다. 주민들이 함께 참여하는 도시농업 프로젝트는 공동체의 유대감을 강화하고, 지역 내 소통과 협력을 활성화한다. 예를 들어, 공동체 정원은 이웃들이 함께 작물을 심고 가꾸며 수확하는 공간을 제공한다. 이 과정은 주민들 간의 교류를 촉진하며, 지역 사회에 대한 소속감과 일체감을 높이는 데 큰 기여를 한다. 또한, 도시농업은 교육적 가치도 지닌다. 어린이와 청소년은 이러한 활동을 통해 자연과 농업에 대한 이해를 높이고, 환경 보호의 중요성을 직접 경험할 수 있다.

수직농업과 도시농업은 현대 도시의 식량 생산 방식에 중요한 혁신을 불러올 것으로 기대된다. 급속히 진행되는 도시화와 제한된 토지 자원을 고려할 때, 이들은 식량 안보를 강화하고 지속가능한 도시 발전을 가능하게 하는 솔루션으로 부상하고 있다. 좁은 공간에서 높은 효율을 발휘하며, 도심에서 신선한 식품을 안정적으로 공급할 수 있는 도시농업과 수직농업은 미래 지향적인 해결책을 제시한다. 이를 통해 현대 사회는 환경을 보호하면서도 더 나은 식량 생산과 소비 체계를 구축하며 지속가능한 발전을 도모할 수 있다.

▌지속가능한 식량 생산 방식

유기농과 친환경 농업은 지속가능한 농업의 필수적인 요소로, 화학 비료나 농약의 사용을 최소화하며 자연 생태계를 보호하는 것을 목표로 한다. 이러한 농업 방식은 토양의 건강을 유지하고 생물 다양성을 보호하는 데 중점을 두어, 장기적으로 농업의 생산성을 안정적으로 유지하는 데 중요한 역할을 한다. 유기농법은 자연적인 해충 방제법과 친환경 비료를 활용해 토양의 비옥함을 증진시킴으로써 작물의 건강한 성장을 도모한다. 이러한 방식은 자연 생태계의 순환을 방해하지 않으며, 오히려 강화하는 결과를 낳는다.

한편, 친환경 농업은 물 사용을 절감하고 에너지를 효율적으로 활용하는 방법으로 농사를 짓는다. 이로 인해 물 부족 문제를 완화하고, 농업의 탄소 발자국을 줄이는 데 기여한다. 이러한 농업은 기후변화에 대한 대응 전략으로도 각광받고 있으며, 장기적으로 지구 환경을 보호하면서 농업의 지속가능성을 높이는 효과가 있다. 유기농과 친환경 농업은 단순히 화학물질의 사용을 줄이는 것을 넘어, 인간과 자연이 공존할 수 있는 지속가능한 농업 시스템을 구축해나가는 중요한 기초가 된다.

순환경제는 자원의 효율적인 사용과 재활용을 중심으로 한 경제 시스템으로, 식량 생산과 농업의 지속가능성을 강화하는 중요한 접근 방식이다. 농업에서 이 개념을 적용하면 생산 과정에서 발생하는 폐기물을 줄이고 자원을 재사용하여 환경 부담을 줄이면서도 생산성을 유지할 수 있다. 예를 들어, 농업 부산물을 퇴비로 활용하면 토양의 건강을 증진시키고, 식품 가공 과정에서 발생하는 부산물을 재활용함으로써 자원의 낭비를 줄인다.

최근 들어 대기업들이 이러한 순환식품에 적극적으로 참여하고 있는 것이 좋은 사례다.

- 네슬레(Nestlé) : 순환식품의 개념을 반영한 신제품을 개발하고 있

다. 이 회사는 음식물 쓰레기 문제를 해결하고, 농업 및 식품 생산 과정에서 발생하는 부산물을 재활용하여 새로운 식품으로 변환하는 방법을 도입하고 있다. 예를 들어, 농작물의 껍질이나 씨앗처럼 기존에 버려지던 자원을 활용하여 새로운 가공식품을 만드는 방식이 있다.

- 까르푸(Carrefour) : 역시 순환경제에 기반한 식품 공급망을 강화하고 있다. 이 대형 유통업체는 유통 과정에서 발생하는 식품 폐기물을 줄이는 데 중점을 두고 있으며, 이를 재가공하거나 퇴비로 전환해 다시 농업에 활용하는 방식을 도입하고 있다. 까르푸는 버려지던 채소나 과일을 재활용해 새로운 식품을 개발하거나, 저렴한 가격에 판매하는 캠페인을 진행하고 있다.

- 다논(Danone) : 순환경제 원칙을 적용해 유제품 생산 과정에서 발생하는 폐기물을 최소화하고 있다. 예를 들어, 우유 생산 과정에서 생기는 유청(치즈를 만들 때 남는 부산물)을 활용해 단백질 보충 음료나 유청 단백질을 포함한 다양한 식품을 생산하고 있다. 이는 버려지던 자원을 재활용하여 새로운 가치를 창출하는 대표적인 사례다.

- 스타벅스(Starbucks) : 커피 찌꺼기를 재활용하여 비료로 사용하는 순환 프로그램을 운영하고 있다. 전 세계 커피 매장에서 발생하는 커피 찌꺼기를 모아 농가에 제공하거나, 비료로 재활용하여 식물 재배에 활용하고 있다. 이는 폐기물을 단순히 줄이는 것이 아니라, 이를 다시 자원으로 활용하는 순환경제의 좋은 모델로, 자원의 효율성을 높이고 환경오염을 줄이는 데 기여하고 있다.

이러한 사례들은 순환경제가 식량 생산의 지속가능성을 높이는 데 기여하고 있음을 잘 보여준다. 자원 낭비를 줄이고 농업 부산물을 재활용하는 순환식품 접근법은 기후변화와 자원 고갈로 인한 식량 위기 해결에 중요한 역할을 할 수 있다. 특히 세계경제포럼(World Economic Forum, WEF)이 강조하는 '물-에너지-식량' 넥서스 문제 해결에도 긍정적인 영향을 미칠 수 있다.

그림 4.17 순환식품의 설계 기준

출처: 엘렌맥아더재단(EMF)

순환경제는 물과 에너지 사용을 최적화하여 식량 생산 과정에서 환경 부담을 줄이고 지속가능한 발전을 도모하는 데 핵심적인 역할을 할 것이다.

식량 공급망의 개선

(1) 글로벌 공급망의 취약성 분석

글로벌 식량 공급망은 국제 무역과 다국적 기업에 의해 주도되며, 이는 자연재해, 정치적 불안정, 경제 위기와 같은 외부 요인에 매우 민감하게 반응한다. 예를 들어, 주요 농산물 생산국에서 기후 재해가 발생하면, 해당 지역의 농산물 생산이 급감하고 이는 글로벌 시장에서 공급 부족과 가격 상승을 초래할 수 있다. 이러한 공급망의 취약성은 특히 팬데믹과 같은 전 지구적 위기 상황에서 두드러지며, 식량 불안정성을 심화시킨다.

이를 해결하기 위해서는 식량 공급망의 다변화와 지역화를 추진하는 것이 필요하다. 각 지역이 자급자족할 수 있는 식량 시스템을 구축함으로써 글로벌 공급망에서 발생하는 충격을 완화할 수 있다. 지역적 식량 생산은 수송 거리와 비용을 줄이고, 식량의 신선도를 높이며, 환경적 발자국을 감소시키는 긍정적인 효과를 낳는다. 또한, 각 지역이 자신만의 식량 공급 구조를 갖추면 국제 무역에 의존하는 비율을 줄여 외부 요인에 의한 식량 불안을 예방할 수 있다.

이러한 방향성은 기후변화와 같은 장기적인 위협에도 대비할 수 있는 지속가능한 방법이다. 농업 기술의 발전과 함께, 지역 기반의 식량 생산 시스템은 글로벌 공급망의 충격을 줄이고, 더욱 안정적이고 회복력 있는 식량 공급 체계를 만드는 데 중요한 기여를 할 것이다.

(2) 식품 손실과 폐기물 감소 전략

식량 생산과 유통 과정에서 발생하는 식품 손실과 폐기물은 전 세계적인 식량 문제를 심화시키는 주요 요인 중 하나다. 유엔 식량농업기구(FAO)에 따르면, 전 세계적으로 생산된 식량의 약 30%가 소비되지 못하고 폐기되며, 이로 인해 환경적, 경제적 손실이 발생한다. 예를 들어, 미국에서는 연간 약 4,300만 톤의 음식이 버려지고, 1인당 평균 115kg의 음식이 낭비된다. 이는 비만율이 34%에 달하는 선진국의 현실과 대비되며, 같은 시각 아프리카에서는 7초마다 한 명의 어린이가 굶주림으로 생명을 잃는 참담한 상황이 벌어지고 있다.

이런 아이러니는 선진국에서의 식량 낭비가 빈곤국의 필요량과 맞먹는다는 점에서 더욱 심각하다. "선진국의 낭비되는 음식만으로도 전 세계의 기아 문제를 해결할 수 있다"는 주장은 이를 잘 보여준다. 이러한 불균형을 해결하기 위해서는 다양한 전략이 필요하다. 유통 과정에서의 효율성을 높이고, 소비자들이 식품을 올바르게 관리하도록 교육하는 것은 중요한 첫걸음이다. 또한, 남은 식품의 재사용 및 재활용을 통해 폐기물을 줄이고 자원을 절약할 수 있다.

기술 발전도 식품 손실을 줄이는 데 기여할 수 있다. 스마트 패키징 기술은 식품의 유통기한을 연장하고, 유통 단계에서 손실을 최소화할 수 있도록 돕는다. 식품 기부 및 재활용 시스템을 강화함으로써, 잔여 식품이 필요로 하는 사람들에게 전달되고 자원 낭비가 방지될 수 있다. 이러한 노력은 단순히 폐기물을 줄이는 것을 넘어, 보다 지속가능한 식량 시스템을 구축하고 전 세계 식량 안보를 강화하는 데 기여할 수 있다.

표 4.2 1인당 식품 폐기물 발생량 상하위 5개국

	순위	국가	연간 톤	1인당 kg		순위	국가	연간 톤	1인당 kg		순위	국가	연간 톤	1인당 kg
		가정 부문					**외식 부문**					**소매 부문**		
상위	1	그리스	1,483,996	141.69	상위	1	말레이시아	2,861,537	89.56	상위	1	말레이시아	2,518,199	141.69
	2	바레인	216,161	131.71		2	미국	20,934,827	63.62		2	이스라엘	437,997	131.71
	3	이라크	4,734,434	120.44		3	아일랜드	274,135	56.15		3	덴마크	172,003	120.44
	4	사우디아라비아	3,594,080	104.88		4	중국	65,377,741	45.60		4	프랑스	1,667,568	104.88
	5	호주	2,563,110	101.70		5	스위스	343,656	40.00		5	사우디아라비아	673,502	101.70
하위	95	벨기에	1,483,996	141.69	하위	95	영국	1,114,248	16.50	하위	95	독일	498,244	5.97
	96	남아프리카공화국	216,161	131.71		96	일본	1,870,735	14.75		96	에스토니아	6,243	4.71
	97	오스트리아	4,734,434	120.44		97	세르비아	52,633	6.00		97	영국	283,627	4.20
	98	슬로베니아	3,594,080	104.88		98	노르웨이	26,685	4.96		98	이탈리아	219,552	3.63
	99	러시아 연방	2,563,110	101.70		99	방글라데시	544,436	3.34		99	뉴질랜드	14,923	3.12

출처: 보쉬 홈페이지(https://www.bosch-home.co.uk/experience-bosch/global-food-waste)

정책적 해결 방안

(1) 국제 협력과 거버넌스의 역할

식량 문제는 국가 간 협력과 글로벌 거버넌스의 중요성을 강조한다. 유엔 세계식량계획(WFP)과 국제 식량농업기구(FAO)는 기아 문제 해결과 식량 공급망 개선을 위한 핵심적인 역할을 수행하고 있으며, 각국 정부는 이와 같은 국제기구와 협력해 기후변화, 경제적 불평등, 전쟁 등으로 발생하는 식량 위기에 대응해야 한다. 글로벌 거버넌스 체계는 국가 간 식량 정책 조율과 기술 및 자원 공유를 통해 전 세계적으로 보다 강력하고 탄력적인 식량 시스템 구축을 촉진한다. 특히 첨단 농업 기술의 공동 연구와 공유는 전 지구적 식량 안보 강화를 위한 필수적인 요소다.

(2) 농업 지원과 식량 안보 정책

농업 부문에 대한 지원은 안정적인 식량 생산과 기아 문제 해결의 핵심이다. 소규모 농민들이 현대적 농업 기술과 교육을 통해 생산성을 높일 수 있도록 정부의 정책적 지원이 필요하다. 이를 위해 농업 기술 연구 개발, 금융 서비스 접근성 개선, 시장 접근성 확대 등이 필수적이다. 또한, 식량 비축 정책은 자연재해나 경제 위기 등 예측 불가능한 상황에서 식량 공급 안정성을 보장한다. 비축된 식량은 위기 시 가격 변동성을 완화하며, 사회적 불안정을 예방하고 국가의 안정성을 강화하는 데 기여한다.

(3) 식량 불균형 해소를 위한 글로벌 노력

국제적 협력은 식량 불균형 문제를 해결하는 데 필수적이다. 빈곤 국가에 대한 식량 지원과 지속가능한 농업 기술 이전은 개발도상국의 식량 자급률을 높이고 경제적 자립을 촉진한다. 공정 무역의 강화를 통해 농민들이 정당한 보상을 받을 수 있도록 하며, 이를 통해 지역 경제를 활성화하고 농업 기반 시설에 재투자할 여건을 마련해야 한다.

이러한 국제적 협력은 단순히 일회성 지원이 아닌 구조적인 문제 해결을 목표로 하며, 기후변화와 경제 불안정 같은 글로벌 도전에 대비할 수 있는 지속가능한 기반을 제공한다. 이를 통해 전 세계는 공정하고 안정적인 식량 공급 체계를 구축할 수 있을 것이다.

▍글로벌 식량위기 해결을 위한 종합적 접근

(1) 다각적 접근의 필요성

글로벌 식량위기는 단순한 생산 부족 문제가 아니라 환경, 경제, 사회적 요인들이 얽힌 복합적 과제다. 이를 해결하기 위해서는 기술적, 정책적, 사회적 접근이 필요하다. 스마트 농업 기술은 농업 생산성을 높이고 기후변화에 대처하는 핵심 수단이다. 정책적으로는 정부와 국제기구가 협력해 식량 안보를 강화하고, 취약국 지원을 확대해야 한다. 동시에, 소비자들은 지속가능한 식생활을 실천하며 자원 효율성을 높일 수 있다. 이러한 접근들이 결합될 때 지속가능한 미래를 보장할 수 있다.

(2) 미래를 위한 행동 계획

정부는 농업 기술 개발과 비축 전략을 통해 식량 생산성을 높이고 기후변화와 경제적 불안정에 대비해야 한다. 기업들은 자원 효율성을 높이는 지속가능한 생산 방식을 도입해야 하며, 시민사회는 음식물 낭비를 줄이고 지속가능한 소비 습관을 형성해야 한다. 이러한 협력적 노력이 전 세계적으로 실행될 때, 우리는 안정적인 식량 공급과 지속가능한 시스템을 구축할 수 있을 것이다.

(3) 국제적 협력을 통한 지속가능한 식량 시스템 구축

기후변화와 전쟁 같은 글로벌 문제는 국제적 협력을 통해 해결해야 한다. 국제 기구와 국가 간 협력은 농업 기술 공유와 자원 효율성 증대에 기여하며, 국제 무역은 식량 불균형 문제를 완화한다. 특히 빈곤국

에 대한 지원은 식량 안보를 강화하고 전 세계적인 문제 해결에 도움을 줄 수 있다.

국제적 협력은 식량 공급 안정화와 환경 보호를 동시에 달성하며, 장기적인 글로벌 안정을 위한 기반이 된다.

5

지구 온 가족을 위한 노력, 생물다양성

CHAPTER 05
지구 온 가족을 위한 노력, 생물다양성

>>> 금호석유화학 김용우

요약

바다와 육상을 대표하는 산호초와 꿀벌이 사라져가는 현상은 그 영향이 우리가 생각하는 것보다 훨씬 크고 깊다. 인류는 공기, 물, 동식물 등 자연으로부터 삶의 기반을 이루는 환경과 자원을 공급받고 있으며, 이와 같은 생태계 서비스의 가치는 금액으로 환산할 경우 전 세계 GDP의 1.5배에 달하는 약 150조 달러로 추산된다. 이 중 약 44조 달러는 자연 손실로 인해 잠재적으로 위협받고 있다고 보스턴컨설팅그룹(BCG)과 딜로이트는 경고한 바 있다. 세계 경제의 지속가능성은 결국 생물 다양성 보전과 자연 자본의 확보에 달려 있다고 해도 과언이 아니다.

이러한 인식 아래, 국제사회는 생물다양성을 위한 공동 대응에 나서고 있다. 유엔은 생물다양성협약(CBD)을 통해 정책적 기반을 다졌으며, 2022년에는 쿤밍-몬트리올 글로벌 생물다양성 프레임워크(GBF)를 채택해 새로운 전략을 수립했다. 이는 기후변화 대응의 중심축인 파리협약에 견줄 수 있는 생물다양성 분야의 글로벌 이정표다. 한편, 세계자연기금(WWF)이 발간한 「지구생명보고서 2022」에 따르면, 지난 50년간 지구상 척추동물의 개체 수는 평균 3분의 2 이상이 감소하는 등 생태계 전반이 심각한 위기에 처해 있다. 이러한 위기를 해결하기 위한 새로운 방향으로 '네이처 포지티브(Nature Positive)' 개념이 주목받고 있으며, 구체적인 실행 도구로는 과학 기반 목표 네트워크(SBTN)가 제시되고 있다. 또한, 기업의 역할도 점차 중요해지고 있다. 자연 관련 재무정보공개협의체(TNFD), 탄소 정보 공개 프로젝트(CDP) 등 다양한 이니셔티브를 통해 기업의 생물다양성 관련 정보공개가 요구되고 있으며, EU의 유럽지속가능성 공시 표준(ESRS), 국제지속가능성기준위원회(ISSB)의 차기 공시 기준 'S3' 등 생물 다양성 공시 기준 마련이 본격화되고 있다.

그럼에도 불구하고, 여전히 많은 기업의 ESG 전략에서 생물 다양성은 기후 이슈보다 후순위로 밀려 있다. 그 이유는 무엇일까? 이번 장은 바로 그 질문에서 출발한다.

episode

산호초가 위험하다

▍산호가 하얗게 죽어가고 있다

바닷속에서 가장 아름다운 광경을 꼽으라면, 형형색색의 산호와 그 위를 분주히 오가는 물고기들의 모습이 떠오른다. 그러나 요즘 우리는 점점 흑백으로 바뀌는 바닷속 풍경을 지켜보며 지구온난화의 심각성을 실감하게 된다. 지구온난화와 산호 사이에는 어떤 연관이 있을까? 왜 산호는 '백화(白化)'되어 가는 것일까?

산호는 식물이 아니라 동물이며, 군집을 이루어 살아간다. 산호 자체는 투명하지만, 그 안에 공생하는 조류 '황록공생조류(zooxanthellae)'의 색깔 덕분에 다채로운 빛깔을 띤다. 산호는 이 조류로부터 광합성으로 만들어진 양분을 얻으며 살아가는데, 해수 온도가 갑자기 상승하거나 빛, 병원성 미생물 등 환경이 급변하면 공생관계가 깨지게 된다. 특히 산호는 온도 변화에 매우 민감해 최적 수온(20~28°C)에서 벗어나 18°C 이하로 떨어지거나 30°C를 넘어서면 조류를 몸 밖으로 배출하면서 본래의 투명한 모습으로 돌아가게 되는데, 이를 백화현상(bleaching)[1]이라 한다. 만약 이 상태가 장기화되면 공생 조류로부터 광합성을 통한 에너지 화합물을 받지 못하면서 결국 산호는 죽고 만다.

산호는 연간 1cm밖에 자라지 않기 때문에 한 번 죽거나 훼손되면 원래 크기로 복원되기까지 오랜 시간이 걸리고 그마저도 쉽지 않다. 이러한 산호는 전 세계 바다 면적의 1%만을 차지하지만, 해양생물의 25%가 산호지대를 서식지로 삼고 있어 해양 생태계에서 중요한 역할을 담당하고 있다. 더불어 해양 침식으로부터 해안선을 보호해주고 수십억 달러 규모의 관광 자원, 경관의 아름다움을 통한 생태 서비스 기능도 수행한다.

유네스코 세계유산센터(World Heritage Cente, WHC)는 산호초 생태계에 대한 기후변화 영향 연구에서, 세계유산에 포함된 산호초 지역 29곳이 21세기 말까지 기능을 상실할 가능성이 높다고 경고했다. 이러한 백화현상은 산호초의 붕괴와 침식으로 이어져 어업 자원의 감소, 해안선 보호 기능 상실 등 해양 생태계 전체에 심각한 영향을 미칠 것으로 예측된다.

---

1 산호 백화(珊瑚白化) 또는 산호 백화현상은 산호가 수온의 급격한 변화로 하얗게 죽어가는 현상이다. 조류의 색소가 급격히 팽창하거나 손실되는 과정을 통해 세포 내의 공생자(황록공생조류)가 방출된다. 황록공생조류는 광합성을 하며, 수온이 상승함에 따라 활성산소를 생산하기 시작한다. 이것은 산호에 대해 독성이 있으므로 산호는 황록공생조류를 방출한다.

▎꿀벌이 사라지는 이유

산호가 해양 생태계의 중심축이라면, 육상 생태계에서 그 역할을 하는 대표적인 생물은 꿀벌이다. 그런데 꿀벌 역시 전 세계적으로 급속히 사라지고 있다. 아인슈타인은 "꿀벌이 사라지면, 인류도 4년 이내에 멸망할 것"이라고 경고한 바 있으며, 유엔은 꿀벌의 중요성을 알리고 멸종 위기에 처한 벌을 지키기 위해 매년 5월 20일을 '세계 벌의 날(World Bee Day)'로 지정했다. 도대체 꿀벌이 어떤 존재이기에 UN이 나서서 보호하는 것일까?

유엔식량농업기구(Food and Agriculture Organization of the United Nations, UNFAO)에 따르면 꿀벌은 전 세계 약 17만 종의 식물 수분(受粉, flower pollination)에 기여하고 있으며, 인간 식량 생산의 약 33%가 꿀벌의 수분 활동에 의존한다. 사과, 딸기, 양파, 호박, 당근 등 주요 작물의 경우 수분 의존율이 90%를 넘기 때문에, 꿀벌의 개체 수 감소는 곧 작물의 수확량 감소와 식량 위기로 이어질 수 있다.

현재 전 세계 야생 꿀벌의 약 40%가 멸종 위기에 처해 있다. 우리나라 역시 2022년부터 2023년 봄 사이 약 176억 마리 이상의 꿀벌이 사라졌고, 전체 꿀벌 개체의 약 40%가 실종된 것으로 농촌진흥청은 발표했다. 미국에서는 2006년, 한 봉군(약 2만 마리)의 일벌 30%가 벌집으로 돌아오지 않고 사라진 사례가 보고되면서 '군집 붕괴 현상(Colony Collapse Disorder, CCD)'[2]이라는 용어가 생겨났고, 이후 전 세계적

---

2   정확한 시작 시기는 알 수 없지만 2006년부터 갑자기 논란이 된 현상으로, 꿀벌의 군집이 동시다발적으로 붕괴되는 현상을 의미한다. 이 현상은 꿀과 꽃가루를 채집하러 나간 일벌들이 둥지로 돌아오지 못하는 현상이 발생하는 것으로 시작된다. 둥지에서 일벌을 길러낼 수 있

으로 꿀벌 실종 현상에 대한 조사가 본격화되었다. SBS 데이터 저널리즘 팀의 조사에 따르면, 유럽에서는 연간 꿀벌의 약 30%, 남아프리카는 약 29%, 중국은 약 13%가 사라지고 있으며, 그 속도는 점점 가속화되고 있다.

환경단체 그린피스는 꿀벌이 사라지는 주요 원인으로 1) 밀원수 부족, 2) 생태 엇박자, 3) 응애 피해, 4) 농약 살포 등 네 가지를 꼽는다. 이를 자세히 살펴보자.

첫째, 꿀벌이 꿀가루(화분)나 꿀(화밀)을 채취하는 대상을 '밀원식물'이라고 하는데, 아까시나무에서 국내 천연 꿀의 70%가 채취될 만큼 아까시나무는 우리나라의 대표적인 밀원수이다. 그런데 아까시나무의 개화 시기가 4~5월로 짧을 뿐만 아니라 숲 가꾸기 사업의 목적으로 외래종이 제거되거나 일부 남아 있는 나무도 수령이 오래되어 꽃가루를 만들어 내지 못하며 밀원수가 부족하게 되었다. 둘째, 기후변화로 인해 평균기온이 올라가면서 개화 시기가 빨라졌다. 벌이 동면에서 깨어나기 전에 꽃이 지는 경우와 평년보다 따뜻한 가을과 겨울이 이어지면서 여왕벌이 알을 먼저 낳아 얼어 죽는 등 벌의 생태 주기와 맞지 않아 수분 활동이 어긋나는 '생태 엇박자' 현상이 발생하고 있다. 셋째, 기생충 응애는 기후변화로 인해 번식 밀도가 높아지며 꿀벌의 몸에 기생해 영양을 흡수하고 폐사를 유발한다. 넷째, 최근 농가의 일손이 부족해지면서, 드론 방제 등으로 농약 살포 범위와 강도가 증가

는 여력이 있을 때까지는 근성으로 버티지만, 결국 꿀과 꽃가루가 부족해지면서 벌집 하나가 깡그리 몰살당한다. 일부만 그러면 다행이지만, 대부분의 벌집에서 동시다발적으로 발생하고 있는 현상이라 문제가 아주 심각하다.

하면서 꿀벌이 농약에 직접 노출되거나 오염된 꽃가루를 통해 중독되고, 이로 인해 방향 감각과 기억 능력을 상실해 벌집으로 돌아가지 못하게 된다.

꿀벌의 실종은 곧 수분 매개자의 부재로 이어지고, 이는 채소, 해바라기, 동백나무 등 국내 약 500여 종의 식물이 제대로 열매를 맺지 못하는 결과로 나타난다. 결국 "꿀벌이 사라지면 인류도 사라질 것"이라는 아인슈타인의 경고가 결코 과장이 아님을 알 수 있다.

▌자연 자본의 붕괴는 곧 인류 생존의 위기

이처럼 바다의 산호와 육지의 꿀벌 등 각 생태계의 핵심 생물이 급속히 사라지고 있는 현상은 우리에게 심각한 경고를 던지고 있다. 인류는 공기, 물, 동식물 등 자연으로부터 생존에 필요한 자원과 환경을 공급받고 있으며, 그 가치는 경제적으로도 막대하다. 보스턴컨설팅그룹(BCG)은 생태계 서비스의 가치를 전 세계 GDP의 약 1.5배에 해당하는 150조 달러로 추산한 바 있다.

그러나 기후변화와 인간 활동으로 인해 이러한 자연 자본이 빠르게 훼손되고 있다. 글로벌 회계·컨설팅 기업인 딜로이트(Deloitte)는 2023년 보고서 "자연경제(Nature Positive Economy)"를 통해, 현재 약 44조 달러 규모의 경제 가치가 자연 손실로 인해 위협받고 있으며, 이는 세계 GDP의 절반에 달하는 수치라고 지적했다. 자연 자본의 보전은 단지 환경의 문제가 아니라 경제와 사회 전반의 지속가능성과 직결되는 사안인 것이다.

이러한 인식은 국제적 위기 평가에도 반영되고 있다. 세계경제포럼(WEF)이 2024년 발표한 "글로벌 리스크 보고서(The Global Risks Report)"에서는 '생물다양성 손실과 생태계 붕괴'를 향후 10년간 가장 큰 위협 중 하나로 선정했다. 이는 기상이변, 지구 시스템 변화에 이어 세 번째이며, 환경 관련 리스크가 전체 10대 위험 중 5개를 차지하는 등 자연 자본 위기의 심각성이 전 세계적으로 공유되고 있음을 보여준다.

이에 대응해 유엔환경계획(UN Environment Programme, UNEP)과 유엔개발계획(UN Development Programme, UNDP) 등은 기업의 자연 자본 리스크 공시를 권고하는 자연 관련 재무정보공개 협의체(Taskforce on Nature-related Financial Disclosures, TNFD)를 출범시켰고, 유럽에서도 EU 의회가 세계 최초로 '자연 복원법(Nature Restoration Law, NRL)'을 제정해 2030년까지 훼손된 서식지의 20%, 2040년까지 60%, 2050년까지 90%를 복원하도록 목표를 세웠다. EU는 이 복원에 1,540억 유로(약 222조 원)가 소요되지만, 1조

그림 5.1 지난 5년간 글로벌 장기 리스크 순위 변동

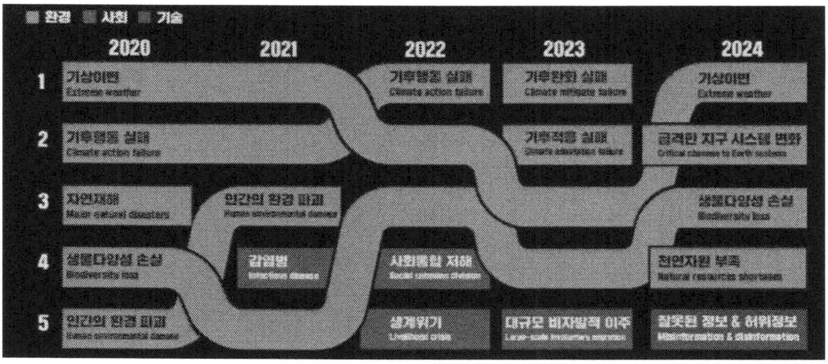

출처: 세계경제포럼, 2024 글로벌 리스크 보고서, 그리니엄 자료 일부 수정, 이미화(2024)

8,600억 유로(약 2,692조 원)의 경제적 이익이 발생할 것으로 예측하며, 자연 복원이 자연과 인간 모두에게 실질적인 가치를 제공함을 강조하고 있다.

episode

기후를 넘어 자연으로

▎생물다양성과 생태 서비스

지구상에는 약 170만 종의 생물이 존재하는 것으로 보고되며, 아직 발견되지 않은 종까지 고려하면 그 수는 약 1,250만 종에 이를 것으로 추정된다(UNEP, Global Environment Outlook 2000). 이 중 약 100만 종의 동식물이 멸종 위기에 처해 있으며, 조류·포유류·양서류·파충류·어류 등은 전체의 1~2.5%가 이미 멸종한 것으로 보고된다(WWF, 지구생명보고서 2022). 이는 개체군의 풍부도와 유전적 다양성의 감소로 이어지고 있으며, 많은 생물 종들이 기후에 맞게 적응해 살아온 서식지를 잃고 있다.

'침팬지 박사'로 널리 알려진 제인 구달은 생물다양성을 '생명의 그물망'에 비유한다. 그는 개별 동식물 종이 하나씩 사라지면 그물망이 끊기듯 생태계 전체에 연쇄적 영향이 발생하며, 이는 인류의 생존에도 위협이 된다고 강조한다. 인류가 지속가능한 삶을 영위하기 위해서는 생물다양성 확보와 생태계 서비스 회복이 필수적임을 단적으로 보여주는 표현이다.

생물다양성은 육상과 해양, 수생 생태계를 포함한 복합 생태계의 모든 생물체의 다양성을 포괄하는 의미로서 '생물종(Species)', '생태계(Ecosystem)', '유전자(Gene)'의 다양성을 아우른다.

- 생물종 다양성(Species diversity) : 다양한 생물종의 빈도와 구성 비율을 의미하며, 종 다양성이 낮을수록 환경 변화에 대한 적응력이 떨어져 기후나 환경이 급변할 때 멸종 위험이 높아진다.
- 유전자 다양성(Genetic diversity) : 하나의 생물 종을 구성하고 있는 개체들 사이의 다양한 유전적 변이를 의미하며, 유전자에 따른 분꽃의 색깔이나, 달팽이 껍데기의 무늬와 색깔, 얼룩말의 다른 줄무늬 등이 그 예다.
- 생태계 다양성(Ecosystem diversity) : 생물과 무생물 환경이 상호작용하는 서식지의 다양성을 의미하며, 강수량, 온도, 토양 등이 다양할수록 삼림, 하천, 갯벌, 농경지 등의 생태계가 다양해질 수 있다는 의미이다.

이처럼 생물다양성은 단순한 생물 종의 숫자가 아닌, 생명체의 상호작용과 그들이 살아가는 환경 전반의 건강성과 회복력을 의미한다.

또한, 다양해진 생태계는 우리 인류에게 직·간접적으로 다양한 편익을 제공하고 있는데, 이를 '생태계 서비스'로 정의한다. 생태계 서비스는 표 5.1과 같이 네 가지로 구분된다.[3] 최근 많은 기관들이 이 4가지 유형별로 생태계 서비스의 경제적 가치를 측정하여 자연 자본의 중요성을 재조명하고, 이를 바탕으로 보전 전략 및 정책 수립의 근거 자료로 활용하는 움직임이 활발해지고 있다.

표 5.1 생태계 서비스의 종류

구분	내용
공급 서비스 (Provisioning Services)	생태계가 제공하는 물질적 이익을 말하며, 인간에게 필요한 식량, 목재, 유전자원, 의약품 등 재화를 공급
조절 서비스 (Regulating Services)	생태계의 구성 요소들이 상호작용을 통해 대기 정화, 기후, 수질, 홍수 등 자연환경을 조절하는 기능
문화 서비스 (Cultural Services)	인간이 생태계를 통해 얻을 수 있는 심미적 가치(경관미), 영적 경험, 생태관광, 교육 등 비물질적인 편익으로 인간의 정신적 삶에 혜택을 제공
지지 서비스 (Supporting Services)	다른 생태계 서비스를 가능하게 하는 기본적인 생태계 기능을 제공하고 토양 형성, 생물 다양성 유지, 서식지 제공, 물질 순환 등 생태계 건강을 유지하는 데 기여

출처: 최남수(2023), 『생물 다양성 경영』, 새빛, p. 52. 저자 재구성.

▎생물다양성협약

국제사회에는 1970년대부터 멸종 위기 생물종을 보호하기 위한 노력을 이어왔다. 그중 대표적인 것이 '멸종 위기에 처한 야생 동식물종의 국제 거래에 관한 협약(Convention on International Trade in Endangered Species of Wild Fauna and Flora, CITES)'으로, 야생

---

3   오바라 히데오, 『생물 다양성: 지구의 미래를 생각하기 위한 중요 키워드』, 강금희 옮김(2011), 아이뉴턴; 최남수(2023), 『생물다양성 경영』, 새빛, p. 52.

동식물종의 국제 거래가 해당 종의 생존을 위협하지 않도록 규제하는 것을 목적으로 한다. 그러나 이러한 협약을 체결했음에도 불구하고 1980년대 들어 개발도상국들의 경제개발을 위한 산림 훼손이 심화되면서 생물 종의 멸종 속도가 더욱 빨라졌다. 이에 1987년 6월, 유엔환경계획(UNEP)은 생물다양성 보호를 위한 국제협약 초안을 마련했고, 1992년 유엔환경개발회의(UNCED)에서 우리나라를 포함한 158개국이 서명한 이후, 1993년 12월부터 '생물다양성협약(Convention on Biological Diversity, CBD)'이 본격 발효되었다. 현재까지 196개국이 협약을 비준하였으며, 이후 16차례의 당사국 총회(COP)를 통해 다양한 보전 전략이 논의되어 왔다.

생물다양성협약은 생물다양성의 보전, 생물 자원의 지속가능한 이용, 유전자원의 이용으로부터 발생하는 이익의 공정하고 공평한 공유를 3대 목표로 하고 있으며, 전문(Preamble)과 42개 조항의 본문 및 2개의 부속서(Annex)로 구성되어 있다. 핵심 내용은 가입국의 생물다양성 보전 의무와 생물다양성 보전을 위한 가입국 간 협력이다. 하지만 당사국들은 '2011~2020 전략계획(아이치 목표)'이 이행 수단의 부족과 사회 전 분야의 행동을 끌어내지 못하고 실패한 점을 인식하고 2018년부터 새로운 목표 설정을 합의하고 4년간의 논의(2019~2022)를 거쳐 '쿤밍-몬트리올 글로벌 생물다양성 프레임워크(GBF)'라는 새로운 명칭의 생물다양성 전략계획을 채택하기에 이르렀다.

▎쿤밍-몬트리올 글로벌 생물다양성 프레임워크

2022년, 국제사회는 인류와 자연의 지속가능한 미래를 향한 전환점을 마련했다. 바로 같은 해 채택된 '쿤밍-몬트리올 글로벌 생물다양성 프레임워크(Kunming-Montreal Global Biodiversity Framework, GBF)'로서 "자연과 조화로운 삶(Living in harmony with nature)"을 비전으로 삼고, 2050년까지 인류가 도달해야 할 생물다양성 보전의 청사진을 제시하고 있다.

이 프레임워크는 2050년까지의 목표(Goals) 4개와 2030년까지의 실천 목표(Targets) 23개, 이행 및 평가와 관련된 사항 등으로 구성되어 있다. 특히, 2030년까지 육상 및 해양의 최소 30%를 보호지역 등으로 보전·관리하고, 훼손된 육지 및 해양 생태계를 최소 30% 복원 등 구체적이고 도전적인 실천 목표를 채택하였다. 또한 선진국들은 개도국의 이행을 지원하기 위해 2025년까지 생물다양성 기금으로 연간 200억 달러를 제공하기로 약속하였지만, 2024년 조성된 금액은 약 4억 700만 달러에 불과해 실행력 부족에 대한 우려도 제기되고 있다. 국제적 약속과 현실 간의 간극은 여전히 크며, 이를 메우기 위한 정치적 의지와 재정적 투자의 확대가 절실한 시점이다.

우리나라도 기후변화 대응을 위한 국가온실가스감축목표(Nationally Determined Contribution, NDC)[4]와 마찬가지로 2023년 '제5차 국가생물다양성전략(2024~2028년)'을 수립해 GBF의 이행에 발맞추

---

4 파리기후변화협정에 따라 참가국이 스스로 정하는 국가온실가스감축목표로서 5년 주기로 자국의 상황에 맞춰 제출한다. 현재 우리나라의 NDC 목표는 2030년까지 2018년 대비 40%이다.

고 있다. 이 전략은 2050년 "자연과 조화·공존을 통해 자연 혜택을 공평하게 누리는 지속가능한 사회"라는 비전과 함께 2050년 목표 1) 자연생태계 면적·종 다양성·유전 다양성 유지 2) 자연이 국민에게 주는 혜택 평가·유지·강화 3) 유전자원 이용·이익 공유로 생물 다양성 보전 기여 확대 4) 전략의 완전한 이행을 위해 모든 이행 수단 강화로 설정하고, 생물 다양성 프레임워크(GBF)의 23개 실천목표를 우리나라 상황에 맞게 21개로 조정하여 확정하였다. 이번 전략의 특징은 첫째는 생태계 및 생물종 보전 목적으로 생물 다양성 위협요인을 줄이기 위하여 현재 육상 17.3%, 해양 1.8%가 보호지역으로 지정·관리하는 지역을 2030년까지 보호지역과 자연 공존지역(OECM)을 통합하여 전 국토의 30%를 관리하도록 하는 것이다. 둘째는 생태계 및 생물 종의 지속가능한 이용을 위해 자연기반 해법(Nbs)[5]을 통해 산림 등 탄소흡수 및 저장기능을 증진하여 2,670만 톤의 CO_2를 저감하고 재해 예방과 수질 정화 등 다기능 수변 생태 벨트 조성을 확대하여 자연을 기반으로 한 생물 다양성 손실과 기후변화에 대응한다. 셋째는 사회 모든 구성원 참여를 유도하기 위하여 자연 자본 정보공시 표준을 구축하고 기업의 대응역량 강화를 위한 지원을 확대한다. 또한, 광역지자체의 지역 생물 다양성 전략 수립을 의무화하고 녹색 소비문화를 확산하기 위해 제도적 지원도 확대한다는 내용을 담고 있다.[6]

---

5   자연기반 해법은 자연 또는 변형된 육상, 수상, 연안, 해양생태계를 보호(protect), 보전(conserve), 복원(restore), 지속가능하게 이용하고 관리(sustainably use and manage)하는 행동이다. 이들 생태계는 사회, 경제, 환경문제를 효과적이고 순응적으로 처리하면서 동시에 인간의 웰빙, 생태계 서비스, 회복력, 생물 다양성 등의 혜택을 제공한다(오일영 등(2023), 『자연기반 해법』, 지음, p. 32).
6   관계부처 합동(2023. 12.), 「제5차 국가생물다양성전략(2024~2028년)」

그림 5.2 국가생물다양성전략 주요 성과

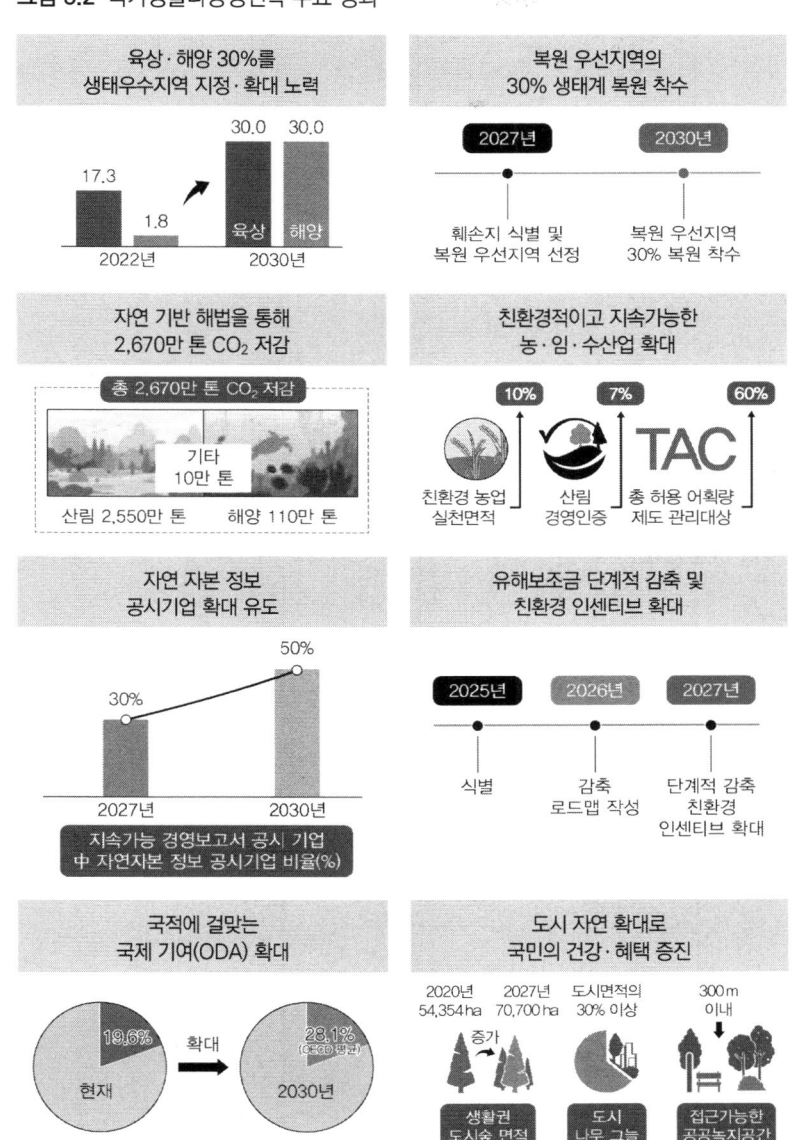

출처: 관계부처 합동(2023), 제5차 국가생물다양성전략

▌왜 자연 자본 문제는 기후처럼 주목받지 못하는가?

1990년부터 UN과 각국 정부는 생물다양성과 자연 자본 보전을 위해 다양한 정책을 추진해 왔다. 그러나 탄소감축과 같은 기후변화 대응에 비해 자연 자본[7]은 상대적으로 국제적 관심과 행동을 덜 이끌어내고 있다. 그 이유는 자연 자본이 기후처럼 통합된 물리량으로 측정되기 어렵고, 지역마다 구성 요소와 복원 과제가 서로 달라 단일 의제로 부각되기 어려운 점에 있다.

그럼에도 불구하고 자연 자본은 인류 생존과 직결된 자산이며, 전 세계 GDP의 절반가량이 자연에 의존하고 있다는 점에서 이제는 기후 문제와 마찬가지로 포괄적이고 통합적인 대응이 요구된다. 지금이야말로 '네이처 포지티브(Nature Positive)' 전환을 위한 지혜와 행동을 모아야 할 시점이다.

---

[7] 인류에게 상품 및 서비스를 제공하는 식물, 동물, 대기, 물, 토양, 광물 등 자연으로 구성된 자본을 의미한다. 전 세계 GDP 절반가량이 이러한 자연 자본에 의존하고 있는 만큼 자연 자본은 사회경제 발전에 필수적임에도 불구하고, 무분별한 개발로 인해 자연 손실이 발생하고 있다.

episode

자연을 위한 '네이처 포지티브'

▌네이처 포지티브(Nature Positive)

세계자연기금(World Wide Fund for Nature, WWF)이 발간한 『지구 생명보고서 2022』[8]에 따르면, 2018년의 글로벌 생명지수는 1970년부터 50년 동안 69%가 감소되었다고 한다. 이는 관찰된 야생동물 개체군의 2/3가 감소하여 생태계 붕괴 위험을 넘어 인간이 자연으로부터 얻을 수 있는 혜택이 사라짐에 따라 인류 생존의 위협이 되고 있음을 의미한다. 한편, 자연은 한 번 파괴되면 급속히 무너질 수 있지만,

---

8   전 세계 100여 개 국가에서 600만 명 이상의 후원자들과 함께 활동하고 있는 자연보전기관인 세계자연기금(WWF)에서 2년마다 발간하는 간행물이다. 전 세계의 생물 종 개체군의 현 상태를 명확하게 보여주며 전반적인 생태계의 건강상태를 확인할 수 있는 중요한 지표를 제공한다. 특히 2022년 보고서는 관찰된 야생동물 개체군(포유류, 조류, 양서류, 파충류, 어류)의 규모가 1970년부터 평균 69% 감소했다는 심각한 결과를 담고 있다. 보고서에 제시되고 있는 지구 생명지수(Living Planet Index, LPI)는 주가지수가 주식 시세의 전반적인 움직임을 추적하고 물가지수가 주요 소비재의 물가 추세를 측정하는 것처럼 다양한 종의 개체 수 변화를 측정함으로써 지구 생물 종 전반의 건강상태를 나타낸다.

그림 5.3 글로벌 생명지수(1970~2018년)

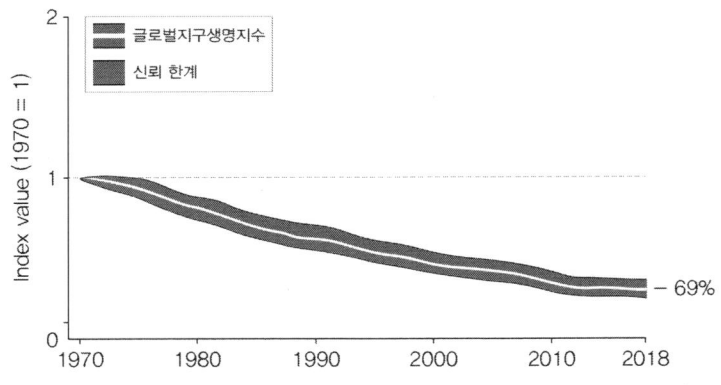

※ 흰색 선은 지수 값, 음영 영역은 변화 추이의 통계적 확실성(95%, 범위 63~75%)
출처: WWF, 지구생명보고서 2022, p. 33.

회복의 기회를 제공하면 스스로 회복할 수 있는 회복 탄력성을 지닌다. 따라서 생물다양성을 보전하고 자연 자본이 순증가할 수 있도록 네이처 포지티브로의 전환이 시급한 상황이다. 네이처 포지티브란 자연의 손실을 멈추는 데 그치지 않고, 생물다양성을 순증가 상태로 회복시켜 자연림, 바다와 하천의 어종, 수분 매개 곤충 등 생태계 전반의 다양성과 풍요로움을 회복함으로써 기후, 식량, 물 등의 문제 해결과 인류의 지속가능성까지 도모하는 개념이다.

이를 실현하기 위해 기후 분야의 SBTi[9]를 벤치마킹하여 기업이 자연 전반에 미치는 영향을 평가하고 이에 대한 과학 기반의 목표 수립을

---

9 과학기반목표 이니셔티브(Science Based Targets initiative, SBTi) : 기업이 과학적 근거에 기반하여 온실가스 감축 목표를 설정하고 이행하도록 지원하는 글로벌 이니셔티브로서, 2050년까지 탄소 순제로를 달성하는 데 필요한 온실가스 배출목표를 설정할 수 있도록 하는 표준과 도구 및 지침을 제공한다.

도와주는 과학기반 목표 네트워크(Science Based Targets Network, SBTN)를 비롯하여 기후 관련 이니셔티브에서 파생된 다양한 이니셔티브와 국가별 규제 등이 활발하게 논의되고 있다.

과학기반 목표 네트워트(SBTN)

SBTN은 기업이 자연 전반에 대한 과학 기반 목표를 수립할 수 있도록 지원하는 조직으로, 담수, 토지, 해양, 생물다양성, 기후 등 다양한 자연 요소에 대한 기업의 영향을 평가하고 우선순위를 설정할 수 있도록 돕는 포괄적이고 엄격한 과학 기반 프레임워크를 제공한다. SBTN은 기업이 자연 관련 과학 기반 목표를 설정하는 다섯 가지 단계적 절차를 제시하고 있다. 첫째, '평가(Assess)' 단계에서는 기업의 비즈니스 활동과 가치사슬이 자연에 미치는 영향을 중대성 평가를 통해 분석하며, 이 과정에서 가장 시급히 해결해야 할 환경 영향을 식별한다. 둘째, '우선순위 결정(Prioritize)' 단계에서는 설정할 목표 가운데 상대적으로 더 집중해야 할 영역에 대한 우선순위를 지정한다. 셋째, '측정, 목표 설정 및 공개(Measure, Set & Disclose)' 단계에서는 부문별 과학 기반 목표를 설정하고 이를 검증한다. 현재는 물 사용과 질소·인의 담수 오염을 기반으로 한 담수 분야 목표와 토지 전환 금지 및 자연 서식지 복원 등을 포함한 토지 분야 목표에 대한 방법론이 공개되어 있다. 또한 해양 분야 목표로는 과도한 어획 방지, 해양 서식지 보호, 해양 야생동물 개체군의 위험 감소 등이 포함된다. 넷째, 이행(Act) 단계에서는 AR3T 원칙에 따라 회피(Avoid), 감소(Reduce), 복원

(Restore), 재생(Regenerate), 전환(Transform)의 이행 프레임워크를 제공한다. 마지막으로 추적(Track) 단계는 목표 달성을 위한 모니터링 절차로서 측정(Measuring), 보고(Reporting), 검증(Verification)을 포함하는 MRV 시스템의 상세 지침은 개발 중이다.

자연 관련 재무정보공개 협의체(TNFD)

자연이 기업의 재무성과에 미치는 영향력이 점차 커지면서, 자연과의 관계를 단순한 환경 관리 차원을 넘어 전략적이고 재무적인 관점에서 접근하려는 움직임이 전 세계적으로 확산되고 있다. 이러한 흐름 속에서 2023년부터 본격적으로 부상한 것이 바로 '자연 관련 재무정보공개 협의체(Taskforce on Nature-related Financial Disclosures, TNFD)'이다. TNFD는 기업이 자연 자본과 관련된 위험과 기회를 체계적으로 식별하고, 이에 대한 정보를 외부에 투명하게 공시할 수 있도록 돕기 위해 마련된 글로벌 정보공개 프레임워크이다.

이 프레임워크는 자연 자본을 생물적 자원과 비생물적 자원으로 구분한다. 생물적 자원에는 식물과 동물 같은 생명이 있는 존재들이 포함되며, 비생물적 자원에는 공기, 물, 토양, 광물과 같은 물리적 자원이 포함된다. TNFD는 기업이 자연 자본과 어떤 방식으로 상호작용하는지를 네 가지 차원에서 이해하고 분석할 것을 제안한다. 기업이 자연 자본에 얼마나 의존하고 있는지를 평가하는 '의존(Dependencies)', 기업 활동이 자연 자본에 미치는 직접적 혹은 간접적인 '영향(Impacts)', 이러한 상호작용이 초래할 수 있는 잠재적 '위험(Risks)', 그리고 그와 동시에 새롭게 발생할 수 있는 '기회(Opportunities)'를 식별하는 것이 그것이다.

TNFD는 이와 같은 분석을 바탕으로 기업이 자연 자본과 관련된 정보를 공시할 때 따를 수 있는 네 가지 핵심 영역을 제시한다. 첫째는 '지배구조'로, 자연 자본 이슈에 대해 이사회가 어떤 역할을 수행하고 있으며, 조직 내에서 누가 이러한 사안을 책임지고 있는지를 명확히 밝혀야 한다. 둘째는 '전략' 영역으로, 자연 자본이 기업의 단기적 또는 장기적인 경영 전략과 재무계획에 어떤 방식으로 영향을 미치는지를 기술하도록 요구한다. 셋째는 '위험 관리'로, 기업이 자연 관련 위험을 어떻게 식별하고 평가하며, 이를 어떤 방식으로 대응하고 있는지를 설명해야 한다. 마지막으로, '지표와 목표'에 관한 영역에서는 기업이 설정한 정량적 목표와 이를 측정하고 추적하는 방식에 대한 정보를 제공해야 한다.

TNFD는 이러한 정보공개 과정을 보다 구체적이고 실질적으로 안내하기 위해 'LEAP 접근법'이라는 공시 방법론을 제시하고 있다. 이 접근법은 자연 자본과의 접점을 식별하고 분석한 뒤, 기업의 대응 전략을 수립하는 일련의 단계로 구성된다. 먼저 'Locate' 단계에서는 기업이 운영하는 사업 활동이 자연 자본과 어떤 지리적, 생태적 접점을 형성하고 있는지를 파악한다. 이는 생태·경관보전 지역이나 습지보호 지역, 야생동물 보호구역, 유네스코 생물권보전지역 등과의 관계를 분석하는 것으로부터 시작된다.

다음으로 'Evaluate' 단계에서는 기업이 해양, 담수, 육지, 대기 등 다양한 자연 영역에서 자원을 어떻게 이용하고 있으며, 이로 인해 자연 자본에 어떤 영향을 미치고 있는지를 평가한다. 이 평가를 바탕으로 진행되는 'Assess' 단계에서는 기업이 직면하고 있는 위험과 기회를 도출하고, 이에 따른 재무적 영향을 분석하며 시나리오별 대응 가능성을 검토하게 된다. 마지막 단계인 'Prepare'에서는 자연 자본에 대한 영향을 정량화하고, 부정적인 영향을 최소화하기 위한 목표를 설정하며, 이를 공시할 준비를 갖추는 것이 핵심이다.

TNFD는 이러한 방식으로 기업이 자연 자본과의 관계를 명확히 이해하고, 이를 경영 전략과 연결지어 실행할 수 있도록 유도하고 있다. 2025년 1월까지는 금속 및 광업, 금융, 화학 등 13개 산업군에 대한 가이던스를 확정한 상태이며, 같은 해 6월까지 어업, 해상운송, 수도산업 등 3개 산업군을 추가로 포함시킬 예정이다. 현재 전 세계적으로 약 1,700여 개 단체가 TNFD 글로벌 네트워크 포럼에 참여하고 있으며, 그중 500여 개 이상의 조직이 TNFD 권고안을 채택해 공시를 준비하고 있다.

이처럼 TNFD는 자연 자본을 기업 경영의 핵심 이슈로 끌어올리는 한편, 그 관계를 정량적으로 분석하고 공시하도록 함으로써 지속가능성과 책임 경영의 새로운 기준을 제시하고 있다. 앞으로 기업이 자연과 재무성과를 연결 짓는 방식을 어떻게 구체화해 나가는지에 따라 TNFD의 실질적인 영향력은 더욱 커질 것으로 보인다.

▎탄소 정보공개 프로젝트(CDP)

기후변화가 기업 경영과 금융 시스템 전반에 걸쳐 중대한 영향을 미치기 시작하면서, 이를 정량적으로 분석하고 외부에 공개할 수 있는 정보공개 체계의 필요성이 본격적으로 제기되면서, 2015년 G20의 요청과 금융안정위원회(FSB)의 주도로 '기후변화 관련 재무정보공개 협의체(Task Force on Climate-related Financial Disclosures, TCFD)'[10]가 설립되었다.

TCFD는 기업과 금융기관이 기후변화로 인한 재무적 영향, 위험, 기회를 체계적으로 공개할 수 있도록 표준화된 프레임워크를 제공해 왔으며, 이후 유럽의 지속가능성 공시 기준인 ESRS, 국제지속가능성기준위원회(ISSB)의 공시 기준 등 다양한 글로벌 정보공개 체계의 틀을 형성하는 데 중요한 역할을 수행했다.

그러나 TCFD의 공식적인 활동은 2023년, 그 역할이 IFRS 산하 ISSB로 이관되면서 종료되었다. 그럼에도 불구하고 TCFD가 남긴 정보공개 프레임워크의 철학과 기준은 여전히 국제 공시제도의 기초를 이루고 있으며, 후속 이니셔티브들에도 광범위한 영향을 미치고 있다. TNFD(자연 관련 재무정보공개 협의체) 역시 TCFD의 구조와 원칙을 모태로 삼아, 기후 중심에서 자연 전반으로 정보공개의 영역을 확장해 나가고 있는 대표적인 사례라 할 수 있다.

TCFD와 더불어 글로벌 기업의 환경 정보공개를 이끌어온 또 하나의

---

10 기업 및 금융기관이 기후변화로 인한 재무적 영향과 기회 및 리스크를 공개할 수 있도록 프레임워크를 제공하였으나, 2023년 IFRS에 업무를 이관하고 현재 활동은 종료되었다.

중요한 주체는 CDP(Carbon Disclosure Project)이다. CDP는 2000년 '탄소 공개 프로젝트'로 출범한 이후, 기후변화 대응을 위한 정보공개 플랫폼으로서 기능해왔다. 이후 물 안정성(Water Security), 산림자원(Forest)을 통합적으로 다루기 시작하면서 2013년부터는 'CDP'라는 단일 브랜드로 정체성을 강화하였다. 2021년에는 지구 생태계의 모든 경계를 포괄하고자 하는 전략적 전환을 선언하고, 생물다양성과 플라스틱 등 새로운 이슈로 정보공개 영역을 확대해 나가고 있다.

CDP의 생물다양성 정보공개 체계는 2022년 채택된 '쿤밍-몬트리올 글로벌 생물다양성 프레임워크(GBF)'를 근간으로 구성되어 있다. 특히 GBF의 실천목표 중 15번, 10번, 12번이 핵심적으로 반영되어 있다. 실천목표 15는 기업과 금융기관이 생물다양성 관련 정보를 투명하게 공개할 것을 권고하고 있으며, 실천목표 10은 농업, 임업, 어업, 양

그림 5.4 CDP 정보공개 현황

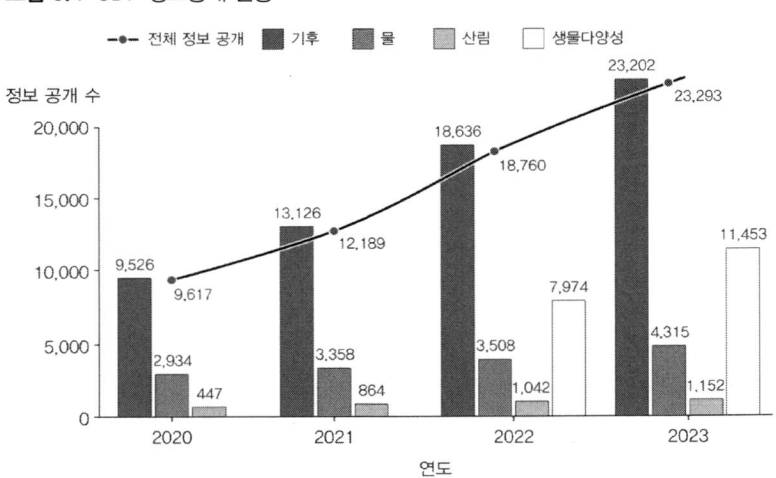

출처: CDP 홈페이지

식업 등의 토지 및 자원 이용 부문에서 지속가능한 관리 방식을 촉구한다. 실천목표 12는 도시 개발 과정에서 생태계 기능과 서비스를 유지하면서 인간의 건강과 웰빙을 증진시키는 방식으로 설계될 것을 요구하고 있다. 이러한 목표들은 기업들이 생물다양성을 단순한 환경 이슈가 아닌, 공급망 전반에 영향을 미치는 전략적 요소로 인식하도록 유도하고 있다.

CDP의 최근 활동 역시 이러한 변화와 궤를 같이한다. 2024년 10월에 발표된 보도자료에 따르면, CDP를 통해 정보를 공개한 기업 수는 23,000여 개에 이르렀으며, 특히 생물다양성 관련 정보를 보고한 기업 수는 2023년 약 7,900여 개에서 2024년에는 11,400여 개로 크게 증가하였다. 이는 전 세계적으로 기업의 생물다양성에 대한 인식과 책임이 빠르게 확대되고 있음을 보여주는 지표로 해석될 수 있다.

이처럼 TCFD와 CDP가 각기 기후변화와 생물다양성이라는 중심축에서 공시 프레임워크를 확장해나가는 가운데, 최근에는 투자자 중심의 이니셔티브도 등장하고 있다. 그 대표적인 사례가 바로 '네이처 액션 100+(Nature Action 100+)'이다. 이 이니셔티브는 온실가스 배출이 많은 주요 글로벌 기업들에 대한 탈탄소화를 촉구하기 위해 결성된 '클라이밋 액션 100+(Climate Action 100+)'의 구조를 모델로 삼고 있으며, 생물다양성 보전과 복원에 있어 기업의 책임을 강화하려는 목적을 지니고 있다. 네이처 액션 100+는 생물다양성 공약을 위한 금융 연대인 FfBP(Finance for Biodiversity Pledge), 세계은행, WBA(세계 벤치마킹 연합), 자산운용사 로베코(Robeco) 등의 협력으로 구성되었다.

국내에서도 이와 유사한 흐름이 형성되고 있다. 2016년에는 환경부와 한국지속가능발전기업협의회(KBCSD), 한국바이오협회가 공동으로 생물다양성 보전 및 지속가능한 이용에 관한 선언을 발표하고, '기업과 생물다양성 플랫폼(Biz N Biodiversity Platform, BNBP)' 사무국을 출범시켰다. 이 플랫폼은 기업들이 생물다양성 이슈를 구매, 생산, 유통, 평가 등 공급망 전반의 의사결정 과정에 통합할 수 있도록 지원하고 있으며, 기업들이 자발적으로 보전 활동에 참여할 수 있도록 돕는 국내 생물다양성 거버넌스의 중심축 역할을 하고 있다. 현재까지 약 100여 개 기업이 BNBP에 참여하고 있으며, 이는 생물다양성 보전이 더 이상 특정 산업에 국한된 과제가 아니라는 점을 방증한다.

이처럼 기후에서 생물다양성으로 확장되는 정보공개 체계는, 기업과 투자자 모두에게 자연과 재무 사이의 연결고리를 재정립할 것을 요구하고 있다. 단순한 '공시의무' 차원을 넘어, 자연 자본을 핵심 경영 요소로 인식하는 전환의 시대가 본격적으로 도래하고 있는 것이다.

▌생물다양성의 정보공개 규제화

생물다양성을 비롯한 자연 자본 관리에 관한 정보공개는 기후변화 대응의 사례와 마찬가지로, 자발적 이니셔티브에서 출발하여 점차 제도적 규제의 형태로 발전하고 있다. 민간 주도의 정보공개 체계가 국제적 기준으로 확산되는 과정에서, 기업에게 요구되는 공시의 내용과 방식 또한 정교해지고 있으며, 각국 정부 역시 이를 반영한 법제화 작업을 활발히 진행 중이다. 이러한 흐름 속에서 최근 주목할 만한 제도적 진전으로는 유럽연합(EU)의 정보공개 지침인 CSRD, 국제재무보고기준(IFRS) 재단이 주도하는 ISSB의 생물다양성 공시기준안 S3, 그리고 국내의 KSSB 기준안 등이 있다.

(1) 기업의 지속가능성 보고지침(CSRD)

유럽연합은 2017년부터 '기업의 비재무 정보공개 지침(NFRD)'을 통해 지속가능성과 관련된 정보공개를 점진적으로 요구해왔다. 이후 2019년, 기후위기에 대응하고 녹색전환을 촉진하기 위한 정책 패키지인 'EU 그린딜'을 발표하면서, 보다 체계적이고 표준화된 비재무 정보공개 기준의 필요성이 대두되었다. 이에 따라 2022년 '기업의 지속가능성 보고지침(Corporate Sustainability Reporting Directive, CSRD)'이 승인되었고, 이를 이행하기 위한 '유럽 지속가능성 공시 표준(ESRS)'이 마련되었다.

ESRS는 2개의 공통 기준과 함께 ESG 항목별로 환경(E1E5), 사회(S1S4), 거버넌스(G1) 등 총 10개의 세부 기준으로 구성되어 있으며, 환경 항목 중 'E4: 생물다양성과 생태계'는 생물다양성 관련 공시를 명시한 세계 최초의 규제기준이라는 점에서 의의가 크다. E4는 기업이 생물다양성과 생태계와 관련한 정책, 목표, 전환 계획 등을 수립하고 이를 공시하도록 요구하며, 총 6개의 핵심 공시요구사항을 담고 있다. 공시의 적용은 기업의 규모, 소재지, 산업군 등에 따라 시기별로 차등 적용될 예정이며, EU 역내에 사업장이 없는 기업이라 하더라도 유럽 내에서 일정 매출 이상을 올리는 경우 공시 대상에 포함될 수 있어 국내 기업들도 세부 지침과 적용 일정을 면밀히 살필 필요가 있다.

(2) 국제 지속가능성 기준위원회와 KSSB

국제재무보고기준(IFRS) 재단은 2021년 제26차 유엔기후변화협약 당사국총회(COP26)에서 '국제 지속가능성 기준위원회(ISSB)'[11]의 출범을 공식 발표하고, 글로벌 투자자와 금융시장 요구에 부응하는 지속가능성 공시기준의 제정 작업을 본격화하였다. ISSB는 기후 정보공개 표준 위원회(CDSB), 기후 관련 재무정보공개 태스크포스(TCFD), 지속가능회계기준위원회(SASB), 가치보고재단(VRF) 등 기존의 공시체계와 산업별 지표들을 통합하여 단일한 국제 기준을 제시하는 것을 목표로 하고 있다.

ISSB는 2022년 3월, 첫 번째 기준 초안인 'S1'과 'S2'를 공개하였다. S1은 기업의 전반적인 지속가능성 관련 재무정보 공시 요구사항을 담고 있으며, S2는 기후위험과 기후기회를 구체적으로 공시할 수 있는 기준을 제시하고 있다. 특히 S2에서는 온실가스 배출량에 대해 국제적으로 통용되는 GHG 프로토콜[12]을 기준으로 Scope 1, 2, 3 배출량을 분류하여 공시하도록 요구하는 것이 특징이다.

이러한 흐름에 따라 ISSB는 기후 외의 사안으로도 공시 범위를 확

---

11 국제 지속가능성 기준위원회(International Sustainability Standards Board, ISSB)는 환경 및 사회 정보를 보고할 수 있는 프레임워크를 제공한 기후 정보공개 표준 위원회(CDSB), 기후 관련 재무 정보공개 태스크포스(TCFD), 77개 산업별 표준을 제시하고 있는 SASB를 수용한 가치 보고 재단(VRF)의 통합 보고 프레임워크, 세계경제포럼의 이해관계자 자본주의 지표 등을 통합하여 글로벌 공시기준을 제시하였다.

12 GHGP(Greenhouse Gas Protocol Initiative)은 국제적으로 인정된 온실가스 배출량 산정과 보고에 관한 기준을 개발하고 확산하고자 미국 세계자원연구소(World Resources Institute, WRI)와 세계지속가능발전기업협의회(World Business Council for Sustainable Development, WBCSD) 등으로 구성된 이니셔티브이다. 특히, 기업에서 온실가스를 분류하고 있는 Scope 1, 2, 3은 GHGP에서 제정한 표준과 지침에 의거 전 세계적으로 널리 사용되고 있다.

장하려 하고 있으며, 현재 생물다양성 및 생태계 관련 공시기준안인 'S3', 인적자원과 인권을 다루는 'S4'의 제정을 준비 중에 있다. 특히 S3는 기업이 의존하거나 영향을 미치는 자연 자본을 체계적으로 파악하고 관리하기 위한 국제 기준으로 주목받고 있다.

한편, 우리나라에서도 국제 공시기준과의 정합성을 고려하여, 한국회계기준원 산하 지속가능성 기준위원회(KSSB)가 2024년 4월 국내 자본시장에 적용할 '지속가능성 공시기준' 공개초안을 발표하였다. 이 초안은 ISSB 기준을 기반으로 하되 국내 기업의 수용 가능성을 반영하여 구성되었으며, 제1호 '일반 지속가능성 공시기준'과 제2호 '기후 관련 공시기준'은 의무 기준으로 설정되었다. 여기에 정책 목적에 따라 공시를 권장하는 제101호 '선택 기준'도 함께 제안되었다. 향후 ISSB의 S3 기준이 확정되면, 국내에서도 단계적인 의무화가 진행될 것으로 예상된다.

표 5.2 국내 지속가능성 공시기준 초안

구분	번호	명칭	비고
의무공시 기준	제1호	지속가능성 관련 재무정보 공시를 위한 일반사항	지속가능성 사안과 관련된 개념적 기반과 일반사항 제시(IFRS S1 기반)
	제2호	기후 관련 공시사항	기후 관련 위험 및 기회 관련 공시 요구사항 제시(IFRS S2 기반)
추가공시 (선택)기준	제101호	정책 목적을 고려한 추가공시 (선택) 사항	지속가능성 관련 사안 중 정책 목적에 따라 공시가 권유되는 사안을 다룸

출처: 한국회계기준원(2024), 「한국 지속가능성 공시기준(KSSB) 공개초안」

(3) 기타 산림벌채 규정과 플라스틱 협약

생물다양성과 관련한 공시 규제는 기업 단위의 공시 기준을 넘어, 제품과 공급망 전반에 영향을 미치는 형태로 확장되고 있다. 대표적인 사례로는 2023년 6월 유럽연합이 제정한 '산림벌채 규정(EUDR)'을 들 수 있다. 이 규정은 2025년 말부터 시행될 예정이며, 커피, 고무, 목재 등 특정 원자재 및 파생상품을 EU 시장에 공급하고자 하는 기업은 해당 제품이 '산림 전용 또는 훼손과 무관(deforestation-free)'하다는 점을 입증해야 한다. 모든 공급업체에 대한 실사를 거쳐 그 결과를 실사보고서 형태로 제출해야 하며, 이를 충족하지 못한 제품은 EU 역내 수출입이 금지된다.

EUDR은 단순한 상품 규제를 넘어, 공급망 전반에 걸친 환경적 투명성과 추적 가능성 확보를 목표로 하고 있다. 이는 최근 확대되고 있는 ISCC PLUS 인증제도와 맞물려, 기업들이 바이오 원료와 바이오매스 등 지속가능한 자원 사용에 대한 책임을 강화하도록 요구하고 있음을 보여준다.

한편, 플라스틱 오염 문제에 대응하기 위한 국제적 협약 논의도 지속되고 있다. 유엔은 2022년부터 정부 간 협상위원회(INC)를 통해 2024년까지 법적 구속력이 있는 '플라스틱 국제협약'을 마련하자는 목표 아래 논의를 이어왔으며, 2024년 11월 부산에서 제5차 회의를 개최하였다. 플라스틱은 분해되지 않은 채 자연에 잔류하거나 미세플라스틱으로 전환되어 해양, 하천, 토양, 대기 등 전 지구적 환경에 오염을 일으키고 있으며, 이는 생물다양성 감소와 인류 건강에도 직접적인 영향을 끼치고 있다.

이러한 배경에서 플라스틱 생산 감축, 재활용 확대, 오염 종식 등의 문제를 포괄적으로 해결할 수 있는 새로운 국제 협약의 필요성이 대두되었지만, 2024년 회의에서는 최종 합의에 이르지 못한 채 논의가 2025년으로 연기되었다. 그러나 이러한 논의는 향후 자연 자본과 생물다양성에 대한 공시의무화와 더욱 긴밀하게 연결될 것으로 전망된다.

6

낭비 없는 세상을 위한 순환경제

CHAPTER 06
낭비 없는 세상을 위한 순환경제

>>> 램버스 윤석근 & 강원대학교 김기현

요약

지속가능한 미래를 위해 선형경제에서 순환경제로의 전환이 필수적이다. 자원 채굴부터 폐기까지 이어지는 선형경제는 자원 고갈과 환경오염을 가속화하는 한계를 보이고 있다. 이에 반해 순환경제는 제품 설계 단계부터 폐기물 발생을 최소화하고, 재사용과 재활용을 통해 자원 가치를 극대화하는 새로운 경제 패러다임이다. 이는 환경보호와 함께 새로운 비즈니스 모델 창출이라는 경제적 기회를 제공한다.

전기차 시장의 급속한 성장과 함께 폐배터리 재활용 시장은 2030년까지 연평균 30% 이상의 고성장이 예상되며, 리튬과 코발트 등 희귀금속 회수를 통해 연간 100조 원 이상의 새로운 시장이 창출될 전망이다. 특히 폐배터리에서 추출한 소재는 신규 배터리 제조에 재투입되어 자원 선순환을 이루게 되며, 이는 배터리 산업의 지속가능성과 경제성을 동시에 확보하는 핵심 전략이 될 것이다.

플라스틱 순환경제 구축 또한 시급한 과제다. 매년 전 세계에서 생산되는 4억 톤 이상의 플라스틱 중 91%가 재활용되지 않고 있다. 미세 플라스틱은 먹이사슬 전반에 영향을 미치며, 특히 매년 1,000만 톤 이상의 플라스틱 쓰레기가 바다로 유입되어 해양 생태계를 위협하고 있다. 이러한 문제를 해결하기 위해 유럽연합은 2025년까지 플라스틱 포장재의 50% 재활용을 의무화했다. 특히 네덜란드 플라스틱 업사이클 프로젝트인 프레셔스 플라스틱(Precious Plastics)은 해양 플라스틱 수거 및 리사이클링 플랫폼을 공유하며, 고부가가치 제품으로 전환하는 성공적인 비즈니스 모델을 보여주고 있다. 우리나라는 2025년까지 플라스틱 폐기물 발생량을 2021년 대비 20% 감축하는 목표를 세웠다.

순환경제로의 전환은 더 이상 선택이 아닌 필수로, 자원 고갈과 환경오염 문제를 해결하면서 새로운 경제적 가치를 창출하는 핵심 전략이다. 정부의 제도적 지원, 기업의 기술 혁신, 시민들의 참여가 어우러질 때 순환경제는 가속화될 것이며, 이는 다음 세대를 위한 가장 가치 있는 자산이 될 것이다.

episode

선형경제에서 순환경제로 변화해야 하는 이유

'수리권(Right to repair)'에 대한 관심이 높아지고 있다. 수리권은 단순히 보증기간 내 수리를 받을 권리를 넘어서, 소비자가 직접 수리하거나, 수리업체도 부품과 장비를 제공받을 수 있는 권리, 소비자가 수리 방식과 업체를 자유롭게 선택할 권리까지 포함한다. 2024년 3월 30일 서울환경연합은 '수리상점 곰손'과 함께 '아이폰 배터리 교체 자가 수리 워크숍'을 개최하였다.[1] 이 행사는 값비싼 스마트폰도 배터리를 교체함으로써 수명을 연장하여 사용할 수 있음을 보여주며, 실생활에서 수리권의 필요성을 제시했다.

기후변화 대응 측면에서 수리권의 효과는 매우 크다. 유럽환경국(European Environment Agency, EEA)의 연구에 따르면, 유럽 내 모든 스마트폰의 수명을 단지 1년만 늘려도, 2030년까지 연간 210만

---

1 『한국일보(2024. 4. 10.)』, 「5만원이면 고치는데, 140만원 주고 새 폰 사야 될까요?」

톤의 이산화탄소 배출을 줄일 수 있다는 연구결과를 발표하였다. 이는 자동차 100만 대가 1년간 배출하는 이산화탄소량에 해당한다. 더 나아가 스마트폰, 노트북, 세탁기, 청소기의 사용 수명을 5년 연장할 경우 2030년까지 연간 1,000만 톤의 이산화탄소 감축이 가능하다고 발표하였다. 이처럼 재사용과 수명 연장, 재활용 등을 포함한 순환경제는 기후위기 대응에 있어 핵심 전략이 되었다. 과거에는 일부 기업들이 계획적 진부화나 호환성 제한을 통해 신규 수요를 유발하는 경우가 있었으나, 기후위기의 시대에는 이러한 전략이 더 이상 사회적으로 용인되지 않는다.

프랑스는 2021년부터 전자제품의 수리 가능 정도를 표시하도록 의무화했고, 이러한 흐름에 따라 애플과 삼성전자 등 글로벌 기업들도 점차 수리권을 보장하는 방향으로 전환하고 있다. 실제로 애플은 2022년부터 'Self Service Repair' 프로그램을 통해 아이폰과 맥북의 부품 판매 및 수리 매뉴얼을 제공하고 있으며, 삼성전자도 2023년부터 갤럭시 스마트폰의 자가수리 서비스를 확대하고 있다.

기후변화와 생태계 붕괴가 심화되는 지금, 개인과 기업의 행동 변화를 이끌어낼 현실적 대안으로서 수리권과 순환경제의 중요성은 더욱 커지고 있다.

▍경제성장과 유한한 자원의 딜레마

로마클럽(Club of Rome)은 1970년 3월 '지구의 유한성'이라는 문제의식을 공유한 과학자·경제학자·교육자·경영자들이 창립한 민간단체로 1968년 4월에 이탈리아 로마에서 처음 회의를 가졌기 때문에 로마클럽이란 이름을 붙였다.

당시 세계는 경제 성장을 향한 낙관론이 팽배하던 시기였지만, 로마클럽은 이러한 성장 기조가 궁극적으로 인류의 생존을 위협할 수 있다고 경고하였다. 특히, 개발도상국의 급격한 인구 증가와 함께 확대되는 군비 경쟁, 그리고 지구 생태계의 회복력을 압도하는 오염과 자원 소모는 새로운 형태의 글로벌 위기를 예고하고 있었다.

이러한 문제의식을 바탕으로 로마클럽은 '인류의 위기에 관한 프로젝트'라는 이름 아래 중장기적 전망을 마련하고자 했다. 이에 따라 1970년 미국 MIT의 시스템 다이내믹스 연구팀에 연구를 의뢰하였다. 연구 책임자는 데니스 메도즈(Donella H. Meadows) 교수였으며, 이들은 시뮬레이션 모델인 '월드3(World3)'를 개발하여, 경제·인구·환경 변수를 바탕으로 인류의 미래 시나리오를 도출했다.

이 연구는 1972년 『성장의 한계(The Limits to Growth)』[2]라는 제목으로 출간되어 세계적인 반향을 불러일으켰다. 책은 인류가 자원의 한계와 환경의 수용력을 무시한 채 성장을 지속할 경우, 21세기 중 심각한 경제·사회적 붕괴를 겪을 수 있다는 충격적인 시나리오를 제시하였다. 당시로서는 이례적으로 컴퓨터 모델을 활용한 예측이었으며,

---

2   Meadows, D. H. et al(1972), 『The Limits to Growth』, Club of Rome.

이후 수십 년간 다양한 비판과 검증의 대상이 되어 왔다. 하지만 2008년, 호주 연방과학기술원(CSIRO)의 연구에 따르면, 『성장의 한계』에서 제시한 예측은 실제 우리 현실과 높은 유사성을 보였다. 비재생 가용자원, 1인당 산업생산, 세계 인구, 환경오염 등 주요 지표들은 1970년부터 2000년까지 '현상 지속 시나리오(Scenario As Usual)'와 거의 일치하는 추세로 움직였다. 이후 2021년 국제 회계 컨설팅업체 KPMG 연구진이 최신 데이터를 실증 바탕으로 『성장의 한계』의 결론을 업데이트하였는데, 출간 50년이 지난 이 책의 결론이 여전히 유효함을 확인하였다. 이 연구에 따르면, 인류가 현재와 같은 행동을 지속할 경우 지구 문명은 향후 10여 년 이내에 돌이킬 수 없는 경제성장 쇠

그림 6.1 성장의 한계에 의한 미래 예측

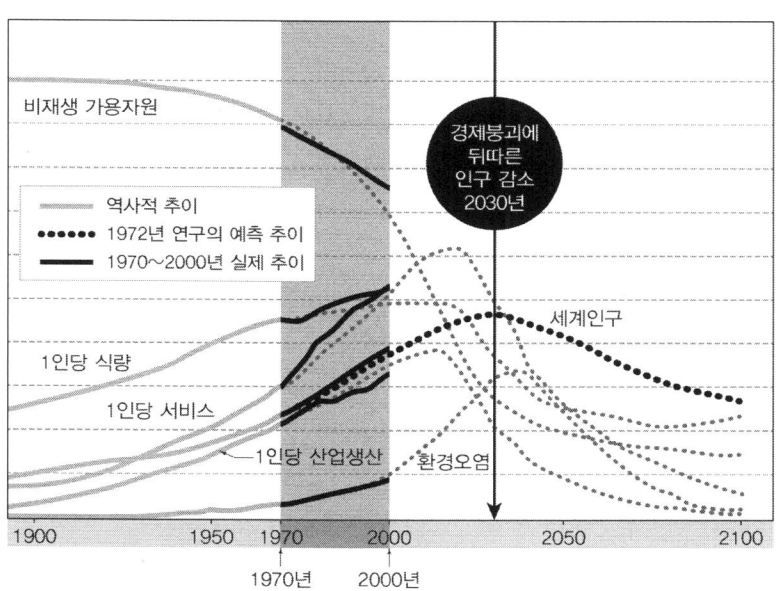

출처: 호주 CSIRO, 2008년

퇴를 겪을 것이며, 최악의 시나리오에서는 2040년을 전후로 사회적 붕괴가 촉발될 수 있다고 경고하였다.

최근 이러한 예측은 더욱 현실화되고 있다. 기후변화로 인한 이상기후 현상의 증가, 생물다양성의 급격한 감소, 자원 고갈 문제의 심화, 그리고 전 세계적인 환경오염 문제는 50년 전 로마클럽의 경고가 얼마나 선견지명이 있었는지를 보여주고 있다. 특히 최근의 연구들은 이러한 문제들이 과거의 예상보다 더 빠른 속도로 진행되고 있음을 지적하고 있다.

제2차 세계대전 이후 기하급수적인 경제성장으로 인해 우리는 현재 꽉찬 세상(full world)에서 살고 있다. 문제는 아직도 여전히 텅빈 세상(empty world)에 살고 있는 것처럼 우리가 행동하고 있다는 것이다. 우리가 살고 있는 현대 산업문명 사회는 엄청난 양의 자원을 매년 필요로 하고 있다. 2019년 한 해에만 광업활동을 통하여 약 32억 톤의 철, 구리 등을 포함한 금속을 생산하였고, 이후에도 관련 수요는 지속적으로 증가하고 있다. 이러한 규모의 연간 금속 생산량은 인류 역사 초창기부터 1950년까지 캐낸 금속의 총량과 거의 같을 정도로 원자재를 얻기 위한 인간의 욕구는 최근 가파르게 증가하고 있다.

2020년에 이르러서는 인간이 만들어낸 인공물의 총무게(건조중량 기준)가 지구상에 사는 모든 생물의 질량인 약 1조 1,000억 톤을 초과하였다. 이 격차는 더욱 벌어져 이 추세가 지속된다면 2040년에는 인공물 총 무게가 3조 톤을 넘어설 것으로 예측되고 있다. 생태경제학자 허먼 데일리(Herman Daly)는 이러한 현대 문명사회의 자원 생산과 소비 욕구를 '텅빈 세상, 꽉찬 세상' 개념을 통해 설명하며, 자연 자원

그림 6.2 텅빈 세상과 꽉찬 세상

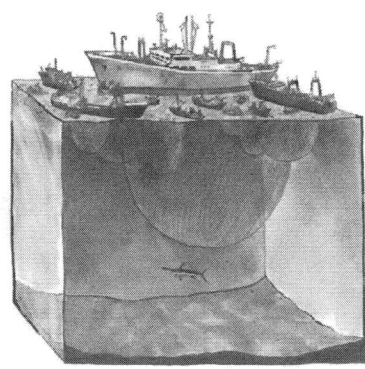

텅빈 세상   꽉찬 세상

출처: 허먼 데일리(2015)

의 한계성과 환경 파괴 문제에 대해 경고하였다.

　20세기 중반 이후 세계 인구는 폭증하여 20억 명에서 80억 명으로 증가했으며, 2024년 83억 명을 넘어섰다. 이로 인해 생물 및 무생물 개체의 소비도 급증하고 있다. 특히 신흥국들의 경제성장으로 인한 중산층 확대는 자원 소비를 더욱 가속화시키고 있다. 예를 들어, 과거 텅빈 세상에서는 어획량이 어선과 어민의 수에 따라 제한되었지만, 현재의 꽉찬 세상에서는 그동안의 남획으로 인하여 어획량이 물고기의 수와 번식 능력에 의해 제한되고 있다. UN 식량농업기구(FAO)의 2023년 보고서에 따르면, 전 세계 수산자원의 약 35%가 지속가능한 수준을 넘어선 남획 상태에 있으며, 대형 어종의 개체 수는 1970년대 대비 70% 이상 감소했다. 특히 참치, 대구, 고등어와 같은 주요 식용 어종의 자원량이 크게 감소하여 국제적인 어획 규제가 강화되고 있다. 즉, 인류의 지속가능한 발전의 주요 위협요인을 시대별로 살펴보면, 1970

년대는 자원 고갈이 주된 우려였고, 1990년대는 세계 인구의 폭발적 증가가 초점이었으며, 2000년대 이후에는 화석연료 사용에 따른 기후변화가 핵심 문제로 대두되었다. 최근에는 이러한 위협요인들은 개별적인 문제가 아닌 상호 연계된 복합적 위기로 인식되고 있다.

현재 우리는 탈탄소·저탄소 에너지로의 전환과 함께 지구상의 유한한 자원을 고려하는 순환경제를 동시에 추진해야 하는 중대한 시점에 있다. 특히 2023년 이후 전 세계적으로 더욱 심각해지는 이상기후 현상과 자원 공급망 불안정은 이러한 전환의 시급성을 더욱 부각시키고 있다. 따라서 탄소중립과 자원순환이라는 두 축을 중심으로 인류 발전의 지속가능성을 제고해야 하는 것이 우리 세대의 과제이다.

선형경제에서 순환경제로

18세기 중반의 산업혁명 이후 경제발전은 주로 선형경제 방식으로 이루어졌다. 선형경제는 자원을 채굴하여 제품을 생산하고 사용한 후 폐기하는 방식으로 운영된다. 이러한 경제 방식은 자원 소비가 지속적으로 증가하면서 자원 고갈과 환경오염으로 이어졌을 뿐만 아니라 환경오염으로 인한 생물다양성의 감소 또한 심각해지는 원인이기도 하다.

순환경제(Circular Economy)[3]는 이러한 문제에 대한 핵심 해결책

---

3 순환경제는 1970년대에 환경보호 운동과 함께 시작되었다. 1987년에 유엔의 '우리 공동의 미래(Our Common Future)'라는 보고서에서 지속가능한 발전의 개념이 처음으로 정의되었으며, 이를 토대로 환경보호와 지속가능한 발전(Sustainable Development)을 위한 정책들이 추진되기 시작하였다.

그림 6.3 선형경제와 순환경제

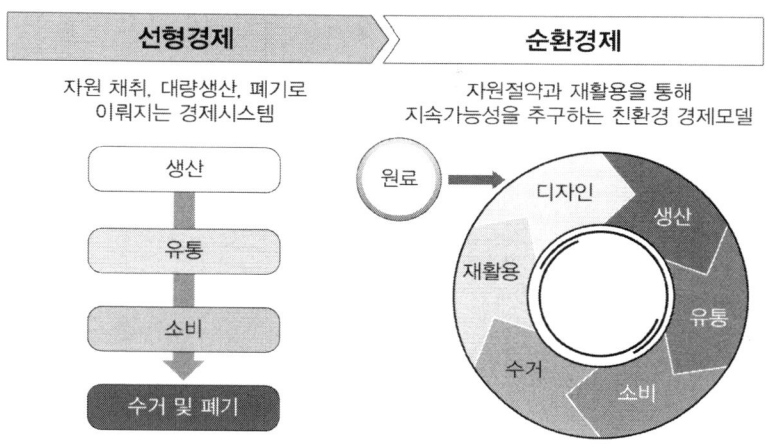

으로 자리잡고 있다. 자원을 순환시키는 이러한 접근 방식은 자원 소모를 최소화하고 자원의 재활용을 극대화하여 경제적 가치를 유지하는 동시에 환경 부담을 줄일 수 있다. 순환경제는 제품의 공유, 재사용, 재제조, 재활용 등을 통해 자원을 순환시키는 방식으로 구현되며, 이를 통해 지속가능한 경제 발전과 함께 인류의 지속가능한 성장 동력을 창출할 것으로 기대된다.

2020년 세계경제포럼(World Economic Forum, WEF)[4]은 순환경제를 통한 글로벌 경제효과가 2030년까지 4조 5천억 달러(약 5,800조 원)에 이를 것으로 전망했다. 또한 영국의 엘렌 맥아더 재단(Ellen MacArthur Foundation)[5]은 순환경제가 제조업에 도입될 경우 유럽

---

[4] 세계경제포럼은 저명한 기업인·경제학자·저널리스트·정치인 등이 모여 세계 경제에 대해 토론하고 연구하는 국제 민간회의이다. '세계경제올림픽'으로 불릴 만큼 권위와 영향력이 있는 유엔 비정부자문기구로 성장하면서 세계무역기구(WTO)나 서방선진 7개국(G7) 회담 등에 막강한 영향력을 행사하고 있다.

에서만 매년 3,400억~6,300억 달러의 물질 투입비용 감소와 에너지 소비의 37% 감축이 가능할 것으로 분석했다.

순환경제는 유럽을 중심으로 더욱 구체화되고 있다. 유럽연합은 2024년부터 순환경제 행동계획(Circular Economy Action Plan)을 강화하여 제품의 수명 연장과 재활용을 의무화하고 있으며, 많은 글로벌 기업들이 순환경제 모델을 도입하고 있다. 특히 전기차 배터리 재활용, 플라스틱 재생 원료 사용 의무화, 의류산업에서의 재생섬유 활용 등이 주요 사례로 떠오르고 있다.

▍순환경제 비즈니스 모델

순환경제 비즈니스 모델은 자원의 재사용 및 재활용에 초점을 맞춘 사업화 모델이다. 이는 기업이 생산하는 제품과 서비스의 수명을 연장하고, 제품의 재사용과 재활용을 권장하여 자원 소비를 최소화하는 것을 목표로 한다.

순환경제의 대표적인 개념 모델로는 영국 엘렌 맥아더 재단의 '나비모형(Butterfly Diagram)'이 있다. 나비모형은 제품의 제조-유통-사용-재활용 등의 생산과정에서 자원의 흐름을 시각화한 다이어그램(Diagram)이다. 이 다이어그램은 두 개의 날개(Wing)를 가지고 있으며, 각각 '생물기반 순환'과 '광물기반 순환'이라고 부른다. 이 두 날개

---

5 기후변화, 생물 다양성 훼손, 쓰레기, 오염 등 우리 시대의 가장 큰 문제들을 해결하기 위해 순환경제를 장려하고 개발하는 영국에 위치하는 순환경제를 선도하는 국제 비영리 단체이다.

그림 6.4 나비모형(Butterfly Diagram)의 순환경제

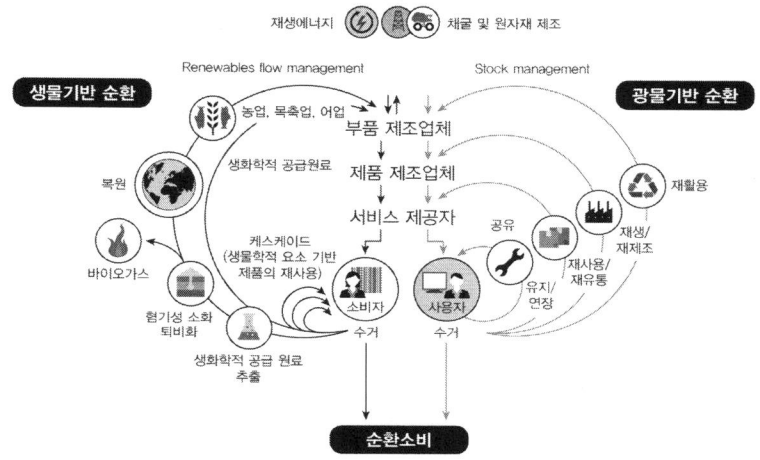

출처: 앨렌 맥아더 재단(2013)

는 각각 자연계와 인간이 만든 기술 시스템을 의미한다.

나비모형은 크게 4개의 파트로 구성되어 있다.

- 에너지 순환 : 재생에너지의 사용 확대, 자원채굴 및 원자재 제조 과정의 에너지 효율화를 다룬다. 태양광, 풍력 등의 재생에너지 비중이 급증하면서 이 부분이 중요해지고 있다.
- 생물기반 순환 : 농업, 목축업, 어업에서의 순환경제, 바이오 가스·에너지, 토양의 탄소 축적, 음식·동식물 등의 폐기물 순환을 포함한다. 최근에는 도시농업, 수직농법 등 혁신적인 농업 방식과 결합되어 발전하고 있다.
- 광물기반 순환 : 천연자원에서 채굴하여 제조한 제품, 부품과 서비

스 과정의 순환을 다룬다. 특히 전기차 배터리, 태양광 패널 등 친환경 제품의 재활용이 주목받고 있다.
- **순환소비** : 소비단계에서의 순환과 공유를 확산하는 것이다. 최근에는 공유경제 플랫폼, 중고거래 시장의 급성장, 구독경제 모델의 확산 등으로 더욱 활성화되고 있다.

나비모형의 왼쪽 날개인 '생물기반 순환'은 자연계에서 발생하는 에너지 순환과정을 의미하며, 지속가능한 생태계 유지를 위한 방법론을 표현한다. 태양 에너지를 포함한 자연 에너지원들은 생명체를 통해 에너지가 전달되고, 생명체는 대사 작용을 통해 에너지를 소비하고 배출한다. 이 배출물은 다시 생명체나 분해자에게 돌아가면서 자연계의 재생과정을 이어간다.

그림 6.5 나비모형의 왼편(생물기반순환, 순환소비, 에너지순환)

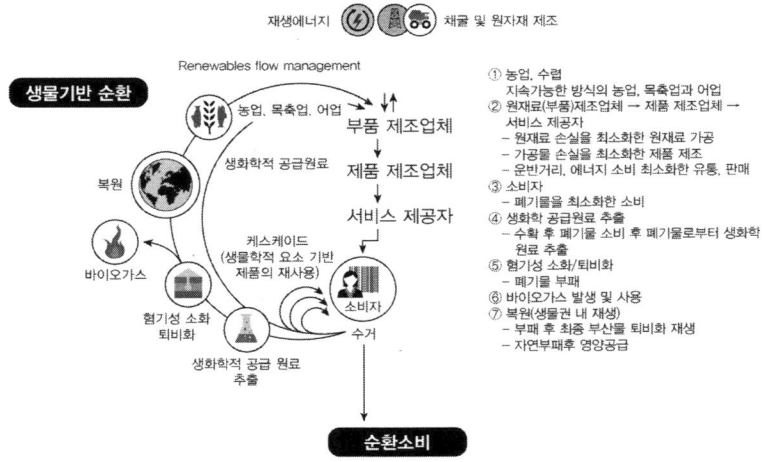

이러한 자연계의 순환 원리는 현대의 순환경제 시스템 설계에 핵심적인 영감을 제공하고 있으며, 이 원리는 다양한 분야에서 실제로 적용되고 있다.

- 도시형 바이오가스 시설 : 음식물 쓰레기를 에너지원으로 전환
- 생태산업단지 : 한 기업의 폐기물을 다른 기업의 원료로 활용
- 순환형 농업 : 작물 재배와 축산을 연계하여 농업 부산물과 폐기물을 자원으로 재활용
- 해양 바이오매스 : 해조류를 활용한 친환경 소재 및 에너지 생산

이러한 생물기반 순환은 탄소중립과 생물다양성 보전이라는 현대사회의 두 가지 핵심 과제를 동시에 해결할 수 있는 방안으로 주목받고 있다.

나비모형의 오른쪽 날개인 '광물기반 순환'은 인간이 개발한 기술 시스템에서 발생하는 자원순환 과정을 의미한다. 나비모형의 중앙에는 제품이 위치하고, 제품을 둘러싼 4개의 순환 고리가 있다. 이러한 순환 고리는 서로 연결되어 있으며, 안쪽 고리일수록 자원과 에너지 효율성이 높다. 최근 많은 기업들이 이러한 순환 고리를 기업 전략에 통합하고 있으며, 특히 ESG 경영의 핵심 요소로 자리잡고 있다.

순환경제의 핵심 모델은 크게 공유, 재사용/재유통, 재생/재제조, 재활용으로 구분된다.

공유(share)는 자원을 대여하거나 공유함으로써 수익을 창출할 수 있다. 대여는 일시적인 수요충족에 기반한 사업이다. 자동차, 숙박시

그림 6.6 나비모형의 오른편(광물기반 순환, 순환소비, 에너지순환)

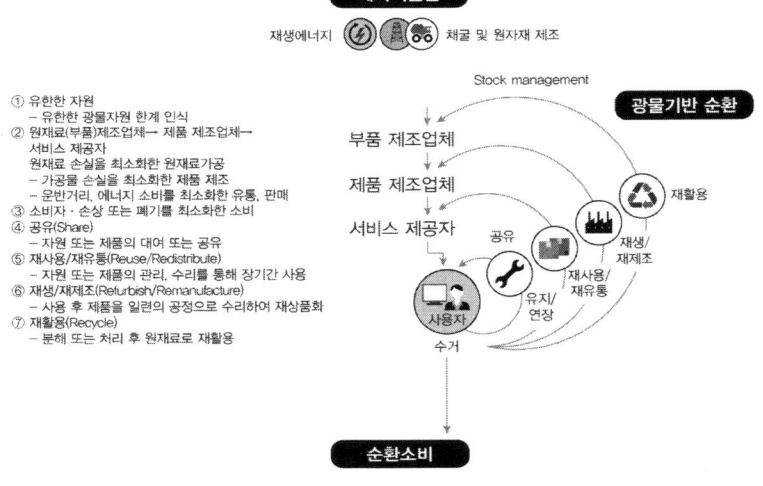

설 대여와 같은 서비스가 대여형 공유 모델에 해당한다. 글로벌 사례로는 우버, ZipCar, Airbnb 등이 있고, 우리나라에는 SOCAR, KOZAZA, FASTFIVE, 모두의 주차장, 열린 옷장 등이 있다. 이러한 공유경제는 의류 구독 서비스, 메타버스와 연계된 공유 오피스, P2P 기반 물건 공유 플랫폼 등으로 진화하고 있다. 공유 모델은 일시적 수요를 위해 불필요하게 새로운 제품을 제작하는 시간과 자원 소비를 방지함으로써 자원의 소비와 폐기물 발생을 감소시키는 효과가 있다.

　재사용/재유통(reuse/redistribute)은 사용하지 않는 제품 또는 부품을 제조상태 그대로 다시 사용하는 것을 말한다. 재활용과도 유사하지만 특별한 가공 또는 수리 과정을 거치지 않는다는 점에서 차별화된다. 제품의 관리, 수리를 통해서 장기간 사용할 수 있다. 중고 자전거를 파는 것과 같이 재화의 재유통이 일어나는 것으로 추가적인 에너지와 노동력이 많이 소요되지 않는다. 최근에는 중고거래 플랫폼의 급성장과 함께 리필스테이션, 포장재 회수·재사용 시스템이 확대되고 있다.

재생/재제조(Refurbish/Remanufacture)는 폐기단계에 있지만 제품에 사용된 소재는 아직 경제적 가치가 남아 있는 경우 제품이나 부품을 회수하여 분해, 세척, 검사, 보수, 조정, 재조립 등 전문적 작업공정을 거쳐서 제품의 원래 기능 및 성능으로 회복시켜 재상품화하는 것이다. 비교적 적은 비용, 자원 및 에너지의 투입으로 제품 그 자체로서 녹이거나 파괴하지 않고 순환시킬 수 있다는 점에서 물질 재활용과 차별화된다. 예를 들어, 르노 자동차는 기존에 완성품의 일부분으로 사용되었던 콤프레서나 기어박스를 정밀한 공정을 거쳐 동일한 보증기간을 가지고 신제품과 함께 판매한다. 최근에는 스마트폰 리퍼비시 시장과 전기차 배터리 재제조 산업이 급성장하고 있다.

재활용(Recycle)은 제품을 다시 원재료 중심의 자원으로 만들어 새로운 제품의 원료로 재사용하는 것이다. 다시 말해, 사용후 소재에 대한 완전한 재가공을 의미한다. 예를 들면 폐플라스틱을 섬유로 제작하려면 우선 깨끗이 세척하고 분해하여 펠릿(Pellet) 형태로 만들고 이를 다시 원사로 가공하는 과정을 거치게 되는데, 많은 에너지와 노동력이 투입된다. 이러한 방식을 업사이클링이라고도 한다. 최근에는 화학적 재활용 기술의 상용화와 AI 기반 자동 분리수거 시스템의 도입으로 재활용의 효율성이 크게 향상되고 있다.

이처럼 순환경제는 국가, 기업, 개인 차원에서 다양한 방식으로 실현되고 있다. 특히 기후변화와 자원 고갈이라는 글로벌 과제에 대응하기 위해 정부는 관련 제도와 정책을 강화하고 있으며, 기업들은 ESG

경영의 핵심 요소로 순환경제를 도입하고 있다. 개인들도 제로웨이스트 생활실천과 친환경 제품 선호 등을 통해 순환경제 실현에 동참하고 있다. 이러한 변화는 지속가능한 미래를 위한 필수적인 전환으로 인식되고 있다.

episode

전기차산업과 함께 성장하는 배터리 재활용 산업

배터리는 전기 에너지를 화학적 형태로 저장했다가 필요할 때 전기 에너지로 변환하는 핵심 장치이다. 스마트폰과 노트북의 전원 공급에서부터 전기차 구동, 나아가 태양광 및 풍력 발전 같은 재생에너지의 저장에 이르기까지, 배터리는 현대 기술의 필수 요소로 자리 잡았다. 이러한 배터리 기술의 발전은 청정 에너지 사회를 구현하는 데 중추적 역할을 할 것으로 기대된다.

특히 이차전지를 동력원으로 사용하는 전기차는 주행 중 직접적인 탄소배출이 거의 없어, 기후변화 대응과 대기오염 저감에 크게 기여할 수 있다. 내연기관 차량과 비교했을 때 에너지 효율성도 월등히 높다. 더욱이 이차전지는 재사용과 재활용이 가능한 소재로 구성되어 있어서, 자원 보존과 환경 보호 측면에서도 큰 장점을 지닌다.

전기차 보급이 확대됨에 따라 사용 후 배터리의 양도 급증하고 있어, 이를 효과적으로 재사용하고 재활용하는 것이 새로운 과제로 대두되고 있다. 폐배터리의 적절한 재활용은 귀중한 자원의 절약과 환경보호에 실질적인 도움이 될 수 있다. 또한 폐배터리를 에너지저장장치(ESS)로 전환하여 재사용하는 방안도 주목받고 있다. 이러한 관점에서 전기차 보급 확대와 더불어 폐배터리의 재사용 및 재활용을 위한 체계적인 연구와 인프라 구축이 시급히 요구된다.

배터리 순환경제

배터리 순환경제란 배터리를 생산, 구입, 사용, 폐기하는 선형경제 모델에서 벗어나 지속가능성을 추구하는 친환경 경제 모델을 말한다. 이는 성능이 저하된 배터리를 다른 용도로 재사용(Reuse)하고, 재사용이 어려운 배터리는 분해하여 원료를 추출, 새로운 배터리 제작의 원료로 재활용(Recycle)하는 방식으로 구현된다.

오늘날 전기차와 에너지저장장치(ESS) 시장의 급성장으로 배터리 순환경제의 중요성은 더욱 커지고 있다. 특히 전기차 배터리의 경우, 차량 용도로 사용된 후에도 70~80%의 성능을 보유하고 있어 ESS나 태양광 발전의 보조 전원 등으로 재사용이 가능하며, 이후에는 리튬, 코발트, 니켈 등 희귀 금속을 추출하여 새로운 배터리 생산에 재활용할 수 있다.

최근 배터리 순환경제가 주목받고 있는 이유는 전기차 산업의 급격한 성장, 원자재 공급망 리스크와 자원안보, 환경이슈 등의 세 가지로 요약할 수 있다.

기후변화에 따른 탄소중립의 동력으로 현대 문명의 주력 수송 수단

그림 6.7 배터리 순환경제

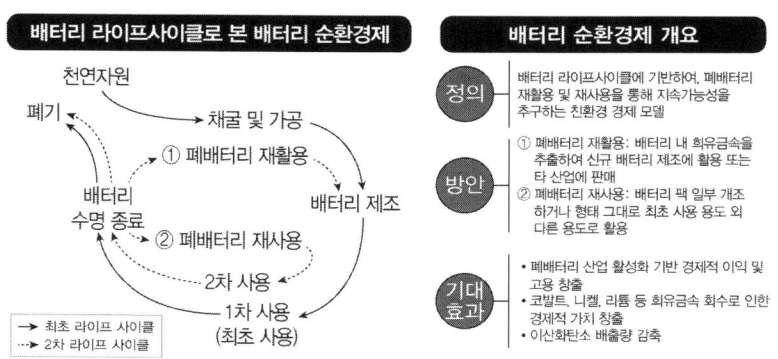

출처: 삼정KPMG 경제연구원(2022.3.), 「배터리 순환경제」

이 내연기관차에서 전기차로 전환되고 있다. 1991년 소니(Sony)가 리튬이온 배터리를 상용화한 이후, 2000년대부터 핸드폰과 노트북 등 가전제품에 소형 리튬이온 배터리가 필수요소로 자리잡았고, 이에 따라 리튬이온 폐배터리 역시 많이 배출되고 있다. 전기차 한 대에 필요한 배터리 용량이 휴대전화의 약 4,000~5,000대 분량임을 고려하면, 전기차의 글로벌 확산에 따른 리튬이온 배터리의 수요와 폐배터리 발생량은 기하급수적으로 증가할 것으로 전망된다.

글로벌 전기차 판매는 2023년 1,410만 대를 기록했으며, 2024년에는 약 1,763만대로 전년대비 약 23% 상승했다. 이러한 추세에 따라 글로벌 전기차 배터리 시장은 2023년 기준 약 1,680억 달러에서 연평균 성장률(CAGR) 18.2%를 보이며 2030년에는 5,500억 달러 규모로 성장할 것으로 전망된다. 폐배터리 시장은 더욱 가파른 성장세를 보여, 2023년 22억 달러에서 2030년 304억 달러 규모로 연평균 45.1%의 성장률이 예상된다.

이차전지란?

전지는 크게 일차전지와 이차전지로 구분된다. 일차전지(Primary Cell)는 한번 방전되면 더 이상 사용할 수 없는 전지로, 일반적인 건전지가 대표적인 예이다. 반면 이차전지(Secondary Cell)는 방전 후 다시 충전하여 재사용할 수 있는 전지를 말한다.

일상에서 흔히 볼 수 있는 이차전지로는 내연기관 자동차의 시동용 납축전지, 니켈-카드뮴 배터리, 니켈-메탈 수소 배터리가 있다. 또한 스마트폰, 태블릿PC 등 생활가전과 최근 급증하고 있는 전기차의 동력원으로 사용되는 리튬이온 배터리도 대표적인 이차전지이다.

2000년 이후 이차전지 시장은 리튬이온 배터리가 주도하고 있다. 이는 리튬이온 배터리가 기존 니켈계 배터리의 단점이었던 메모리 현상(충전지를 완전 방전되기 전에 재충전하면, 충전지 수명이 줄어드는 현상)이 없고, 소형화가 가능하며, 충전 시간 대비 긴 수명을 가지고 있기 때문이다. 또한 납이나 수은 등과 같은 유해물질을 포함하지 않는다는 환경적 이점도 가지고 있다.

리튬이온 배터리는 양극, 음극, 전해액, 분리막으로 구성되며, 리튬의 화학적 반응(산화-환원 반응)을 통해 전기를 생산한다. 최근 전고체 배터리와 같은 차세대 배터리 기술도 개발되고 있지만, 리튬이온 배터리는 여전히 가장 상용화된 이차전지 모델로서의 위치를 공고히 하고 있다.

리튬이온 배터리는 리튬이온이 양극과 음극을 오가며 산화와 환원 반응을 일으키고, 이때 동반되는 전자(e^-)의 이동을 통해 발생한 전기에너지로 충전과 방전을 반복한다. 예를 들어, 리튬과 코발트를 양극

그림 6.8 리튬이온 배터리 구조와 원리

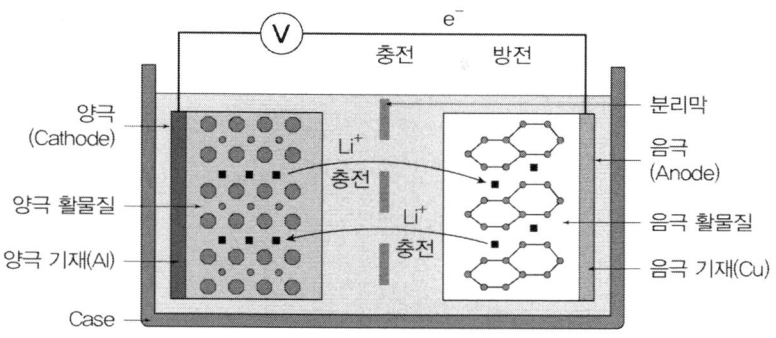

활물질로 갖는 소형 리튬이온 배터리의 충방전 상태는 다음과 같은 화학식으로 표현된다.

(방전된 상태) $LiCoO_2$(양극) + C_6(음극) ↔ CoO_2(양극) + LiC_6(음극) (충전된 상태)

여기서 C_6은 흑연의 육각형 고리를 이루는 탄소원자 여섯 개를 의미한다. 충전 시에는 음극에서 탄소 6개당 리튬이 하나씩 들어가며, 방전 시(기본 상태)에는 양극에서 리튬과 코발트가 1 : 1로 존재한다.

현재 배터리 시장에서는 양극 활물질의 구성 성분에 따라 크게 두 종류의 이차전지가 경쟁하고 있다. 삼원계(NCM) 배터리는 우리나라 배터리 업체들이 주력으로 생산하는 방식으로, 양극재가 니켈, 코발트, 망간으로 구성된다. 에너지 밀도가 높아 장거리 주행이 가능하고 가벼운 장점이 있으나, 가격이 비싸고 화재 위험이 있다는 단점이 있다. 리튬인산철(LFP) 배터리는 중국 CATL사가 주도하는 방식으로, 에너지 밀도는 낮아 상대적으로 단거리 주행만 가능하고 무겁지만, 가격이 저렴하고 화재 위험이 적다는 장점이 있다.

이 두 종류의 이차전지는 각각의 장단점으로 인해 당분간 용도에 따라 시장을 분점할 것으로 예상된다. 순환경제의 관점에서는 리튬, 코발트, 니켈, 망간 등 고가 금속을 사용하는 삼원계 배터리가 경제성 측면에서 주요 재활용 대상이 되는 반면, 상대적으로 저렴한 소재로 구성된 리튬인산철 배터리는 재활용 수요가 낮다.

현재 주력 이차전지의 화재 위험과 내구성 문제를 해결하기 위한 대안으로 전고체 배터리(All-Solid-State Battery)가 주목받고 있다. 전고체 배터리는 액체 전해질 대신 고체 전해질을 사용함으로써 안정성 향상과 에너지 밀도 증가라는 장점을 지닌다. 이에 따라 삼성SDI, 토요타, LG에너지솔루션 등 세계 주요 기업들이 연구개발에 박차를 가하고 있다. 그러나 고체 전해질의 이온전도성 확보, 계면 안정성 문제, 대량 생산 공정 개발 등 여전히 해결해야 할 기술적 과제가 많다. 이러한 난제를 고려할 때, 2025년까지의 상용화는 일부 고가 제품에 한정될 가능성이 높으며, 본격적인 양산 및 시장 확대는 그 이후로 미뤄질 전망이다.

▎폐배터리 재사용과 재활용

폐배터리 산업은 크게 재사용과 재활용의 두 분야로 구분된다. 재사용은 사용 후 배터리를 기존 용도가 아닌 다른 용도로 전환하여 사용함으로써 배터리의 수명을 연장하는 방식이다. 예를 들어 전기차에서 사용된 배터리를 에너지저장장치(ESS)로 전환하여 사용하는 것이 대표적이다. 재사용은 다시 제품을 그대로 재사용하는 방식과 부품교체나 수리·복원을 통한 재제조(Remanufacturing) 방식으로 세분화할 수 있다.

한편 재활용은 사용 후 배터리에서 리튬, 코발트, 니켈 등 값비싼 유가금속을 추출하여 신규 배터리 제조에 활용하는 방식이다. 이러한 재활용 기술은 지속적으로 발전하고 있으며, 특히 회수율과 경제성 측면에서 큰 진전을 보이고 있다.

그림 6.9 사용 후 배터리 생태계 전주기 흐름

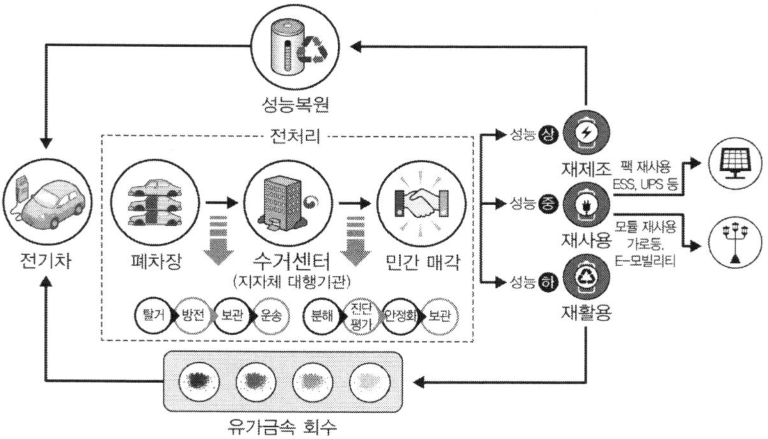

출처: 이승필 외(2022), 「전기차 사용 후 배터리 산업생태계 활성화 방안」, KISTEP, p. 4.

(1) 폐배터리 재사용

폐배터리 재사용은 수거한 배터리를 몇 가지 공정을 거쳐 다시 제품화하여 사용하는 것으로 주로 전기차에 사용되는 중대형 이차전지를 대상으로 한다. 배터리 진단을 통해 최초 설계 충전능력 대비 현재 충

전능력을 나타내는 비율인 배터리의 건강상태(State of Health, SoH)가 80% 정도인 배터리를 대상으로 한다. 성능이 저하된 배터리는 급제동, 급가속 등 고출력을 요구하는 자동차에는 사용이 어렵지만, 고출력을 요구하지 않는 분야에는 용도변경을 통해 짧게는 3년, 길게는 10년도 사용이 가능하다. 재사용되는 배터리는 에너지저장장치(ESS), 전력백업시스템(UPS), 골프 카트, 전동 휠체어 등 다양한 분야에 사용될 수 있다.

현재의 폐배터리 재사용 시장은 전기차 시장 개화가 오래되지 않아, 수거 가능한 배터리가 적고, 지역별로 수거처가 분산되어 있을 뿐만 아니라, 이동 중 폭발 등의 위험이 있어서 아직은 활성화되지 않은 시장이다. 그러나 향후 배터리 재사용 시장은 완성차 업체, 배터리 제조사 등 대기업이 주도하면서 시장이 확대될 것으로 전망된다. 일례로 국내의 경우 2017년 현대자동차가 폐배터리와 신규 배터리를 결합하여 ESS로 제조한 사례가 있다. 해외도 GM, BMW, Nissan 등 완성차 업체 위주로 재사용 사례가 있으나 아직까지는 초기 단계라 할 수 있다.

(2) 폐배터리 재활용

폐배터리 재활용은 재사용 또는 재제조가 불가능한 수준의 배터리를 대상으로 한다. 통상 배터리의 건강상태(SoH)가 60% 이하인 배터리를 대상으로 한다. 재활용 공정을 통해 폐배터리로부터 배터리 제조에 필수적인 핵심광물을 회수하는 것이다. 이러한 과정은 광산이 아닌 일반 도시의 재활용 공장에서 이루어지므로 이를 '도시광산(urban mining)'이라고도 부른다. 도시광산은 경제적으로나 환경적으로 매우 의미 있는 일이며 배터리 순환경제의 핵심이기도 하다.

폐배터리 재활용 공정은 전처리와 후처리 공정으로 구분된다. 일반적인 전처리 공정은 배터리 팩을 셀(cell) 단위 수준으로 해체 후 방전을 통해 폐배터리를 비활성화(deactivation)하여 폭발 및 감전 위험을 제거한다. 방전은 안정성 문제로 인해 전처리 공정 중 가장 중요한 과정이라 할 수 있다. 후처리 공정은 크게 습식 공정(hydrometallurgy process), 건식 공정(pyrometallurgy process)으로 나눌 수 있으며 최근에는 다이렉트 리사이클링(Direct Recycling) 방식 등이 연구되고 있다.

도시광산 육성을 위한 주요국의 정책 동향

(1) 미국

미국은 미·중 패권 경쟁 격화에 따른 자국의 핵심광물 생산역량을 확대하고, 경제·산업 우방국 중심으로 공급망 구축 등 핵심광물 공급 안정화 정책을 추진하고 있다. 2021년 바이든 정부에서는 반도체, 배터리, 의약품, 희토류 등 4대 전략산업에 대한 공급망 검토를 실시하였으며, 이후 핵심광물안보파트너십(MSP)을 출범시키고(2022.6.), 인플레이션 감축법(IRA)(2022.8.)을 통해 자국 및 우방국 중심의 공급망 재편을 본격화하였다. 2024년 IRA 시행규칙(Section 13401)에 따르면, 북미 지역에서 최종 조립된 전기차 중 핵심광물과 배터리 부품의 원산지 요건을 충족한 경우 최대 7,500달러의 세액공제가 가능하다. 구체적으로는 핵심광물에 대해 최대 3,750달러, 배터리 부품에 대해 최대 3,750달러까지 공제가 가능하며, 2025년부터는 중국 등

'우려 외국기관(FOCI)'에서 공급된 핵심광물 사용 차량은 공제 대상에서 제외된다. 그러나 2024년 이후 트럼프 전 대통령 측의 에너지세 감면 철회 가능성 등으로 인해 관련 세제 혜택의 지속 여부에 대한 불확실성도 커지고 있다.

(2) 중국

중국은 전기차 시장의 급성장과 함께 폐배터리 발생량의 증가에 대응하여, 폐배터리 회수·재활용 정책을 선제적으로 마련해 왔다. 폐배터리 재자원화의 경우 2018년 '신재생에너지 자동차 동력 배터리 재활용 관리 잠정 방법'을 통해 자동차 제조기업에게 전기차 배터리 재활용의 주 책임을 부여하는 '동력 배터리 재활용 생산 책임제'를 명시하였다. 이를 통해 베이징과 상하이를 포함한 17개 지역에서 폐배터리 시범사업을 시행하고 있으며 배터리 제조사, 중고차 판매상, 폐기물 회사와 공동으로 폐배터리의 회수와 재판매가 가능한 시스템을 구축하고 있다. 2019년 발표한 '신재생에너지 자동차 폐배터리 종합이용 산업규범조건'에서는 EU보다 더 높은 수준의 전기차 폐배터리 자원 회수율 목표로 리튬 85%, 니켈 98%, 코발트 98%, 망간 98%를 제시하고 있다. 더불어 2021년 7월 '순환경제발전규획'을 통해 전기차 폐배터리 재활용을 6대 중점 행동 과제 중 하나로 제시하고, 전기차 배터리의 재활용 추적관리 체계구축을 위한 상세 의무사항을 규정하였다. 주요 상세 의무사항으로는 신에너지차의 배터리 이력관리 플랫폼 구축, 신에너지차 배터리 재활용 이력 보완관리 체계 구축, 전기차 배터리 규범화를 통한 재사용 추진 등이 있다.

(3) 유럽연합

유럽연합은 지난 2023년 3월 의결 과정을 통해 2035년부터 역내에서 판매되는 신규 승용차 및 승합차의 이산화탄소 배출을 전면 금지하는 규정을 최종 채택했다. 이러한 강력한 온실가스 감축 정책은 전기차 중심의 모빌리티 전환을 가속화하고 있다. 이 규정에 따르면 2030~2034년 EU역내에서 판매되는 신차는 이산화탄소 배출량을 2021년 대비 승용차는 55%, 승합차는 50%를 의무적으로 감축해야 한다. 2035년부터는 신규 승용차 및 승합차의 이산화탄소 배출이 아예 금지되어, 사실상 전기차와 같은 무공해 차량으로의 전환이 불가피해진다. 다만, EU는 회원국인 독일의 강력한 주장에 따라 합성연료(e-fuel)를 주입하는 신차의 경우는 2035년 이후에도 판매를 계속 허용하기로 예외를 두기로 했다. 이와 더불어 유럽의회는 2023년 6월에 배터리 설계에서 생산, 폐배터리 관리에 대한 포괄적 규제를 담은 '지속가능한 배터리법(이하 배터리법)'을 승인하여 전기차 사회로의 전환을 위한 제도적 기반을 더욱 공고히 했다.

(4) 대한민국

우리나라 정부는 핵심광물(Critical Minerals)[6] 관련하여 33종 핵심 광물 및 10대 전략 핵심광물[7]을 선정하고 2030년까지 특정국 의존

---

6   각 국가의 경제와 산업에 필수적으로 사용되는 광물로, 우리나라는 핵심광물 확보전략(2023)에서 핵심광물을 '가격·수급 위기 발생 가능성이 높고, 위기 시 국내 산업 및 경제에 파급효과가 커서 경제안보 차원에서 관리가 필요한 광물'로 정의하고 있다.
7   국내의 10대 전략 핵심광물은 리튬, 니켈, 코발트, 망간, 흑연, 희토류(5종)이다. 희토류 5종은 네오디뮴, 디스프로슘, 터븀, 세륨, 란탄을 말한다.

도를 50% 이하로 줄이고 재자원화 비율을 20%로 확대하는 목표를 수립하였다.

핵심광물의 안정적 확보와 함께 폐배터리 재활용 산업을 육성하기 위한 정책적 기반도 점차 강화되고 있다. 2018년 2월부터 지방자치단체가 전기차 보조금 지급을 시작하면서, 「대기환경보전법」 제58조 제5항에 따라 보조금을 받은 차량의 소유주는 폐배터리를 지자체에 의무적으로 반납해야 했다. 이에 따라 전국 거점 수거센터를 통해 폐배터리가 수거되었으나, 2020년 12월 법 개정을 통해 2021년 이후 등록 차량부터는 반납 의무가 폐지되었으며, 민간기업과의 거래가 가능해졌다. 이는 폐배터리의 민간 시장 유통을 허용함으로써 재활용 산업의 본격적인 활성화를 유도한 조치로 평가된다.

2021년 7월, '2030 이차전지 산업(K-Battery) 발전 전략'을 통해 폐배터리 재활용 사업의 시장 활성화를 위한 육성 정책이 구체화되고 있다. 이 전략에 따르면, 향후 재활용된 폐배터리 제품의 안정성 및 사업성 검증을 위한 실증 사업이 추진되고, 종합정보관리시스템이 구축되어 폐배터리 재활용 전과정을 관리하는 시스템이 마련될 전망이다. 「탄소중립 기본법」 제64조에서도 폐기물 재활용 및 재제조 산업의 활성화를 강조하고 있다. 2021년 12월에 발표한 '2050 탄소중립 이행을 위한 한국형 순환경제 이행계획'에서 자원 전 과정에서의 순환적 관리를 강조하고 있다. 여기서는 배터리 재사용을 포함한 사용수명 연장 및 회수·재활용 체계를 구축함으로써 순환경제 활성화를 위한 법적 기반을 마련하였고 2024년부터 「순환경제사회 전환 촉진법」이 시행되어 법적 기반을 마련하였다.

전기차는 탄소중립 실현을 위한 핵심 수단으로 자리잡았으나, 그 급격한 성장은 배터리 핵심 광물 수요의 폭발적 증가를 수반하고 있다. 국제에너지기구(International Energy Agency, IEA)에 따르면 2040년까지 리튬 수요가 현재의 40배, 니켈과 코발트는 각각 20배 이상 증가할 것으로 전망하고 있다. 이러한 광물들의 채굴과 공급은 환경적, 지정학적 리스크를 수반하며, 특정 국가에 편중된 공급 구조는 자원 안보 측면에서도 큰 도전 과제가 되고 있다.

화석연료를 무탄소, 저탄소 에너지로 전환하는 과정에서 배터리 핵심 광물의 수요 급증은 불가피하다. 그러나 석탄, 석유, 천연가스와 같은 화석연료와는 달리, 배터리 소재로 사용되는 광물 자원은 재활용이 가능하다는 큰 장점이 있다. 실제로 배터리 재활용을 통해 리튬은 95%, 니켈과 코발트는 98% 이상 회수가 가능하다. 따라서 배터리 순환경제 체계를 구축하여 폐배터리의 재사용과 재활용을 활성화하는 것은, 자원 안보 강화와 환경 보호, 그리고 경제성 제고를 동시에 달성할 수 있는 핵심 전략이 될 것이다. 이를 위해서는 기술 개발과 함께 제도적 기반 구축, 국제 협력 강화가 필수적이다.

episode

편리한 플라스틱, 고통받는 생태계

사람의 몸이 약 70%의 물로 구성되어 있듯, 우리가 일상적으로 사용하는 소지품의 약 70%는 플라스틱이라는 말이 있을 정도로, 플라스틱은 현대인의 삶 전반에 깊이 스며들어 있다. 플라스틱은 가볍고 튼튼하며 내식성이 뛰어나고 저렴하게 대량 생산할 수 있어, 포장재, 가전제품, 자동차 부품, 의료기기, 건축자재 등 다양한 분야에서 광범위하게 사용되고 있다. 현대 플라스틱 산업의 시초는 1907년, 벨기에 출신 미국 화학자 레오 베이클랜드(Leo Baekeland)가 합성수지 베이클라이트(Bakelite)를 발명하면서부터 본격화되었다. 베이클라이트는 최초의 인공 합성 플라스틱으로, 전기 절연성과 내열성이 뛰어나 초창기 전화기, 전기 스위치, 조리기구 손잡이 등 소비재부터 산업용 제품까지 여러 제품에 사용되었다.

그러나 이러한 편리함과 범용성 뒤에는 심각한 환경 문제가 도사리고 있었다. 특히 플라스틱의 과잉 소비와 저조한 재활용률로 인해 해양오염과 미세플라스틱 문제가 전 세계적으로 심화되고 있다. 2024년 기준, 전 세계 바다에는 약 1억 7천만 톤의 플라스틱이 쌓여 있으며, 매년 1,100만 톤 이상이 추가로 유입되고 있는 것으로 추정된다. 더욱 우려스러운 사실은, 미세플라스틱이 이미 인간의 혈액, 폐, 심지어 태반에서도 검출되고 있다는 점이다.

이러한 미세플라스틱은 직경이 5mm 이하로 작아 육안으로 식별하기 어렵고, 해양생물뿐 아니라 토양, 대기, 식수 등을 통해 인간의 생체에까지 침투하고 있다. 인체 내에 축적될 경우 호르몬 교란, 면역 기능 저하, 신경계 및 세포 독성 유발 가능성 등 인체 건강에 대한 잠재적 위험이 제기되고 있다.

이러한 위기에 대응하고자 각국 정부와 산업계는 다양한 정책과 기술적 노력을 전개하고 있다. 생분해성 플라스틱과 해조류 기반 바이오 플라스틱, PLA(폴리락트산) 같은 친환경 대체 소재 개발이 활발하며, 기존 플라스틱을 고분자로 분해해 원료로 재활용하는 화학적 재활용 기술도 점차 상용화되고 있다.

특히 유럽연합은 2024년부터 일회용 플라스틱 사용을 엄격히 규제하고 있으며, 주요 국가들도 플라스틱세 도입, 포장재 재질 규제, 재생 플라스틱 사용 의무화 등 강도 높은 정책을 시행하고 있다.

기업들 또한 재활용률을 높이기 위한 제품 디자인 개선과 함께 재생 플라스틱 사용 확대, 순환경제 전환을 위한 공급망 재편에 나서고 있다. 플라스틱 문제는 단순히 폐기물 차원의 문제가 아닌, 환경·건강·경제가 얽힌 복합 위기로 인식되며, 그 대응 역시 기술, 제도, 소비문화 전반의 전환이 요구되는 상황이다.

현대 문명의 이기, 플라스틱

플라스틱은 원유에서 출발해 정제 과정을 거쳐 다양하게 제품화된다. 원유의 정제 과정 중 75~150°C에서 생산되는 나프타를 석유화학 업체가 가공하면 플라스틱의 원료인 합성수지가 된다. 합성수지는 고분자 소재의 일종으로 분자의 결합구조 및 성형 가능성에 따라 열가소성 플라스틱과 열경화성 플라스틱으로 크게 분류할 수 있다.

그림 6.10 플라스틱 종류 구분

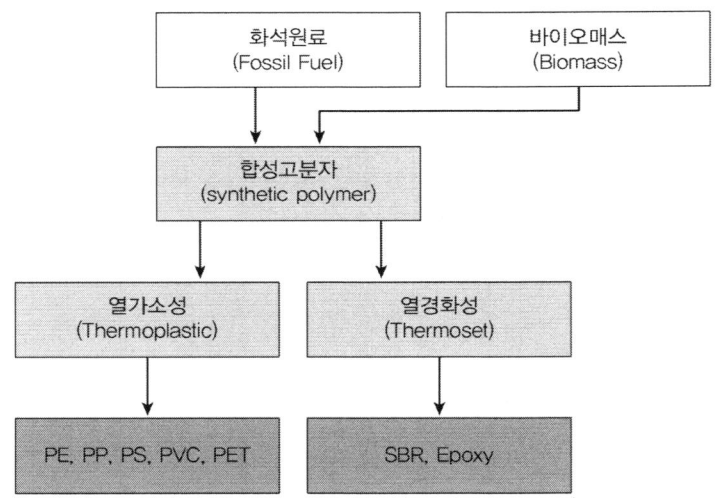

출처: UNEP(2018)

열가소성 플라스틱(Thermoplastic)은 선형 혹은 가지형 구조를 하고 있어 결합력이 약하기 때문에 열을 가하면 분자구조가 변하면서 쉽게 변형이 가능한 반면, 열경화성 수지(Thermosetting Resin)는 고분자 사슬이 교차하면서 그물구조를 이루기 때문에 열을 가해도 변형이 일어나지 않는다.

  열가소성 플라스틱은 범용 플라스틱과 엔지니어링 플라스틱(Engineering Plastic, EP)으로 세분화할 수 있다. 범용 플라스틱의 주요 종류로는 폴리에틸렌(PE), 폴리에틸렌 테레프탈레이트(PET), 폴리프로필렌(PP), 폴리스티렌(PS), 폴리카보네이트(PC), 폴리염화비닐(PVC) 등이 있으며, 이들은 전 세계 플라스틱 생산량의 약 91%를 차지하고 있다(2024년 기준). 폴리에틸렌은 전 세계에서 가장 많이 사용되는 플라스틱으로, 인체에 무해하며 가격이 저렴해 일상 생활용품부터 산업용 제품까지 광범위하게 사용된다. 그다음으로는 폴리프로필렌이 많이 사용되는데, 일회용품부터 의료용품까지 다양하게 활용된다. 현재 국내에서 생산되는 폴리에틸렌과 폴리프로필렌은 전체 플라스틱 생산량 중 60~65%를 차지하고 있다. 나머지 35~40%는 PVC, PS, ABS, PET 등 다른 종류의 플라스틱으로 구성되어 있다.

표 6.1 플라스틱 종류별 용도

구분	종류	용도
열가소성	PET	용기, 섬유, 카페트, 식품 포장
	HDPE	용기, 식품 포장, 파이프, 장난감
	PVC	창문틀, 장판, 파이프, 벽지, 용기, 의료용품
	LDPE	랩필름, 용기
	PP	요구르트 및 마가린 통, 자동차 부품, 섬유, 우유통
	PS	식품용기, 계란판, 1회용 칼, 발포용기, 단열재
	기타(PC 등)	다양한 용도
열경화성	UP	유리섬유, 강화플라스틱
	Epoxide	접착제, 스포츠 장비, 전기 및 자동차 부품
	Phenoic Resins	오븐, 토스트, 자동차 부품, 인쇄회로기판

엔지니어링 플라스틱은 금속 및 세라믹 소재를 대체할 수 있는 고성능 플라스틱 소재로, 자동차, 전기, 전자 부품 및 기타 공업용 구조재로 사용된다. 강도와 탄성이 우수하며 고온의 조건에서도 견딜 수 있는 특성을 가지고 있다. 동시에 금속 및 세라믹 소재 대비 가벼워 제품의 경량화에 유리하다. 제품의 사용 온도는 100°C를 기준으로 그보다 낮은 제품을 범용 플라스틱, 높은 플라스틱 재료를 엔지니어링 플라스틱으로 구분한다.

열경화성 플라스틱은 한번 굳으면 다시 가열하였을 때 녹지 않고 타서 가루가 되거나 기체를 발생시키는 성질을 가지고 있다. 대표적인 제품으로는 바닥재나 접착제로 쓰이는 에폭시(Epoxy), 고무탄성이 우수해 합성피혁, 접착제, 자동차 부품 및 건축재로 사용되는 폴리우레탄(PU), 내열성·내식성을 갖는 불포화 폴리에스테르(UP), 내열성이 우수해 소켓, 플러그 등 전기전자 부품으로 사용되는 페놀 수지(Phenolic Resin) 등이 있다. 최근에는 이러한 열경화성 플라스틱의 재활용 한계를 극복하기 위한 새로운 화학적 재활용 기술들이 개발되고 있다.

지구 생태계를 문턱까지 위협하는 플라스틱

2023년 기준 전 세계 산업활동에서 발생한 고체 폐기물은 연간 약 23억 톤에 달하며, 이는 인류 1인당 하루 평균 0.82kg의 쓰레기를 배출하는 수준이다. 이 중 절반 이상은 여전히 매립되거나 소각되며, 재활용률은 19%로 소폭 상승했다. 세계은행은 폐기물의 적절한 재활용을 통해 2024~2050년 사이 약 150억 톤의 이산화탄소(CO_2eq) 배출량 감축이 가능할 것으로 전망하고 있다.

인류가 배출하는 폐기물 중 가장 심각한 환경 문제를 야기하는 것은 단연 플라스틱이다. 전 세계 플라스틱 생산량은 1950년 200만 톤에서 2023년에는 약 5억 톤으로 급증했다. 플라스틱으로 인한 온실가스 배출은 생산 단계에서 61%, 가공 단계에서 30%, 소각 등 폐기 단계에서 9%가 배출된다. 2023년 기준 플라스틱 전 주기에서 약 22억 톤의 온실가스가 발생했으며, 전 세계 석유 생산량의 8%가 플라스틱 생산에 사용되고 있다.

현재 생산된 플라스틱의 약 70%는 5년 이내의 단수명 폐기물로 처리되고 있다. 수거된 폐플라스틱(생산량의 17%) 중 35%는 여전히 폐기되고 있으며, 실제 재활용률은 11% 수준이다. 2023년 UNEP의 전망에 따르면, 현재의 증가세가 지속된다면 2060년에는 플라스틱 생산량이 지금보다 약 3.5배 많은 17억 톤에 이를 것으로 보인다.

자연 생태계 파괴도 가속화되고 있다. 매년 약 2,500만 톤의 플라스틱이 자연에 유입되고 있으며, 해양 오염의 85%가 플라스틱에 기인한다. 최근 연구에 따르면 매년 15만 마리 이상의 해양 포유류가 플라스틱으로 인해 죽어가고 있다. 특히 우려되는 것은 미세플라스틱 문제로, 2024년 발표된 연구에 따르면 해양 생물의 90% 이상에서 미세플라스틱이 검출되고 있으며, 이는 먹이사슬을 통해 인체에도 영향을 미치고 있다.

이러한 플라스틱 위기를 극복하기 위해 국제사회는 2022년부터 글로벌 플라스틱 오염 종식 협약(Global Plastics Treaty) 마련을 위한 협상에 돌입하였다. 유엔 환경계획(UNEP) 주도로 구성된 정부 간 협상위원회(Intergovernmental Negotiating Committee, INC)는 법적 구속력을 갖춘 국제협약을 2025년까지 채택하는 것을 목표로 하고 있으며, 이에 따라 생산부터 소비, 폐기에 이르는 플라스틱 전 생애 주기에 대한 포괄적 규제 방안이 논의되고 있다.

이와 함께, 플라스틱 자원순환을 실현하기 위한 기술 개발과 인프라 확충도 가속화되고 있다. 특히 기존의 기계적 재활용의 한계를 보완하는 화학적 재활용 기술이 상용화 단계에 진입하고 있으며, 생분해성 플라스틱 및 해조류 기반 바이오플라스틱과 같은 친환경 대체소재 개발도 활발하게 진행 중이다.

또한 AI와 로봇 기술을 활용한 첨단 분리·선별 시스템이 글로벌 재활용 시설에 도입되어 자동화와 고효율화가 이루어지고 있고, 플라스틱 폐기물을 자원으로 순환시키는 폐기물-자원 통합 플랫폼 구축도 확산되고 있다. 이러한 흐름은 순환경제 원칙(Circular Economy Principles)에 기반한 '새로운 플라스틱 경제(New Plastics Economy)'로의 구조적 전환을 촉진하고 있다.

▍주요국의 플라스틱 쓰레기 감소 정책

지난 20년간 전 세계 플라스틱 생산량과 폐기물 배출량은 3배 이상 증가했으나, 재활용률은 11%에 머물러 있다. 플라스틱 생산과정의 화석연료 사용과 부적절한 폐기물 처리로 인한 환경문제가 심화되면서, 2022년 제5차 유엔환경총회(UNEA)에서 175개국은 법적 구속력을 가진 최초의 국제 플라스틱 협약 제정에 합의했다. 이후 5차례의 정부간 협상위원회(INC)를 거쳐서 2024년 11월 부산에서 국제협약을 성안하고자 하였으나 합의안이 도출되지 못하여 2025년 현재 협의중에 있다. 플라스틱 국제협약도 기후변화협약과 같이 나라간의 이해관계가 매우 복잡한 사안이라서 쉽게 합의에 이르지 못하고 있다.

한편, G7과 G20은 해양 플라스틱 오염 해결을 위한 구체적 행동계획을 수립했으며, WTO는 플라스틱 순환경제 촉진을 위한 새로운 무역 규범을 검토하고 있다. 특히 EU를 중심으로 한 국제사회의 탈플라스틱 정책이 가속화되고 있다.

유럽연합은 '유럽 그린딜'의 핵심인 순환경제실행계획에 따라 강력한 포장재 규제를 시행 중이다. 2021년부터 일회용 플라스틱 제품에 대한 사용세를 도입했으며, 2025년부터는 모든 플라스틱 포장재의 재활용 의무화, 2030년까지 모든 플라스틱 포장재의 재사용 또는 재활용 가능화를 추진하고 있다.

독일은 '순환경제법' 개정을 통해 일회용 용기 제조사에 대한 환경세를 2배로 인상했으며, '판트(Pfand)' 보증금제를 확대 시행하여 페트병 1병당 0.25유로의 보증금을 부과하고 있다. 그 결과 페트병 회수율이 98%를 상회하는 성과를 거두고 있다.

일본은 2022년 개정된 플라스틱 자원순환전략에 따라 2030년까지 1회용 플라스틱 사용량 50% 감축, 2035년까지 재활용률 85% 달성을 목표로 설정했다. 특히 2024년부터는 식품 포장재에 대한 재생원료 사용 의무화를 단계적으로 도입하고 있다.

중국은 2023년 발표한 '플라스틱 오염 제로화 행동계획'을 통해

2025년까지 주요 도시의 일회용 플라스틱 사용을 전면 금지하고, 2030년까지 전국적인 플라스틱 순환경제 체계 구축을 목표로 하고 있다.

우리나라는 2024년부터 생산자책임재활용제도(EPR)를 강화하여 재활용 의무율을 90%로 상향 조정했으며, 세계적 수준의 재활용 기업을 육성하고 글로벌 공급망 경쟁력을 강화하기 위하여 콜라·사이다·생수 페트(PET)병에 플라스틱 재생원료 10% 사용을 의무화하였다. 또한 2030년까지 플라스틱 폐기물 20% 감축과 재활용률 70% 달성을 목표로 설정했다.

전 세계적으로 플라스틱 규제는 생산단계부터 폐기까지 전 과정에 걸쳐 강화되고 있으며, 특히 재생원료 사용 의무화와 생산자 책임 강화가 핵심 정책으로 자리잡고 있다. 국제협약 체결과 각국의 규제 강화, 기업들의 자발적 참여를 통해 플라스틱 문제 해결을 위한 글로벌 협력이 가속화되고 있다.

플라스틱 재활용 기술

폐플라스틱 재활용에는 첨가제 및 다른 재질의 혼입으로 인한 재질 분류의 기술적 어려움과 높은 비용이라는 근본적인 과제가 있다. 따라서 경제성을 고려한 재활용 공정 계획이 필수적이며, 재활용 플라스틱의 특성에 맞는 활용범위와 용도 선정도 중요하다.

플라스틱의 재활용 방식은 기계적 재활용(Mechanical Recycling), 화학적 재활용(Chemical Recycling) 및 열적 재활용(Thermal Recycling)으로 구분할 수 있다. 이러한 재활용 기술들은 빠르게 발전하고 있으며,

그림 6.11 플라스틱 제품의 라이프사이클

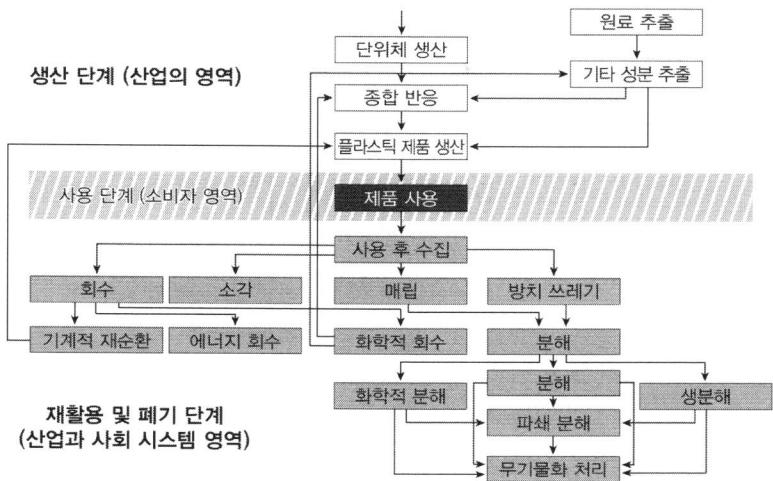

출처: 위정원, 플라스틱 재활용 당위성과 기술 현황, 교보지식포럼 KIF2022

특히 AI 기반 자동선별 기술과 고도화된 화학적 재활용 공정의 도입으로 재활용의 효율성과 경제성이 크게 향상되고 있다.

기계적 재활용은 플라스틱의 화학구조를 유지한 상태에서 분리, 정제, 혼합 등의 물리적인 단순 처리 공정을 거쳐 재생 플라스틱으로 제조하는 기술이다. 이를 통해 만들어진 제품은 튼튼하고 가벼워 각종 시공에 적합하며, 목재처럼 쉽게 절단할 수 있어 범용성이 높다. 비교적 낮은 비용과 뛰어난 이산화탄소 저감 능력을 보여주지만, 적용대상이 한정되고 재활용 제품의 물성 및 품질이 낮다는 단점이 있다.

화학적 재활용은 사용이 끝난 플라스틱의 화학적 구조를 화학반응으로 변화시켜 원료로 재생하는 방법으로, 기계적 재활용의 한계를 해결하기 위한 궁극적 해결책으로 주목받고 있다. 이 방식이 특히 중요한 이유는 산소차단, 인쇄, 뚜껑 열 접착 등 포장 기능을 위해 2가지 이상 재질이 혼합된 복합재질의 플라스틱 및 오염된 플라스틱을 처리할 수 있기 때문이다. 예를 들어, 햇반 용기는 나일론, 에틸렌 비닐 알코올(EVOH), PP의 3개 층으로, 레토르트 포장은 PET, 알루미늄, PE의 3개 층으로 구성된 복합재질이다. 화학적 재활용은 기계적 재활용보다 원유에 가까운 품질을 기대할 수 있으며, 이론상 영구적인 재활용이 가능하고 품질 저하가 없으며, 원유 대체 및 수소 생산이 가능하다는 장점이 있다.

열적 재활용은 플라스틱 폐기물을 발전 시설, 시멘트 공정, 제지시설, 보일러 등에서 대체 연료로 활용하는 방식이다. 단일성상의 재활용과 달리 재료원으로서의 균일성이 떨어지고 타 재질로 인한 오염이 심한 폐플라스틱 등 기계적, 화학적 재활용이 어려운 경우에 적용된다. 열적 재활용은 직접소각, 건류소각, 고체 성형 연료(SRF) 세 가지로 구분되며, 소각으로 인한 유해 배출물 발생에 대한 기술적 보완이 지속적으로 필요한 상황이다.

이러한 재활용 기술들은 현재 급속도로 발전하고 있으며, 특히 AI 기반 자동선별 시스템과 첨단 화학적 재활용 공정의 도입으로 재활용의 효율성과 경제성이 크게 향상되고 있다. 그러나 이러한 기술적 진보에도 불구하고, 재활용 비용이 신규 생산 비용을 상회하는 경제성 문제는 여전히 해결해야 할 과제로 남아있다.

플라스틱 문제의 근본적 해결을 위해서는 기술 혁신과 제도적 지원, 기업의 책임 있는 생산, 소비자의 인식 개선이 동시에 이루어져야 한다. 이러한 요소들이 유기적으로 결합될 때, 우리는 플라스틱의 편의성을 유지하면서도 환경 영향을 최소화하는 진정한 순환경제를 실현할 수 있을 것이다.

7

대한민국 인구감소의 도전과 기회

CHAPTER 07
대한민국 인구감소의 도전과 기회

>>> 단국대학교 임현정

요약

인구 증가에 대한 우려는 고대 메소포타미아와 그리스 시대부터 시작되어 20세기 '인구폭탄' 개념으로 극대화되었다. 현재 세계 인구는 80억을 넘겼지만, 지역마다 양상은 다르다. 일부 지역에서는 여전히 인구가 증가하는 반면, 우리나라를 비롯한 일부 국가들은 심각한 인구 감소 문제에 직면해 있다.

대한민국은 저출산과 급격한 인구감소에 직면해 있으며, 2023년 합계출산율은 0.72명으로, OECD 국가 중 최저를 기록했다. 이는 노동력 부족, 지방 소멸 등 복합적인 사회 문제를 야기하고 있다. 불과 40여 년 전만 해도 우리 정부는 인구 증가를 억제하기 위해 강력한 가족계획 정책을 펼쳤으나, 1990년대 이후 저출산 문제가 대두되면서 현재는 출산 장려 정책으로 방향을 바꾸었다. 하지만 그 효과는 미미한 실정이다.

『인구는 내 미래를 어떻게 바꾸는가』(조현태 지음, 김영사)는 이러한 현실을 기반으로 2072년 한국의 인구가 3,600만 명으로 감소하고, 생산인구가 현재의 절반 수준으로 줄어들 것이라는 충격적인 전망을 제시한다. 이로 인해 경제 위기, 교육 체계 개혁 필요성, 국방력 약화 등 다양한 사회경제적 문제를 포괄적으로 다루며, 인구 감소가 단순한 위기가 아닌 새로운 기회의 가능성임을 모색해본다. 특히 개인의 진로 결정, 자녀 교육, 사업 전략 수립에도 인구학적 통찰력이 중요하다고 강조한다.

또한 환경 전문가들은 현재 인구 수준을 유지하려면 지구가 1.6개 필요하다고 지적하며, 지속가능한 발전의 중요성을 강조한다. 우리나라는 UN의 지속가능 발전목표(SDGs)와 연계된 K-SDGs를 통해 이에 대응하고 있다.

결론적으로, 인구 문제 해결은 정부뿐 아니라 시민, 기업 등 다양한 주체의 협력이 필요하며, 지구의 지속가능성을 확보하면서 동시에 인류의 삶의 질을 향상시킬 수 있는 방안을 모색하는 것이 우리 세대의 중대한 과제이다. 이는 다음 세대에게 지속가능한 지구를 물려주기 위한 필연적인 소명이며, 우리 모두의 지혜와 노력이 요구되는 시대적 소명이다.

episode

세계 인구감소 트렌드: 축소되는 도시와 경제

▌'인구 증가'가 고민이었던 그 시대, 그 사람들

1960년대에서 1990년대 사이에 성인이 된 사람들은 '인구 증가가 곧 재앙'이 될 것이라는 강한 사회적 공감대 속에서 성장했다. 이 시기 미국의 저명한 진화생물학자이자 환경운동가인 폴 에를리히(Paul R. Ehrlich) 또한 같은 생각을 했다. 그는 1968년 출간한 저서 『인구폭탄(The Population Bomb)』에서 "모든 인류를 먹여 살리기 위한 투쟁은 끝났다"라고 선언하며, 인구 증가로 인한 위기의 도래를 비관적으로 전망했다.

사실 인류가 인구 증가를 문제로 인식한 역사는 이보다 훨씬 오래된 것으로 보인다. 1980년대 후반, 바그다드 대학의 고고학자들이 이라크 중부 고대 도시 시파에서 도서관 유적지를 발굴했다. 고고학자들은 모래와 먼지 속 오래된 벽 속에서 400여 개의 점토판을 찾아냈는데, 이는 바빌로니아인들이 수천 년 전에 만든 도서관에서 3,500년 이상

문혀 있던 기록이다. 특히 당시 발견된 점토판 중 4개는 무척 특별했는데, 메소포타미아 전역에서 발견된 다른 점토판들에는 없던 특별한 이야기가 기록돼 있었기 때문이다. 기원전 17세기경 점토판에 새겨진 『아트라 하시스(Atra-Hasis)』 서사시는 "(인류 창조 이래로) 아직 1,200년이 지나지 않았고, 땅이 확장되고 인류가 번성했을 때..."라는 구절로 시작한다. 이 서사시는 인류의 창조, 인구 급증에 따른 신들의 불만, 그리고 대홍수로 인한 인구 조절을 이야기한다. 대홍수로 문명이 파괴되는 이야기는 성경의 노아의 방주, 고대 그리스 신화 등 세계 각지의 신화에 등장하지만, 『아트라 하시스』는 인구 과잉 문제를 직접적으로 다룬 가장 오래된 기록으로 평가된다.

이후 오랜 세월 동안 인구 수에 대한 학자들의 고민 흔적은 발견되지 않았다. 그러다 고대 그리스 아테네에서 다시 이 문제가 거론되었다. 아테네의 인구가 두 배로 증가하자, 철학자 플라톤은 는 토양이 황폐해지고 자원이 고갈된 아테네를 "병을 앓고 난 몸뚱어리"에 비유하며, 인구 통제의 필요성을 역설했다. 그는 국가가 엄격하게 인구를 통제해야 한다고 주장하며, 가상의 두 도시 국가 모델을 제안했는데, 하나는 절제되고 건강한 국가, 다른 하나는 사치스럽고 과열된 국가였다. 플라톤은 사치스럽고 과열된 도시에서는 사람들이 '필수적 욕구' 이상으로 소비주의에 물들어 있으며, 도덕적으로 쇠퇴해 결국 이 도시 국가는 이웃 국가를 점령하는 전쟁에 의존하게 될 것이라 경고하였다. 플라톤은 이런 도시는 추가 자원 없이 거대하고 탐욕에 찬 인구를 유지할 수 없어 필연적으로 멸망하게 될 것이라고 지적하였다.

현대에 이르러 의학의 발전, 위생 환경의 개선, 기술 발전 등을 통해 수천 년 동안 세계 인구 증가를 제한해 왔던 기근, 전염병, 높은 영유아 사망률 등의 제약이 사라지자, 인류는 이제 통제할 수 없을 정도의 속도로 증가하게 되었다. 이에 따라 일부 학자들과 정책 입안자들은 '강압적인 방식을 사용해서라도' 인구 성장을 둔화시켜야 한다고 주장했다.[1] 이런 주장 아래 세계 각지에서 자발적인 인구 조절 프로그램이 시행되었는데, 인도에서는 1970년대에 수백만 건의 불임 수술이 강제 시행되었고 중국은 1979년부터 강압적인 '한 자녀 정책'을 도입했다. 당시 많은 사람들은 '의도적인 인구 조절'[2] 없이는 인류가 궁극적으로 식량 부족, 자원 고갈, 환경 붕괴와 같은 대재앙에 직면할 것이라고 확신하고 있었다.

거대한 인구집단 증가는 계속된다

1,500여 년 전 『아트라 하시스』 서사시가 인류의 인구 증가와 대홍수를 이야기했다면, 오늘날 '인구'에 대한 관점은 훨씬 더 다양하고 복잡해졌다.

지난 2022년 11월, UN은 '세계 인구의 날'을 맞아 의미 있는 소식을 전했다. 그날, 서아시아 아르메니아 게가르쿠니크(Gegharkunik)주에서 키 49cm, 몸무게 2.9kg의 여자아이 '아르피(Arpi)'가 태어났고, UN은 이 아이를 '지구상의 80억 번째 인류'로 공식 선언하며 축하했

---

1 Ibid., vii
2 Ibid., 127

다. 지역 주지사도 소셜미디어에 아르피의 탄생을 기념했고, 전 세계 언론들이 이를 보도하며 인류 역사상 상징적인 이정표를 공유했다. 그리고 우리가 이 글을 읽고 있는 지금 이 순간에도 그 수는 계속해서 늘어나고 있다.

하지만 2025년의 대한민국은 전혀 다른 인구 문제로 떠들썩하다. '저출생', '인구절벽', '고령화', '지방소멸' 등 인구 감소와 관련된 키워드들이 일상적인 사회적 화두로 자리 잡고 있다. 한쪽에서는 인구의 급격한 증가를, 다른 한쪽에서는 감소에 따른 위기를 걱정해야 하는 지금, 우리는 과연 '인구'라는 현상을 어떻게 이해하고 접근해야 할까?

UN 통계에 따르면 세계 인구가 80억 명을 돌파하면서, 전 세계는 경제적·산업적으로 눈부신 발전을 이루었고 도시화도 가속화되었다. 특히 농촌 인구의 대규모 도시 이주로 인해 도시는 더욱 빠르게 팽창했으며, 이러한 현상은 '글로벌 사우스(Global South)'[3] 지역에서 특히 두드러졌다. 실제로 인도, 사우디아라비아, 브라질, 멕시코 등으로 대표되는 글로벌 사우스 지역의 아프리카와 아시아 저소득 국가들이 오늘날 세계 인구 증가의 상당 부분을 차지하고 있다.

도시가 된다는 것은 곧 '성장'을 의미했고, 1960~1970년대에는 전 세계적으로 인구가 급증하면서, 경제적 기회를 좇는 사람들의 도시 유입이 이어졌다. 그러나 이런 도시 성장 이야기가 모두에게 해당되는 것은 아니다. 예를 들어, 대한민국 서울에 사는 한 시민은 "노동 가능

---

[3] 원래 미국, 독일, 프랑스 등 유럽 주요국과 러시아, 한국, 일본 등 선진국을 뜻하는 '글로벌 노스(Global north)'와 대비해 주로 남반구나 북반구의 저위도에 위치한 아시아, 아프리카, 남아메리카 등의 개발도상국을 일컫는 용어로 통칭해 왔다. 오늘날에는 인도, 사우디아라비아, 브라질, 멕시코 등을 비롯한 120여 개 국가들이 글로벌 사우스로 분류된다.

인구가 줄어들어 국가 경쟁력이 저하되고, 이대로 계속 줄어든다면 결국 무인도가 되는 것 아니냐"며 우울감을 토로하기도 한다. 그렇다. 인구 80억 시대, 두 얼굴의 민낯이 공개된 것이다. 전 세계는 팽창하고 있지만 한국은 인구 감소로 인한 새로운 불안에 직면해 있다.

인구 증가와 감소라는 이 '양면성'은 인구 문제를 단순히 수의 많고 적음으로만 볼 수 없게 만든다. 인구 문제는, 지구 전체의 지속가능성을 고민하는 동시에, 각 지역의 현실과 미래를 고려하는 복합적 과제로 접근해야 한다. 단순히 인구 증가를 억제하거나 출산율 저하를 걱정하는 것을 넘어서, 어떻게 균형 있게 자원을 사용하며 사회를 유지할 것인가가 진짜 질문이다.

▎우리가 직면한 환경·사회문제의 원인은 인구 과잉?

지구는 단 하나뿐이며, 그 크기와 자원에는 한계가 있다. 인구가 증가할수록 물과 같은 천연자원뿐만 아니라 화석연료, 생물다양성 등 필수 자원이 급속히 고갈된다. 기후위기까지 심화되는 가운데, 환경 전문가들은 현재 인류가 지속가능한 삶을 영위하기 위해서는 '지구 1.6개'가 필요하다고 경고한다. 이는 인구 증가 억제 논의가 단순한 수치상의 문제가 아니라, 지구 전체의 지속가능성과 직결된 생존의 문제임을 시사한다.

그러나 인구 과잉이 환경 문제의 직접적인 원인이라는 주장에는 여러 반론도 제기된다. 실제로는 자원 소비와 탄소배출이 일부 국가에 집중되어 있으며, 이들 국가가 전 세계적인 환경 악화에 더 큰 영향을 미친다는 분석이다. 2021년에는 미국 내 인구 증가와 더불어 비재생에너지(화석연료 등) 사용이 환경에 악영향을 미치고 있다는 연구 결과[4]도 발표되었다. 이에 따라 많은 많은 환경 전문가들은 인구 수 자체보다는 소비 패턴과 자원 배분의 불균형을 더 큰 문제로 지적하고 있다. 2022년 말, 유엔 사무차장보마리아-프란체스카 스파톨리사노(Maria-Francesca Spatolisano)는 "온실가스 배출 증가는 인구 증가와도 관련이 있지만, 정작 자원 소비와 탄소배출량이 가장 많은 국가는 인구 증가율이 낮거나 정체된 나라들"이라며 경각심을 촉구했다. 즉, 80억 인구가 자원을 무분별하게 소비할 경우, 지구는 더 이상 인류를 감당할 수 없게 될 것이며, 이러한 점에서 인구 문제는 여전히 환경 위기의 핵심 원인 중 하나로 남는다.

많은 인구학자들은 세계 인구가 21세기 중반을 기점으로 감소할 것으로 예측하고 있다. 유엔의 인구 전망에 따르면, 전 세계 인구는 2050년경 97억 명에 도달한 후 증가세가 둔화되며, 2080년에는 약 104억 명으로 정점을 찍은 뒤 감소세로 전환될 것으로 보인다.

인구 감소의 원인에 대해 미국 록펠러 대학의 인구학자 조엘 코헨 교수는 세 가지 요인을 지적한다. 첫째는 사망률의 증가, 둘째는 해외 이주, 셋째는 출생률의 하락이다. 이 중 가장 핵심적인 원인은 출생률 감소다. 실제로 현재 세계 각국, 특히 대한민국과 일본과 같은 국가들은 '인구 감소'에 더 큰 위기의식을 갖고 있다. 반면, 일부 개발도상국

---

4   Khan, I., Hou, F., & Le, H. P.(2020), "The impact of natural resources, energy consumption, and population growth on environmental quality: Fresh evidence from the United States of America", *Science of The Total Enviroment Journal*, Elsevier.

은 여전히 인구 증가와 기초 생계 문제를 동시에 겪고 있는 실정이다.

저출생이 문제시되는 이유는 경제와 노동력의 지속가능성 때문이다. 생산 가능한 인구가 줄어들면 경제활동 인구도 감소하고, 이는 곧 상품과 서비스의 생산 저하, 소비 감소, 그리고 국내총생산(GDP)의 축소로 이어질 수 있다. 이러한 경제적 연쇄 작용은 국가의 성장 잠재력을 약화시키는 요인이 된다.

한편, 아프리카처럼 젊은 인구 비중이 높은 지역도 있다. 이 지역들은 인구 구조에 따라 '민족적 축복'이 될 가능성도 있지만, 빈곤과 기아 문제가 병존하는 경우 오히려 부담으로 작용할 수 있다. 특히 어린이들의 경우 영양 불균형이 심각한 사회 문제로 대두되고 있다.

결론적으로 인구는 자원 고갈, 탄소배출, 경제 성장과 밀접한 관련이 있는 복합적 변수이다. 인구 수의 많고 적음만으로 환경과 경제를

그림 7.1 1950~2100년 세계 인구순위 1~10위 나라 노동 가능 인구 변화 시나리오

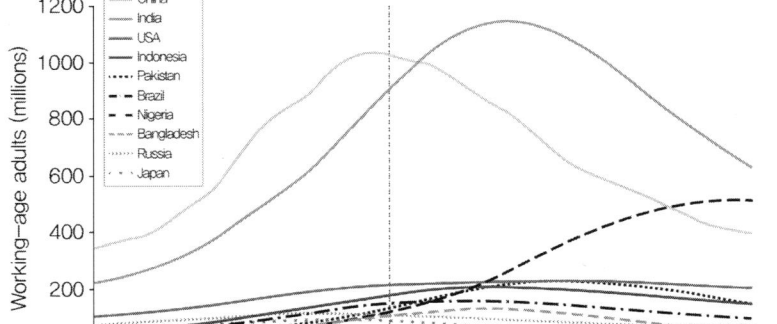

출처: 미국워싱턴대학 의과대학산하 보건계량분석평가연구소(IHME)가 영국 의학전문 학술지 랜싯에 게재한 논문 인용(2020.7.)

단정짓기보다는, 누가, 어디서, 어떻게 자원을 소비하고 있는가를 함께 고려해야만 진정한 지속가능성을 논할 수 있을 것이다.

▍이 지구촌의 인구를 어떻게 지켜나갈 것인가

우리는 '인구'를 이야기할 때 '인구 과잉'이나 '인구 감소'와 같은 물리적인 숫자에 집중한다. 그러나 이제는 단순한 수치에 집착하기보다, 인구 변화에 어떻게 적응할 것인가에 주목하는 것이 더욱 바람직한 접근이다.

가장 근본적인 인구 변화 추세는 이미 분명하다. 세계 인구 증가 속도는 급격히 둔화되었으며, 일부 국가에서는 감소세가 시작되었다. 더욱이 저명한 인구통계 분석가들은 인구 감소가 먼 미래의 일이 아니라, 현재 지구에 살고 있는 많은 이들이 살아 있는 동안 실제로 목격하게 될 현실이라고 지적한다.

지구 생태계를 위협하는 핵심 원인이 인구 과잉이든, 자원의 무분별한 소비든, 우리에게 더 시급한 과제는 변화된 인구 구조에 어떻게 적응해 나갈 것인가에 있다. 지구가 감당할 수 있는 인구의 한계를 누구도 정확히 알 수는 없다. 결국 이 문제는 우리가 이 지구촌의 인구를 어떻게 관리하고, 유지하고, 돌볼 것인가에 달려 있다.

우리나라의 상황도 마찬가지다. 지금 중요한 것은 인구 총수가 몇 명이냐가 아니라, 얼마나 빠르게 인구가 감소하고 있으며, 그로 인해 발생하는 저출산, 고령화, 지역 소멸 등 사회 구조적 문제에 얼마나 효과적으로 대응하고 있느냐는 것이다. 즉, 인구의 감소 자체보다 더 중요한 것은 그 변화의 속도와 파급효과에 우리 사회가 얼마나 준비되어 있는가다. 팬데믹과 러시아-우크라이나 전쟁 등으로 전 세계가 경제 회복에 집중하고 있는 지금, 각국 정부는 '인구' 문제를 경제 성장과 연결 지으려는 경향이 강하다. 하지만 보다 근본적인 시선은, '변화에 어떻게 적응할 것인가'에 초점을 두는 것이 더욱 지속가능한 대응이 될 것이다.

이제 인구통계는 단순한 통계 수치를 넘어, 환경·경제·복지에 영향을 미치는 삶의 질의 핵심 키워드로 부상하고 있다. 지구를 보호하고, 모두가 지속가능한 삶을 누릴 수 있도록 하기 위해서는 변화하는 인구 구조에 맞춰 사람을 중심에 둔 사회 시스템을 구축하는 일이 그어느 때보다 절실해졌다.

episode

대한민국 인구 감소의
이중고(二重苦): 저출산과 고령화

▌저출산 숫자가 말해주는 대한민국 인구동향

2020년은 저출산 문제에 대한 사회적 인식이 급격히 변화하기 시작한 시기였다. 이 무렵부터 인구의 자연 감소가 본격화되었고, 지방 대학들은 신입생 모집에 어려움을 겪기 시작했다. 단순한 우려의 수준을 넘어, 저출산의 여파가 가시화되기 시작한 것이다.

사실 대한민국의 합계출산율은 1960년대부터 꾸준히 하락해 왔지만, 이 문제가 '위기'로 인식되기 시작한 것은 2002년 무렵부터였다. 2001년 출생아 수가 처음으로 60만 명 선 아래로 떨어졌고, 이듬해인 2002년에는 40만 명대로 급감했다. 인구 구조에 있어 중대한 전환점이었다. 당시에는 그 파장이 체감되지 않았지만, 그 시기에 태어난 세대가 성장함에 따라 최근 지방 대학 신입생 미달 사태가 벌어졌고, 현재는 아르바이트 인력 부족이라는 형태로 영향을 미치고 있다. 이 저출산 세대가 본격적으로 사회에 진입하는 3~4년 후에는, 노동시장에서도 신규 인력의 급감으로 인한 전례 없는 인력난이 닥칠 가능성이 크다.

이처럼 저출산 문제는 이제 막연한 걱정이나 일부 전문가의 우려를 넘어, 객관적 수치로서 우리 사회에 명확한 경고를 보내고 있다. 우리나라는 이미 2002년부터 합계출산율 1.3명 이하의 '초저출산' 단계에 진입했고, 이후 지속적인 감소세를 이어 왔다. 2018년에는 합계출산율 0.98명을 기록하며 처음으로 0명대에 접어들었고, 2023년에는 0.72명으로 역대 최저치를 기록했다. 2024년에는 0.75명으로 소폭 반등했지만, 이는 2015년 이후 9년 만의 상승이라는 점에서 상징적일 뿐, 여전히 OECD 국가 중 가장 낮은 수준이다.

그림 7.2 대한민국 합계출산율 추이

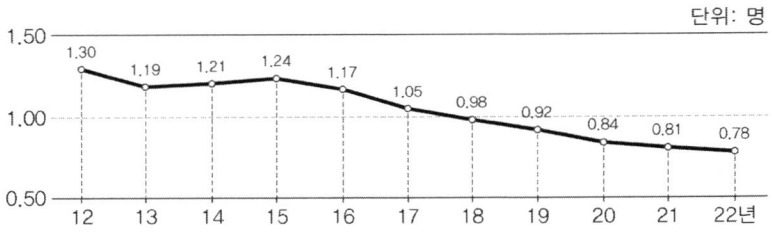

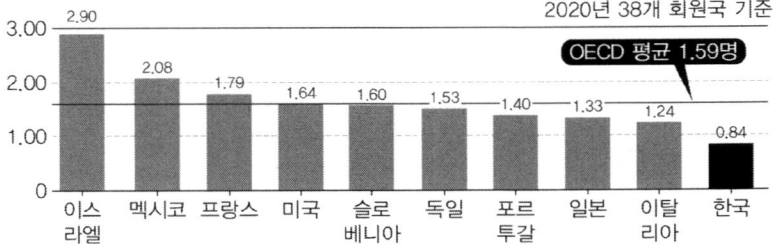

▌'둘도 많다'에서 '북극곰보다 대한민국'이 되기까지

대한민국의 인구정책은 지난 70여 년 동안 극적인 변화를 겪어왔다. 아이를 많이 낳도록 장려하던 시기에서 시작해, "덮어놓고 낳다 보면 거지꼴을 못 면한다"는 강력한 산아제한 캠페인을 거쳐, 다시 "하나라도 낳게 하자"는 저출산 대책으로 전환되기까지 그 방향은 시대마다 급격히 달라져 왔다.

불과 40여 년 전만 해도 정부는 "인구가 폭발한다"는 경고와 함께, 아이를 적게 낳으라는 메시지를 담은 포스터를 곳곳에 배포했다. 이는 일제강점기와 해방 직후와는 정반대의 기조였다. 당시 일본은 태평양전쟁에 필요한 병력을 확보하기 위해 다산을 장려했다. "낳아라! 불려라! 길러라!"라는 표어와 함께, 자녀를 열 명 넘게 낳으면 상을 주는 정책도 시행되었으나, 여아는 병력이 될 수 없다는 이유로 장려 대상에서 제외되었다.

그림 7.3 1960년대 인구정책 포스터

이러한 정책 기조는 해방 후 대한민국 정부가 수립된 뒤에도 바뀌지 않았다. 한국전쟁으로 많은 사람들이 죽자, 이승만 정권 역시 안보 기반 확충을 위해 다산 정책을 유지했다. 전쟁 후 베이비붐이 일어나면서 출산율은 평균 5~6명에 달했고, 선진 보건의료기술의 도입으로 사망률은 줄어 인구 증가율은 연 3%에 이르렀다.

하지만 정권이 바뀌면서, 인구에 대한 인식도 달라졌다. 1961년 박정희 정부는 '대한가족계획협회'를 설립하고 본격적인 인구 억제 정책을 시행했다. 당시에는 영국 경제학자 토머스 맬서스의 『인구론』을 근거로, 인구가 기하급수적으로 증가하면 자원 고갈과 기근이 불가피하다는 인식이 강했다.

1970년대부터는 보다 노골적인 메시지가 등장했다. 가족계획 캠페인은 우표, 극장표, 통장, 주택복권 등 일상 전반에 걸쳐 "아이를 적게 낳자"는 구호를 퍼뜨렸고, 드라마 속 부부도 아이 둘 이하로만 등장했다. 20년 넘게 펼쳐진 이러한 가족계획 캠페인의 결과로, 1970년대 후반에는 출산율이 3.2명으로 낮아졌고, 인구 증가율도 연 2% 수준으로 떨어졌다.

1980년대 들어와서는 이제 "하나만 낳자"는 캠페인이 시작되었다. 그만큼 인구 증가에 대한 한국 사회의 긴박함은 컸다. 1980년 대한민

그림 7.4 가족계획을 홍보하는 내용이 인쇄된 주택복권

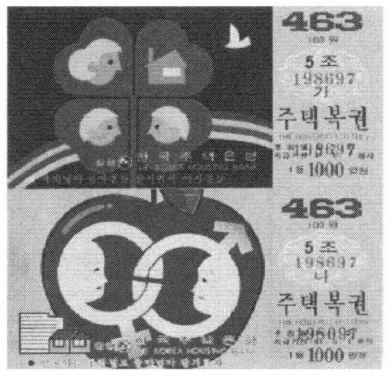
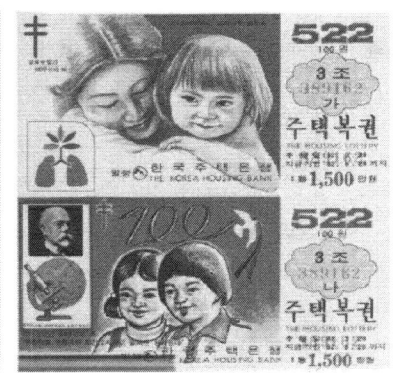

국 인구는 3,812만 명으로 1960년대 2,501만 명에서 20년 만에 50%가 넘는 1,310만 명이 늘어난 상황이었다. 특히 이 시기에는 남아선호 사상의 기반이 되어 꾸준하게 증가된 인구에 대한 반대 메시지가 더욱 강하게 표현되었다. "하나 낳아 젊게 살고, 좁은 땅 넓게 살자", "잘 키운 딸 하나, 열 아들 안 부럽다", "사랑으로 낳은 자식, 아들딸로 판단 말자"와 같은 문구로 인식 전환을 시도했지만, 실제로는 아들을 낳기 위한 출산이 이어졌다. 이러한 문제점은 1990년 성비 불균형 우려로 나타나기 시작했다.

임신 초기 태아의 성별이 감별이 가능해진 1990년대부터 성비 불균형은 심화되었다. 특히 셋째 아이에서 남아 선호가 극단적으로 드러났는데, 1993년 셋째 자녀의 성비는 209.7로 남아가 여아의 두 배를 넘었다. 첫째는 성별 관계없이 낳았지만, 둘째나 셋째는 반드시 남자여야 한다는 사회적 인식이 반영된 것이다. 이에 1994년 정부는 인위적 태아 성감별을 금지했으며, 이 무렵 출산율은 1.5%까지 떨어졌다.

그리고 앞서 이야기했던 2002년에서 2005년 사이, 대한민국의 인구 정책은 전환점을 맞는다. 합계출산율이 1.08명까지 급감하자 정부는 '저출산고령화사회위원회'를 설립하고 인구 정책의 방향을 출산 장려로 완전히 전환했다.

2013년부터는 OECD 회원국 중 합계출산율 최하위를 지속적으로 기록하며 국가적 위기의식이 커졌다. 육아휴직, 출산휴가, 근로시간 단축, 아동수당, 난임 시술비 지원 등 다양한 정책이 확대되었지만, 출산율 하락세는 멈추지 않았다.

결국 2023년 대한민국의 합계출산율은 사상 최저치인 0.72명에 이르렀다. 이는 저출산을 넘어 '한국 소멸'이라는 말이 나올 정도로 심각한 상황이다. 사이버 외교사절단 반크는 "북극곰보다 대한민국"이라는 제목의 포스터를 공개했다. 지구온난화로 빙하 위에 홀로 남은 북극곰처럼, 한국 역시 인구 위기 속에서 생존을 위협받고 있다는 메시지였다.

그림 7.5 사이버 외교사절단 반크의 '한국의 인구소멸' 위기 관련 포스터

출처: http://prkorea.com/

이제 저출산은 막연한 사회 문제가 아닌, 국가 존립의 위기로 다가오고 있다. 소멸로 향하는 이 흐름을 막기 위해 우리는 단순한 우려를 넘어, 전면적이고 실효성 있는 대응을 시작해야 할 때다.

▮ 변화되고 있는 대한민국 고령자의 특성과 의식

저출산과 함께 고령화는 오늘날 우리 사회가 직면한 가장 중대한 과제 중 하나다. 이미 많은 사람들이 고령화를 대한민국의 경제, 사회, 보건 등 전 분야의 구조적 문제를 유발하는 핵심 원인으로 인식하고 있다.

고령화의 속도는 '고령사회'(65세 이상 인구 비중 14%)에서 '초고령사회'(20%)로 진입하는 데 걸린 시간을 통해 확인할 수 있다. 2024년 12월 23일, 대한민국은 65세 이상 인구 비중이 전체의 20%를 넘어서며 공식적으로 '초고령사회'에 진입했다. 이는 '고령사회'(65세 이상 인구 14%)에서 초고령사회로 이동하는 데 불과 6년밖에 걸리지 않은 것이다. 같은 기준으로 비교해 보면 일본은 10년(1994 → 2004), 미국은 15년(2014 → 2029 예상), 프랑스는 39년(1979 → 2018)이 걸렸다. 이처럼 한국은 세계에서도 유례없이 빠른 속도로 고령화가 진행된 국가다.

이러한 급격한 고령화에 대응하기 위해, 통계청은 2023년 6월 '베이비붐 세대(1955~1965년생, 약 700만 명)'의 본격적인 고령층 진입을 고려하여 고령자 집단을 세분화하였다. 기존 65세 이상 고령자를 65~74세와 75세 이상으로 나누어, 최근 10년간 고령자의 특성과 의식 변화를 다각도로 분석한 것이다. 이를 위해 인구, 건강, 노동·일자리, 소득, 사회참여, 노후 준비 등 6개 주요 분야를 중심으로 고령자의 생활상과 인식을 종합적으로 파악하고자 했다.

표 7.1 고령자의 특성과 의식 변화(계속)

구분		내용
인구·가구	인구추이	• 2023년 전체인구 중 65세 이상 고령자 비중 18.4% • 2037년 31.9%, 2070년 46.4%로 전망됨 • 75세 이상 고령인구는 2023년 7.7%, 2037년 16.0%, 2070년 30.7%로 증가할 것으로 예상됨 • 고령화 사회 도래를 가속화시키는 주요 요인으로 분석됨
	교육 정도	• 2020년 기준, 65~74세 49.3%, 75세 이상은 22.8% 고졸 이상 학력 보유로 확인됨 • 이는 10년 전보다 각각 21.7%, 8.6% 증가한 수치임
	혼인상태	• 2020년 기준 65~74세 고령자 73.3%, 75세 이상 49.2%가 배우자가 있음 • 이는 10년 전보다 배우자가 있는 비중이 증가하고 사별 비율은 감소한 것으로 확인됨
건강	기대여명	• 2021년 65세 기대여명은 21.6년, 75세 이상은 13.4년으로 10년 전 보다 각각 2.2년, 1.6년 증가
	건강평가	• 2022년 자신의 건강상태가 좋다고 생각하는 65~74세는 32.8%, 75세 이상은 18.9% • 10년 전보다 각각 9.9%p, 5.2%p 증가
	건강관리	• 65~74세 고령자는 아침식사(91.5%), 정기 건강검진(89.5%) 등을 통해 건강관리를 함 • 75세 이상 고령자도 아침식사(93.6%), 정기 건강검진(82.3%)을 실천하고 있음
노동·일자리	취업의사	• 2022년 65~74세 고령자의 59.6%, 75~79세 고령자의 39.4%가 장래 근로 희망 • 10년 전보다 각각 11.9%p, 11.8%p 증가한 수치로 확인됨
	일자리 선택 기준	• 65~74세, 75~79세 고령자 모두 일의 양과 시간대(각각 33.5%, 43.1%)를 가장 중요한 선택 기준으로 생각함
소득	생활비 마련 방법	• 2021년 65~74세 고령자는 근로·사업소득(54.2%), 75세 이상은 연금·퇴직급여(42.4%)
	공적연금 수급률	• 2021년 공적연금 수급률은 65~74세 62.3%, 75세 이상 45.1% • 2013년 이후 지속적으로 증가하고 있음

표 7.1 고령자의 특성과 의식 변화

구분		내용
사회 참여	인터넷 이용률	• 2021년 60대의 인터넷 이용률 94.5%, 70대 이상 이용률은 49.7% • 2015년보다 각각 34.9%p, 31.8%p 증가함
	자원봉사 참여	• 지난 1년간 65~74세 7.0%, 75세 이상 2.6% • 향후 1년 내 자원봉사 의사를 가진 비율 각각 17.4%, 6.0%로 나타남
노후 준비	노후준비	• 2021년 65~74세 66.8%, 75세 이상 42.8% 노후 준비 중 • 주된 준비방법은 공적연금임
	부모부양 견해	• 2022년 65~74세 고령자 56.7%, 75세 이상 58.0% 부모 부양이 가족·정부·사회의 책임이라 생각함
	선호 장례방법	• 2021년 화장 선호 비율 65~74세 85.8%, 75세 이상 75.8% • 10년 전보다 지속적으로 증가함

출처: 통계청 보도자료(2023.6), 「고령자의 특성과 의식 변화」

그림 7.6 고령자의 특성과 의식 변화(계속)

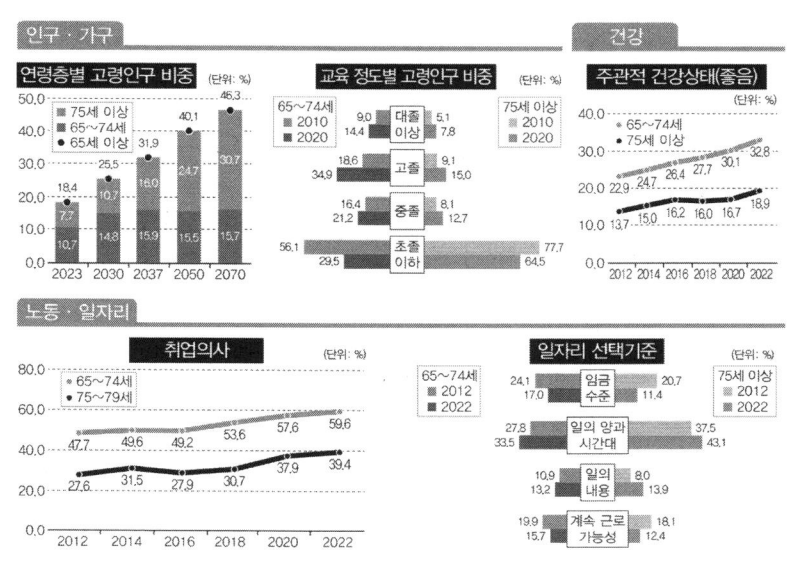

그림 7.5 고령자의 특성과 의식변화

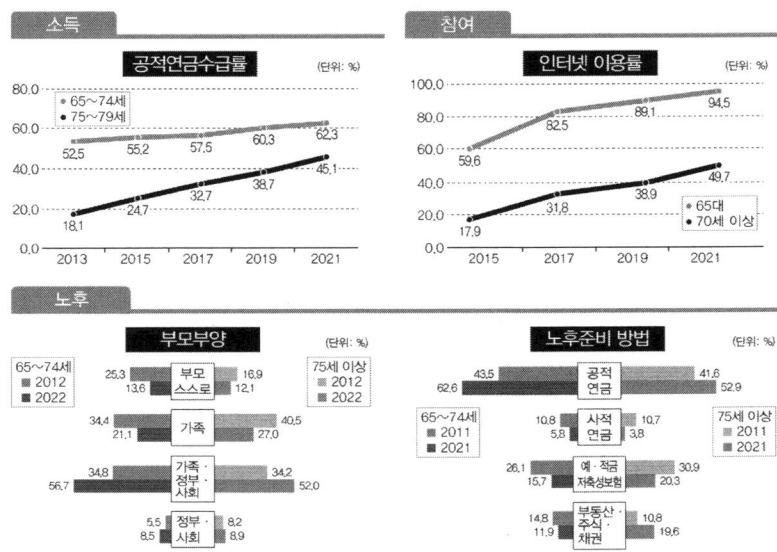

출처: 통계청 보도자료(2023.6), 「고령자의 특성과 의식 변화」

고령화에 따른 다양한 관점에서의 문제점

고령화는 단순히 인구 구조의 변화에 그치지 않고, 경제, 의료, 재정 등 우리 사회 전반에 걸쳐 심각한 문제를 유발하고 있다. 먼저 경제적 측면에서 고령화는 실질성장률을 저해하는 주요 요인으로 지목된다. 우리나라의 생산가능인구(15~64세)는 2016년 정점을 찍은 후 급격하게 감소하고 있다. 2060년이 되면 이 비중은 전체 인구의 49.7%까지 줄어들 전망이다. 이로 인해 2024년 기준 3.6% 수준인 실질성장률은 2060년경 0.8%까지 하락할 것으로 예측되고 있다.

보건·의료 측면에서도 고령화는 심각한 문제로, 특히 치매 환자 증가 속도가 세계에서 가장 빠른 수준이다. 한국생물공학회에 따르면, 노인 인구는 2013년 613만 명에서 2024년 984만명 수준으로 약 60% 증가했다. 현재의 추세대로라면 2030년에는 노인 7명 중 1명이 치매 환자일 것이라는 결론에 이른다.

또한 고령화는 국가 재정의 지속가능성에도 위협을 가한다. 국회예산정책처에 따르면, 급속한 고령화로 인해 노년부양비는 2014년 26.5%에서 2040년 57.2%로 증가할 것으로 예상된다. 연금, 건강보험, 기초연금, 돌봄 등 복지 분야 지출의 급격한 증가는 국가 재정의 큰 부담 요인이 되고 있다.

▌고령화의 구분부터 시작하자

고령화가 우리 사회의 중요한 담론으로 자리 잡았지만, 정작 많은 사람들이 '고령화사회', '고령사회', '초고령사회'라는 용어를 혼용하거나 구체적인 기준을 정확히 알지 못하는 경우가 많다.

국제기구를 비롯한 많은 국가들은 인구를 나이에 따라 크게 세 그룹으로 구분하고 있다. 먼저 0~14세까지 인구는 유소년인구로 분류한다. 경제적인 측면에서는 노동력을 제공하기 어려운 대상들로 평가하고 있다. 다음으로 15~64세 인구는 생산가능인구라고 부른다. 이들은 실질적으로 해당 국가의 경제활동에 가장 중추적인 역할을 담당한다. 다음으로 65세 이상의 인구를 고령인구라고 부른다.

이러한 인구 구분 기준을 바탕으로 UN은 표 7.2와 같은 구분을 제시하고 있다.

표 7.2 고령화 관련 용어 구분

구분	세부내용
고령화사회	65세 이상 인구가 전체 인구에서 차지하는 비율이 7% 이상
고령사회	65세 이상 인구가 전체에 차지하는 비율이 14% 이상
초고령사회	65세 이상 인구가 전체에 차지하는 비율이 20% 이상

앞서 말한 바와 같이 우리나라의 경우, 2018년 고령사회에 진입한 이후 불과 6년 만인 2024년 12월 23일, 65세 이상 인구가 20.1%를 넘기며 공식적으로 초고령사회에 진입했다. 이는 UN 기준을 준용한 결과이며, 우리나라의 노동법과 복지 정책 등도 이 기준을 바탕으로 설계되고 있다.

▌고령화는 전 지구적 문제, 가장 심각한 곳은 한국

고령화는 단지 한 국가의 문제가 아닌 전 세계적 현상이다.

의료기술의 발달로 기대수명이 연장된 반면, 출산율 감소가 지속되면서 전 세계 많은 국가가 고령화 문제에 직면하고 있다. 하지만 고령화가 가장 빠르게, 가장 극적으로 진행되는 나라는 바로 대한민국이다. OECD 보고서에 따르면, "한국은 그동안 가장 젊은 나라였지만, 앞으로 50년 안에 가장 늙은 나라로 변화할 것"이라 경고했다.

이처럼 고령화는 단순한 인구 구조 변화가 아니라, 지속가능발전의 기반을 위협하는 핵심 요인이기도 하다. 우리가 살고 있는 지구의 지속가능발전의 근간을 이루고 있는 것은 각 나라에서 발생할 수 있는 다양한 가치활동 주체인 '인간 또는 사람'에 의해 고도화될 수 있기 때문에, 인구 소멸은 곧 지구의 지속가능발전을 방해하는 가장 근본적인 요인이 될 수 있기 때문이다.

흔히 인구정책은 "30년 전부터 시작해야, 30년 후에 효과가 나타난다"고 말한다. 지금 우리가 마주하고 있는 고령화의 충격은 이미 늦었을 수 있다. 그러나 그렇기 때문에 더더욱, 지금부터라도 본격적인 대응과 체계적인 전환을 시작해야 할 시점이다.

episode

축소되는 세계에서
지속가능한 번영을 위하여

▎대한민국 인구 감소와 지속가능한 미래

한국은 본격적인 인구 감소 시대에 진입했다. 더 이상 이 문제를 미루거나 외면할 수 없는 상황이다. 통계청에 따르면, 현재의 초저출산율(합계출산율 0.7~0.8명)이 지속될 경우 2072년에는 총인구가 약 3,600만 명으로 줄고, 생산가능인구는 절반 이하로 감소한다. 이에 따라 2072년에는 생산가능인구보다 부양인구가 더 많아져, 1명이 1.2명을 떠맡는 역전 현상이 발생할 것으로 전망된다.

이러한 인구 감소는 단순한 수치의 문제가 아니다. 노동공급 감소, 지역 소멸, 국방력 저하, 교육 재정의 구조적 변화, 치안 공백 등 사회 전반에 걸쳐 다양한 문제를 동시다발적으로 야기한다. 한국행정연구원은 인구 감소를 경제 위기, 사회 구조 변화, 지역 불균형 등 복합적 파급 효과를 동반하는 전형적인 정책 난제로 진단한 바 있다. 이는 다양한 이해관계자들이 얽혀 있고, 미래 예측이 어려우며, 명확한 해법을 도출하기 힘든 특징을 지니기 때문이다.

특히 한국행정연구원이 발표한 「인구 감소 대응을 위한 정부혁신 사례」 보고서에 따르면, 인구 감소에 따른 주요 영향은 1) 생산연령인구 감소에 따른 '노동공급감소', 2) 장기적인 '경제위기 및 불황', 3) 학령인구 감소에 따른 '교육체계 및 재정개혁', 4) 인구감소에 따른 '지방소멸 및 수도권 쏠림', 5) 병역자원 감소에 따른 '국방력 저하', 6) 빈집 증가에 따른 '치안 공백 및 범죄율 증가'로 제시하고 있다.

그림 7.7 인구 감소에 따른 주요 이슈와 파급 효과

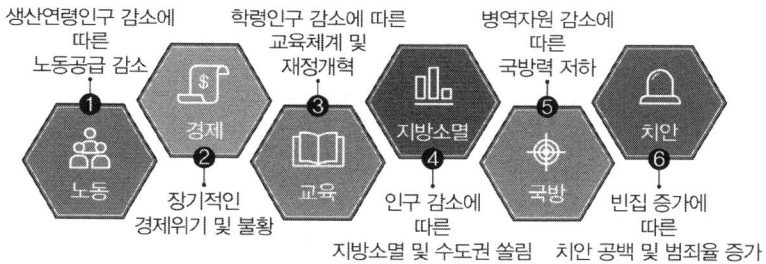

출처: 한국행정연구원(2024), 「인구감소 대응을 위한 정부혁신 해외 사례」, 정부혁신 트렌드 vol 1

이처럼 인구 감소는 다양한 사회 문제를 복합적으로 유발하며, 단기간 내에 단일 해법으로는 접근하기 어렵다. 전 국민이 체감하고 있음에도 불구하고, 실질적인 대응 방안을 찾기 어렵다는 데 있다. 특히 오랜 시간 누적된 이해관계자 간 갈등이 곳곳에 잠재해 있어, 광범위한 사회적 합의와 구조적 시스템 전환 없이는 실효성 있는 대응이 어려운 상황이다.

이러한 난제를 해결하기 위해서는 1) 범정부차원의 통합적 혁신이

필요하며, 2) 다양한 이해관계자가 참여하는 거버넌스 방식을 적극 활용할 필요가 있다.

인구 감소는 대한민국 사회의 근간을 뒤흔들 수 있는 구조적 위기다. 이제는 문제의 심각성을 직시하고, 다층적이고 전환적인 접근을 통해 지속가능한 미래를 준비해야 할 때다.

한국의 인구감소 대응체계 및 정책

2019년 3월 장래인구추계 결과 저출산 기조가 심화됨에 따라, 우리나라는 인구정책 TF를 구성하여 세 차례에 걸쳐 대응 전략을 수립했다. 이 전략들은 경제활동인구 확충, 학령·병역인구 감소 등 축소사회 및 지역 소멸 대응, 초고령사회 대비 등 적응력 강화를 위한 과제로 구성되었으며, 고령자 계속 노동, 경로우대 제도, 보육·교육·돌봄체

표 7.3 우리나라 인구 정책 추진 전략

차수	추진 전략
1차(2019년)	• 생산연령인구 확충 • 절대인구 감소 충격 완화 • 복지 지출 증가 관리 • 고령인구 증가 대응
2차(2020년)	• 경제활동 참여 확대 • 노동생산성 제고 • 지역공동화 선제 대응 • 고령화 대응 산업·제도 설계
3차(2021년)	• 인구절벽 충격 완화 • 축소사회 대응 • 지역소멸 선제 대응 • 지속가능성 제고(+α 인구정책 추진 기반 확충)

계 확충, 외국 인력 활용 등 구조적 과제에 대해서도 지속적으로 대응하고 있다.

이렇듯 우리나라는 전 세계에서 인구 소멸의 변화를 가장 먼저 체감하고 있는 나라 중 하나이다. UN SDGs를 기반으로 대한민국 정부가 개발한 K-SDGs의 내용을 살펴보면, 인구통계학적 변화에 대한 한국의 적응 노력이 뚜렷하게 반영되어 있음을 알 수 있다.

표 7.4 UN SDGs 대비 한국의 특수한 상황에 맞춰 별도로 개발된 지표(K-SDGs)

저출산 및 고령화 문제	출산율, 노인인구 비율(목표 3·8)
미세먼지 관리	PM2.5 농도, 산업별 미세먼지 배출량(목표 3·11·13)
ICT 및 디지털 인프라	인터넷 보급률, 스마트시티 구축 정도(목표 9)
문화 보전 및 진흥	전통문화 보전율, 문화산업 성장률(목표 11)
도시 및 지역 균형 발전	수도권 집중 완화, 지방 소득 격차 감소(목표 10·11)

출처: United Nations in the Republic of Korea 자료 및 통계청 통계개발원(2024.3), 「한국의 SDG 이행보고서 2024」, 필자 재구성

이러한 정책 흐름을 바탕으로, 우리나라의 인구 감소와 지속가능한 미래에 대한 대응 방향을 여섯 가지 관점에서 제안하고자 한다.

(1) 기다림과 지속성에 기반한 새로운 경제 모델 구축

기존의 경제 성장 모델은 인구 감소 시대에 한계에 봉착하고 있다. 이를 극복하기 위해 자동화와 로봇 산업, 디지털 전환, 순환경제 등 새로운 경제 모델을 통해 생산성과 지속가능성을 동시에 높이는 전략이 요구된다. 일본은 인구 감소로 인해 자동화 기술을 농업과 제조업에 적극 도입하고 있다. 예를 들어, 무인 트랙터, 자율주행 트럭 등 자동

화 기술을 농업과 제조업에 도입해 생산성 저하를 막고 있다. 우리나라도 지방 정부도 이와 유사하게 지방 소멸과 더불어 인구가 감소해도 생산성을 높이는 기대효과를 창출할 수 있는 시도를 확대 중이다. 또한 스마트 제조 공정과 자율주행 물류 시스템 같은 혁신적인 기술을 산업 전반에 확대 적용해, 경제 성장 둔화를 극복하고 일자리 감소의 영향을 최소화할 수 있도록 변화를 모색 중이다.

또 다른 관점에서 자원을 재활용하고 재사용을 장려하는 순환경제 모델도 인구 감소 시대에 필수적이라 할 수 있다. 순환경제는 자원 사용을 최소화하고, 재활용을 통해 지속가능한 경제 성장을 도모하는 경제 구조로 중고품 시장 활성화와 자원 재활용 산업 확대를 통해 자원 낭비를 줄이고, 새로운 경제적 부가가치를 창출하는 모델을 개발할 필요가 있다고 보는 관점이 점차 많아지는 추세이다.

하지만 기술 개발의 적극적인 활용에 따른 부작용도 있다. 예를 들어, 지방 소도시의 스마트 농업의 활성화를 위해 고도의 기술개발된 제품이나 방법을 소개하고 있으나 실질적으로 수요는 많지 않은 것으로 확인되고 있다. 농업은 대부분 IT 약자인 고령층이 주요 생산자로 등록되어 있어 접근성이 낮고, 청년농업인을 육성하는 정책도 수요의 빈약함과 지속가능한 지원체계가 이루어지지 않아 단발성 및 현금성 정책지원에 그치는 경우가 많기 때문이다. 따라서 장기적 관점에서 기다림과 지속성을 갖고 새로운 경제 생태계를 조성해야 한다.

(2) 청년과 가족을 위한 지방도시 정주(定住) 환경 조성

우리나라 인구 관련 또 다른 문제는 바로 '저출산' 국가이다. 저출산 문제의 핵심은 청년이 안심하고 정착할 수 있는 환경을 조성하는 데 있다. 주거, 고용, 교육, 육아 등 다방면에서 안정성을 제공하는 정책적 기반이 필수적이다. 예를 들어, 싱가포르는 청년층에게 주택 구입 보조금을 지급하고, 공공주택 공급을 확대해, 결혼과 출산을 유도하고 있다. 프랑스는 유아 교육과 돌봄 서비스를 무상으로 제공하며, 자녀를 둔 가정에 대한 경제적 지원도 폭넓게 시행하고 있다.

물론 우리나라 또한 유사한 방향으로 육아휴직 제도 개선, 무상보육 확대, 양육비 지원 등의 정책을 추진하고 있다. 그러나 이는 다자녀 문화 및 사회적 인프라가 안정적으로 지원되었을 때 더욱 그 효과성이 빛날 수 있는 것으로, 우리나라는 아직 다자녀 가구에 대한 사회적 인식이나 제도적 지원은 미흡한 수준이며, 청년들이 결혼과 출산을 주저하는 구조적 요인은 여전하다.

특히 지방 소도시에서는 수도권 대비 인프라 부족과 문화적 격차로 인해 청년층의 유입과 정착이 어려운 실정이다. 공공주택의 지방 공급 확대, 교육·육아비 부담 경감, 청년 일자리 창출 등을 통해 정주 여건을 실질적으로 개선할 필요가 있다. 이와 함께 지역별 우수사례를 발굴·확산하고, 정책의 지속성과 체감도를 높이는 방향으로의 전환이 요구된다.

그림 7.8 2023년 대한민국 지방소멸 대응 투자사업 우수사례(영덕군)

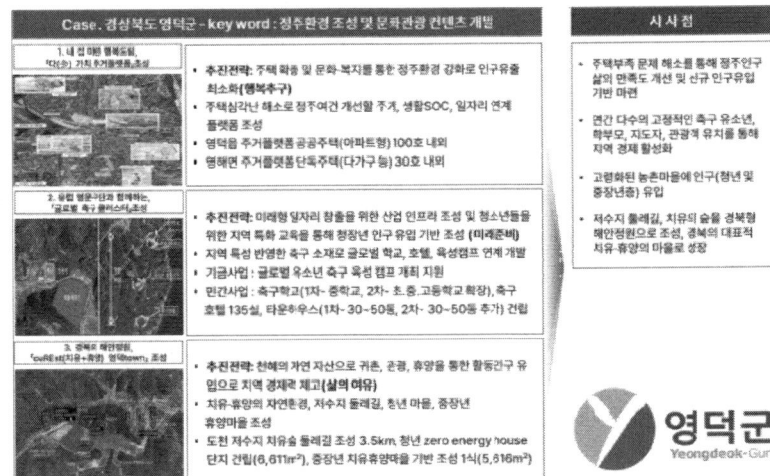

출처: 행정안전부 정책브리핑(2024.5.)「지방소멸대응과 성과」재구성

(3) 외국인 인구 유입을 통한 사회 다변화 및 경제 활성화

우리나라의 인구 감소 문제를 완화하기 위한 하나의 방안으로 외국인 인구 유입이 주목받고 있다. 예를 들어, 캐나다는 적극적인 이민 정책을 통해 다양한 기술을 보유한 외국인을 수용하고, 이를 통해 경제를 성공적으로 활성화시킨 바 있다. 이러한 정책은 단순한 인력 충원을 넘어 경제 성장의 동력으로 작용하며, 외국인이 지역 사회에 잘 정착할 수 있도록 교육과 취업 기회를 제공하는 데 중점을 둔다.

한국 역시 숙련된 외국인 인력의 유입을 적극 유도하고 있으며, 특화된 비자 제도를 통해 이들이 안정적으로 생활할 수 있는 제도적 기반을 마련할 필요가 있다. 최근에는 이를 위한 다양한 정책적 움직임도 나타나고 있다.

그림 7.8 이민 정책과 외국 인력 활용: 지역특화 비자

지방 소멸 극복을 위한 새로운 지역 이민 정책

지역특화형 비자 사업	• 국내에서 유학·취업 중인 외국인이 인구감소지역에 일정 기간 거주하고 취업이나 창업을 하면 장기거주가 가능하도록 발급해주는 비자 • 인구감소지역을 대상으로 현재 10개 광역단체에서 66개 기초단체가 도입
성과	2024년 4월부터 9월까지 우수 외국인 인재 241명, 외국 국적 동포 75명 등 316명 경북 정착 ※ 국적별로 베트남인(134명)이 가장 많았으며, 네팔(33명), 방글라데시(12명)순
의의	• 지역 기업은 양질의 외국인 우수 인력을 확보하고, 지자체는 인구 유입을 이끌 수 있는 선순환 구조를 형성 • 학령인구 감소로 어려움을 겪고 있는 지방대에서 유학생 유치 가능

지역특화형 비자 종류별 개요

구분	지역특화 우수인재 (F-2-R)	지역특화 숙련기능인력 (E-7-4R)	지역특화 재외동포 (F-4-R)
대상 지역	인구감소지역	인구감소지역, 인구감소관심지역	인구감소지역
주요 요건	• 국내 전문학사 이상 또는 전년도 소득 1인당 GNI 70% 이상 • 한국어능력 4급 이상	• 연봉 2,600만 원 이상 및 2년 이상 근로계약 • 한국어능력 2급 이상 ※ E-7-4 점수제 적용	• 기존 2년 이상 인구감소지역 거주 또는 • 가족 단위로 인구감소지역 이주
거주지 제한	5년(2년 이후 동일 광역자치단체의 다른 인구감소지역으로 이주 가능)	3년(2년 이후 동일 광역자치단체의 다른 인구감소지역으로 이주 가능)	계속(타 지역 이주 시 체류기간 연장 불가)
취업 가능 업종	제한 없음(단, 선량한 풍속, 기타 사회 질서에 반하는 경우 제외)	뿌리산업체, 농림축산어업체, 일반제조업체, 건설업체 및 내항정기여객(화물) 운송사업체	제한 없음(단, 선량한 풍속, 기타 사회 질서에 반하는 경우 제외)
동반 가족	허용(배우자 및 미성년자녀)		

또한, 외국인이 한국 사회에 자연스럽게 융화되기 위해서는 다문화 수용성을 높이는 정책이 병행되어야 한다. 독일은 언어·문화 교육 프

로그램과 자녀 교육 지원을 통해 외국인과 다문화 가정이 지역 사회에 안정적으로 정착하도록 돕고 있다. 한국도 각 지자체의 '가족센터' 등을 중심으로 다문화 가족과 외국인 노동자를 위한 다양한 통합 지원 사업을 시행 중이다.

특히, 외국인 노동자들이 언어 장벽과 사회적 고립에서 벗어날 수 있도록 지원하고, 다양한 국적의 외국인이 차별 없이 일할 수 있는 노동 환경을 조성하는 것이 중요하다. 현실적으로 제도적·문화적 진입장벽이 존재하지만, 이를 해소하기 위한 지역 맞춤형 정책과 사회 통합 프로그램이 점차 확대되고 있다. 외국인의 경제적 기여를 정당하게 평가하고, 그들의 권익을 보호하는 제도적 기반이 마련되어야 한다.

(4) 고령 친화적 사회 및 경제 구조의 혁신

우리나라는 급격한 고령화로 인해 생산가능인구의 감소, 노인 돌봄 수요의 증가, 의료·복지 부담 확대 등 다양한 문제에 직면해 있다. 그러나 고령층이 경제와 사회의 일원으로 계속 참여할 수 있는 구조를 마련한다면, 이들이 가진 경험과 역량은 오히려 중요한 자산이 될 수 있다.

예를 들어, 일본은 고령자들이 자원봉사나 파트타임 일자리에 참여할 수 있도록 지원함으로써, 고령층의 사회적 역할을 강화하고 있다. 한국도 고령층을 위한 맞춤형 일자리 창출과 재교육 프로그램 운영 등을 통해 직업 역량을 높이고자 하고 있지만, 관련 인프라 부족과 낮은 참여 의지, 정책의 단기성 등으로 실질적 효과를 내기 어려운 상황이다. 현장 실무자들에 따르면 일부 정책은 시행 초기 반짝 효과를 보이다가 곧 폐지되기도 한다. 이는 고령사회 대응이 단기적 성과보다 장기적 관점에서 점진적으로 추진되어야 함을 다시금 보여준다.

또한, 고령층의 삶의 질을 높이기 위해서는 의료 및 복지 서비스의 강화가 필수적이다. 치매 등 노인성 질환과 만성 질환에 대한 예방과 관리 체계 구축을 통해 고령층이 건강하게 생활할 수 있는 환경을 마련해야 한다. 스웨덴은 노인 요양시설을 친환경적으로 설계해 노인들이 자연과 가까운 환경에서 생활하도록 지원하고 있으며, 이는 정신적·신체적 건강에 긍정적인 영향을 주고 있다. 한국 역시 고령층을 위한 맞춤형 주거 공간을 설계하고, 의료와 복지가 연계된 통합 서비스를 확충할 필요가 있다. 여기에 더해, 고령층의 사회적 고립을 방지하고 지속적인 소통이 가능한 커뮤니케이션 공간과 채널을 확보하는 것도 중요한 과제가 될 수 있다.

그림 7.9 다양하게 지원되고 있는 고령층 커뮤니케이션 채널 예시

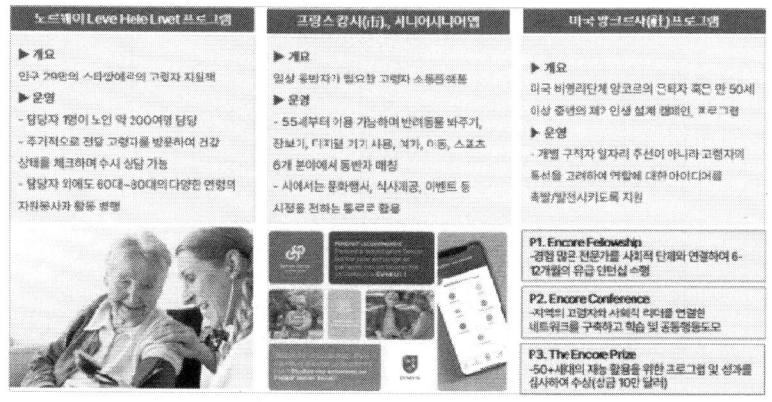

출처: 저자 소장 연구자료

(5) 세계적 협력과 인구 문제 해결을 위한 지식 공유

인구 문제는 전 세계가 직면한 공통 과제이며, 어느 한 나라의 노력만으로 해결할 수 없다. 특히 저출산과 고령화를 동시에 겪고 있는 일본, 이탈리아 등과의 협력은 우리에게 유의미한 참고점이 될 수 있다. 일본은 고령화에 대응해 로봇과 자동화 기술을 사회 전반에 도입하고 있으며, 이탈리아는 고령층 복지 강화와 출산율 제고를 위한 다양한 정책을 추진 중이다. 이러한 국가들과의 지식 공유와 공동 연구는 실질적이고 효과적인 해결책을 마련하는 데 기여할 수 있다.

또한, 국제 회의, 연구 협력 프로그램을 통해 각국의 대응 전략을 비교·분석하고 이를 바탕으로 한국에 적합한 정책을 도입할 수 있다. 이러한 국제 협력은 인구 문제에 대한 공동 대응 체계를 구축하고, 장기적인 발전을 도모하는 데 필수적이다. 특히 세계 각국의 성공 사례를 벤치마킹하면서도, 한국 사회의 문화적·제도적 특성에 맞게 재구성하는 노력이 필요하다. 실제로 우리나라는 외국의 정책을 참고하는 데 적극적이지만, 이탈리아의 빈집을 활용한 '1달러 주택' 사례를 그대로 모방해 도입한 후 지방소멸 대응 우수 사례로 선정한 것을 보면, 다소 아쉬움을 남긴다. 이탈리아는 해당 정책을 시행하기 전, 사회적 분위기 및 문화를 바탕으로 전통문화 계승과 지역 활성화를 위한 인적·사회적 인프라 구축을 선행한 후 '1달러 주택' 정책지원을 시작하였다. 무분별한 표면적인 모방보다는 심층적 분석과 맥락화를 통해 한국의 현실에 맞는 지속가능한 정책 설계가 필요하다. 이에 따라 성공 사례의 의미와 한계를 비판적으로 검토하고, 한국형 모델로 재구성하는 역량이 절실하다.

(6) 지속가능한 사회로의 전환: 생태적 안정과 인구 문제

인구 감소가 환경에 미치는 긍정적 효과에 주목하는 것도 중요한 전략이다. 인구가 줄어들면 자원 소비와 환경오염이 감소할 수 있으며, 이를 통해 환경 보호와 자원 절약을 실현할 수도 있기 때문이다. 덴마크는 지속가능한 소비와 친환경적 에너지 전환을 통해 환경 친화적 경제 구조로 전환하고 있으며, 우리나라도 재활용과 재사용을 장려하고 친환경 에너지 사용을 확대하는 정책을 추진 중이다.

예를 들어, 거리 곳곳에서 접할 수 있는 '제로 웨이스트' 캠페인, 언론을 통한 재생에너지 정책 홍보 등은 시민의 인식을 높이고 사회적 공감대를 형성하고 있다. 이러한 정책이 안정적으로 정착된다면, 자원 낭비와 환경오염을 줄이고 생태적 안정에 기여할 수 있다. 따라서 인구 감소를 부정적 현상으로만 보는 것이 아니라, 생태적 전환의 기회로 삼는 전향적 사고가 필요하다. 자원 절약과 환경 보호, 지속가능한 소비로 이어지는 구조 전환은 미래를 준비하는 핵심 전략이다. 즉, 불가피한 인구 구조 변화에 적응하고 이를 토대로 새로운 발전 모델을 모색하는 것이 '지속가능한 대한민국'의 미래 비전이 되어야 한다.

한국의 인구 감소는 경제, 사회, 문화, 생태 전반에 영향을 미치는 구조적 도전이다. 이 복합적 위기에 대응하기 위해서는 다각적이고 혁신적인 접근이 필요하다. 고령 친화적 사회, 외국인 유입 기반의 다문화 전략, 국제 협력, 생태적 전환 등 여러 방식을 조화롭게 통합해 나갈 때, 인구 감소 시대에도 지속가능한 성장과 공동체적 안녕을 동시에 추구할 수 있을 것이다. 지금 우리가 선택하는 방향이, 미래 세대에게 어떤 대한민국을 물려줄 것인가를 결정하게 될 것이다.

8

포용을 통한 다양성 관리(IED)

CHAPTER 08
포용을 통한 다양성 관리(IED)

>>> 피에스앤마케팅 Lead 코치 박민희

요약

한국 사회는 초고령화에 진입함과 동시에 다민족 사회로 빠르게 변화하고 있다. 1990년대 이후 외국인 노동자와 결혼 이주 여성의 증가로 한국 내 체류 외국인은 전체 인구의 5%를 넘어섰으며, 이는 조직 내 다양성과 포용성에 대한 논의가 더 이상 선택이 아닌 필수임을 시사한다. 그러나 한국은 여전히 고맥락 문화를 유지하고 있으며, 다양성 수용도 또한 낮은 편이다. 2018년 BBC가 발표한 '다양성 수용도' 조사에서 한국은 27개국 중 26위를 기록했으며, 외국인 노동자에 대한 부정적 인식도 여전히 존재한다.

다양성은 '양날의 칼'과 같다. 효과적으로 관리하면 혁신을 촉진하지만, 그렇지 못하면 갈등을 초래할 수 있다. 하버드대학 연구에 따르면, 강제적인 다양성 교육은 오히려 편견을 강화할 수 있는 반면, 스콧 페이지 교수의 연구는 인지적 다양성이 더 나은 의사결정을 유도한다고 분석한다.

호주는 다문화 사회를 성공적으로 구축한 대표적인 사례다. 이민자 지원 정책을 통해 노동력 부족 문제를 해결하는 동시에 사회적 유대감을 강화하고 있다. 한국 역시 다양성을 존중하는 조직 문화를 조성하기 위해 수평적인 문화, 리더십 분산, 고연차 구성원의 경험 활용 등 다양성을 존중하는 환경을 조성해야 한다. 특히 리더는 심리적 안전감을 제공하고, 공정한 의사결정을 통해 구성원의 협력을 이끌어야 하며, 조직 문화적으로도 수평적이고 포용적인 접근이 효과적일 수 있다.

다양성의 진정한 가치는 구성원 모두가 존중받는 환경에서 비로소 꽃피울 수 있다.

오늘날 한국 사회는 다양성과 포용성을 중심으로 중대한 전환점에 서 있다. 글로벌화, 초고령화, 다민족 사회로의 변화 속에서 다양성 관리는 조직과 사회의 지속가능성을 보장하는 핵심 요소다. 상호 존중과 배려를 바탕으로 다양성을 포용할 때, 창의적이고 혁신적인 사회로 나아갈 수 있을 것이다.

episode

전환의 시대

▎한국, 바야흐로 전환기

우리 사회가 직면한 중대한 변화 중 하나는 다민족 국가로의 전환이다. 한국 사회는 역사적으로 단일민족이라는 정체성 아래 비교적 동질적인 문화를 유지해 왔지만, 1990년대 이후부터 외국인 노동자와 결혼이주여성의 유입이 급격히 증가하면서 인구 구성이 점차 다변화되었다. 이제는 다양한 국적과 문화를 가진 사람들이 한국 사회에서 함께 살아가고 있으며, 통계청 자료에 따르면 2023년 9월 말 기준으로 체류 외국인의 비율은 전체 인구의 5%를 넘어 다민족 국가의 기준을 충족하게 되었다. 이러한 변화는 더 이상 외면할 수 없는 현실이며, 조직을 포함한 한국 사회 전반에서 다양성이라는 문화적 맥락에 대한 본격적인 고려가 필요함을 시사한다.

한국은 문화적으로 '고맥락 사회(High Context Society)'로 분류되며, 이는 비언어적 단서와 전통, 공동체의 유대에 의존하는 소통 방식을 특징으로 한다. 문화인류학자인 에드워드 홀은 1959년 자신의 저서 『침묵의 언어(The Silent Language)』에서 문화를 고맥락과 저맥락으로 구분하며 이러한 개념을 처음 제시하였다. 고맥락 사회의 구성원들은 일반적으로 관계 중심적이고 집단지향적이며 직관적인 특성을 지닌다. 이들은 대인관계에 높은 가치를 두고, 공동체 내부에서 긴밀한 유대와 신뢰를 형성하며 살아간다.

반면 저맥락 사회는 구성원들이 공적인 생활과 사적인 생활을 명확히 구분하고, 서로의 역사나 배경을 공유하기보다는 명시적이고 직설적인 표현을 통해 의사소통을 하려는 경향이 있다.

저맥락 사회에서는 소통에 있어 구체성, 명확성, 정교함이 강조되며, 보다 직접적인 메시지가 선호된다. 그러나 이러한 문화적 맥락 또한 고정된 것이 아니라 시대와 상황에 따라 변화하며 진화한다. 실제로 한 연구에서는 일본이나 핀란드와 같은 전통적인 고맥락 국가들도 서유럽과 미국 문화의 영향력이 증가함에 따라 점차 저맥락적 성향을 보이기 시작했다고 분석하고 있다. 이러한 문화적 변화 속에서 이슈로 대두되며 시대적 흐름에 따라 조직 내 인적 자원의 속성 역시 다양화되고 있다.

한국은 2025년부터 초고령사회에 진입하게 되었다. 초고령사회란 전체 인구 중 65세 이상 고령자의 비율이 20%를 넘는 사회를 의미한다. 우리나라는 이미 평균 수명의 증가와 함께 고령 인구 비율이 빠르게 증가하고 있으며, 동시에 저출산 문제까지 맞물리면서 지방의 인구 소멸 현상까지 우려되는 상황에 놓여 있다. 초고령화와 다민족 사회로의 전환은 노동력의 구성에도 변화를 가져오고 있다.

그림 8.1 한국의 거주 외국인 수 추이(2023~2027년)

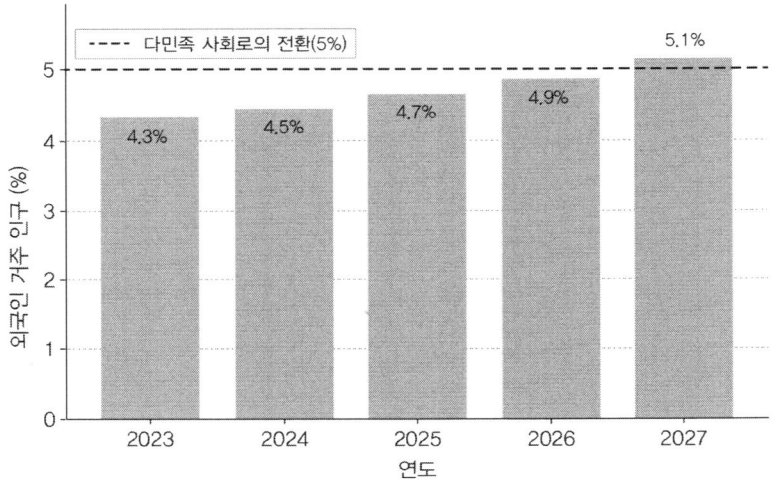

    2024년 기준으로, 한국 정부는 연평균 인구 증가율, 인구 밀도, 청년 순이동률, 주민 인구, 고령화 비율, 유소년 비율, 조출생률, 재정자립도 등 총 8개 지표를 활용하여 전국 89개 도시를 인구 소멸 위기 지역으로 지정하였다. 한국은 세계 10위권의 경제 강국이지만, 출산율 지표에서는 매우 낮은 수준에 머물러 있다. 2023년 한국의 합계출산율은 0.72명에 그쳤으며, 2024년에는 소폭 상승하여 0.75명을 기록했지만, 여전히 OECD 38개국 중 최하위를 기록하고 있다. 결국 초고령화와 저출산이라는 이중적 인구 구조 변화는 국가 전체의 노동력 구성과 인적 기반을 변화시키고 있으며, 이는 인구 이동과 다양성의 확대로 연결되고 있다.

그림 8.2 한국의 고령화 추이와 합계출생률

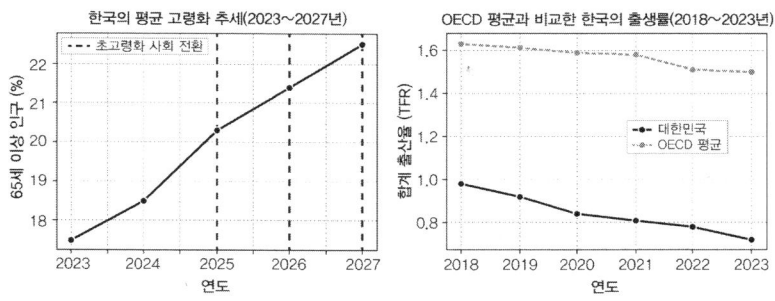

한국의 다양성 준비도와 글로벌 사례

그렇다면 한국 사회는 이러한 다문화 전환과 다양성 확대에 얼마나 준비가 되어 있을까? 2018년 BBC가 OECD 국가를 대상으로 실시한 '다양성 수용도' 조사에 따르면, 한국은 27개국 중 26위에 머물렀다. 같은 조사에서 '정치적 이념이 다른 사람과는 대화도 하고 싶지 않다'고 응답한 비율은 약 33%에 달해, 이념적 다양성에 대한 수용성 역시 낮은 수준임을 보여준다.

여성가족부가 2021년 수행한 조사에 따르면, 우리나라 성인의 점수는 52.27점으로 나타났으며, 이는 청소년(71.39점)에 비해 현저히 낮은 수치이다. 특히 2018년과 비교했을 때 성인의 점수는 하락하고, 청소년의 점수는 소폭 상승했으며, 그 차이는 오히려 더 벌어졌다. 이 같은 결과는 한국 사회에서 다양성에 대한 수용성이 세대 간에 뚜렷한 격차를 보이고 있으며, 젊은 세대일수록 더 열린 태도를 갖고 있음을 보여준다. 또한 여성가족부가 3년마다 실시하는 국민다문화수용성 조사에서도 일관되게 응답자의 30% 이상이 "외국인 노동자가 내국인의 일자리를 빼앗는다"고 인식하고 있는 것으로 나타났다. 실제로 2012년 30.2%, 2015년 34.6%, 2018년 32.9%, 2021년 32.8%로 큰 변화 없이 고정된 비율이 지속되고 있다.

'다양성'이라는 개념은 그 초점에 따라 다양한 의미로 해석될 수 있지만, 기업이나 조직의 입장에서 다양성은 곧 '사람'의 다양성, 즉 인적 구성의 이질성에 대한 문제로 수렴된다. 사전적으로 다양성은 '서로 다름' 혹은 '다양한 존재들이 공존하는 상태'를 의미하며, 조직 구성원들이 인종, 성별, 연령, 국적, 문화, 가치관 등 여러 측면에서 얼마나 이질적인지를 가리킨다.

다양성은 흔히 '양날의 칼'에 비유되곤 한다. 그것을 어떻게 관리하느냐에 따라 조직에 긍정적인 효과와 부정적인 결과를 모두 초래할 수 있기 때문이다. 하버드대학교의 프랭크 도빈(Frank Dobbin) 교수와 텔아비브대학교의 알렉산드라 칼레브(Alexandra Kalev)는 DEI(Diversity, Equity, Inclusion) 프로그램이 오히려 조직 내 갈등을 증가시킬 수 있다고 주장한다. 이들의 연구에 따르면 다양성 교육이 조직 내에서 강제적이고 일방적으로 시행될 경우, 구성원들의 저항과 불만을 유발하며 오히려 편견을 강화할 수 있다. 또한 경제학자 마크 페리(Mark Perry)는 DEI 정책이 잘못 적용될 경우 '역차별(reverse discrimination)' 문제로 이어질 수 있다고 경고하였다. 그는 특정 집단을 특정 집단에 대한 과도한 우대 조치가 다른 집단의 기회와 권리를 제한할 수 있으며, 이는 공정성이라는 사회적 가치에 어긋날 수 있다고 비판하였다. 특히 미국 대학의 채용 과정에서 DEI 요건이 공정성과 객관성을 해칠 수 있다는 지적도 함께 제기되었다.

이러한 비판은 DEI의 나라라고도 할 수 있는 미국에서, 보수적 정치권에서는 역차별의 가능성에 대한 문제제기가 끊이지 않고 있는 데서도 확인할 수 있다. 트럼프 행정부 2기에서는 DEI 정책에 대한 전면적인 재검토와 축소 움직임을 보이고 있으며, 이는 DEI가 정치적 이념과 정책 방향에 따라 얼마든지 흔들릴 수 있는 유동적 개념임을 보여준다. 특히 이와 같은 DEI에 대한 비판은 '분열적 개념(divisive concepts)'이라는 프레임 속에서 더욱 강조되고 있다. 이는 인종 또는 성별을 이유로 개인에게 비난이나 책임을 전가하는 관행을 비판하는 개념으로, 이른바 '희생양 만들기(scapegoating)'의 연장선상에 있다.

그러나 DEI에 대한 시선은 이처럼 비판적인 시각에만 머물지 않는다. 미국 미시간대학교의 스콧 페이지(Scott Page) 교수는 '인지적 다양성(cognitive diversity)'이 문제 해결과 혁신에 있어 핵심적 역할을 한다고 강조하였다. 그의 저서 『차이점(The Difference)』에서 다양한 배경, 지식, 사고방식을 지닌 집단이 더 나은 의사결정과 창의적 해법을 만들어낼 수 있다는 사실을 수많은 실험과 사례를 통해 입증했다. 또한 경제지리학자 리처드 플로리다(Richard Florida)는 도시의 다양성이 창의성과 경제적 성장을 촉진한다고 주장한 '창조적 계층 이론(creative class theory)'을 통해 다양한 인구 구성이 도시 경쟁력을 높인다는 주장을 펼쳤다. 그의 연구는 다양한 문화와 배경을 가진 사람들이 모이는 도시가 더 혁신적이고 경제적으로 활발하게 발전할 수 있음을 역설한다. 또한 하버드 경영대학원의 로자베스 모스 캔터(Rosabeth Moss Kanter) 교수 또한 유연성과 적응력을 높이고 변화하는 환경에 대한 조직의 대응 능력을 향상시킨다고 설명한다. 그녀는 다양한 배경을 지닌 구성원들이 더 넓은 관점과 문제 해결 능력을 갖게 되어, 결과적으로 조직 혁신의 원동력이 될 수 있다고 보았다.

이처럼, 산업 현장에서의 인력 다양성은 전 세계적인 흐름이며, '동질성'에 기반해 운영되어 온 한국 사회도 이러한 세계적 흐름에서 점점 예외가 될 수 없다. 특히 인구절벽 시대에 접어든 한국은 여성, 외국인, 고령자, 결혼이주민, 북한이탈주민 등 다양한 인구 집단의 노동시장 참여가 현실적 과제가 되고 있으며, 가족 구조의 다원화, 초개인화된 사회, 복잡한 사회문제 해결을 위한 복지체계의 혼종화 등 다양한 사회적 변화들이 한국 사회 전반에 스며들고 있다.

이제 우리는 다양성에 대한 새로운 인식 전환과 공존을 위한 적극적 실천이 필요한 시점에 와 있다. 최근의 다양성 논의는 단순한 '가시적인 특정 집단'의 보호 차원을 넘어서, 조직 내 모든 구성원의 정체성과 특성을 포괄적으로 포용하려는 방향으로 나아가고 있다. 1990년대 중반까지 다양성 정책이 주로 인종, 민족, 성별 등 전통적인 소수자 집단에 대한 법적 보호와 차별 방지를 중심으로 했다면, 이제는 그 어떠한 형태의 '다름'도 조직 내에서 존중되고 포용되어야 한다는 '다양성 친화 문화적 접근'으로 확장되고 있다.

이러한 다양성의 가치를 실제로 제도화하고 국가 발전의 전략으로 삼은 대표적인 사례가 바로 호주이다. 호주는 세계에서 가장 성공적인 다문화 국가 중 하나로 평가받는다. OECD 회원국 가운데 인구 1,000만 명 이상 국가 중 해외 출생자 비율이 가장 높은 나라로, 인구의 절반 가까이가 해외에서 출생했거나, 적어도 부모 중 한 명이 외국 출신이

그림 8.4 세계 최고 다문화 선진국, 호주

다. 과거에는 백호주의로 대표되던 배타적 이민정책을 유지했으나, 급속한 초고령화와 노동력 부족, 세계화 흐름 속에서 이러한 정책을 과감히 전환하였다.

2012년부터 2014년까지 진행된 갤럽 세계 여론 조사(Gallup World Poll)에서 호주는 이민자 지원 수준 부문에서 전 세계 최상위권에 올랐다. 이후 2021년에 실시된 설문조사(Mapping Social Cohesion Survey 등)에서도 호주 시민의 약 90%가 '다문화는 호주에 이익이 된다'고 응답했으며, 91%는 다문화가 호주 사회에 대한 소속감을 증진시킨다고 답했다. 응답자의 89%는 자신이 다문화를 지향하는 호주 국민임을 자랑스럽게 여긴다고 밝혔고, 겨우 2%만이 타문화 출신 이주민이 기존 지역사회에 융합될 수 있다는 데 동의하지 않았다. 이처럼 호주는 다양성을 단순히 수용하는 것을 넘어 국가의 통합력과 경쟁력을 키우는 자산으로 여기며 적극적으로 제도화하고 있다.

호주의 이러한 전환에는 고령화로 인한 베이비붐 세대의 대규모 은퇴와 이로 인한 노동력 공백 문제가 주요한 배경이 되었다. 특히 이민자들의 80%가 영주권 혹은 시민권을 희망하고 실질적으로 정착한다는 사실은, 단기 체류 위주의 외국인 유입 정책을 펼치고 있는 한국의 현실과는 뚜렷한 대조를 이루며 시사점을 던진다.

이와 더불어, 조직 차원에서 다양성이 어떻게 성과와 연결되는지를 보여주는 대표적 사례로는 미국 실리콘밸리가 있다. 신기욱 스탠퍼드 대학교 아시아태평양연구소 소장은 "실리콘밸리의 혁신에는 10%의 기술과 90%의 다양성이 있다"고 표현한 바 있다. 즉, 기술 자체보다도 다양한 배경과 시각, 문화, 경험을 지닌 사람들이 함께 모여 일할 때 진정한 혁신이 가능하다는 것이다.

실제로 많은 연구들이 실리콘밸리의 성공 배경에 '조직의 다양성 풍토 조성'을 꼽고 있다. 다양한 인적 구성은 창의성을 촉진하고, 글로벌 시장에 대한 이해와 적응력을 높이며, 다양한 관점이 공존하는 환경은 인재 유치와 유지에도 결정적인 역할을 한다. 또한 다양성은 기업의 사회적 책임과 윤리적 경영에 대한 인식을 강화하여 ESG(환경·사회·지배구조) 경영을 확장하는 데에도 기여하고 있다.

이러한 조직문화는 특허 출원 및 등록 건수, 벤처 투자 유치, 스타트업 자금 조달 규모, 유니콘 기업 수, 고급 인재 유입, 산업 다각화 지수 등 다양한 지표에서도 확인된다. 실리콘밸리는 지금도 전 세계에서 가장 역동적인 혁신 허브로 평가받으며, 이는 다양성이 단지 이념이나 가치를 넘어 실질적이고 구체적인 결과를 만들어낼 수 있음을 입증하고 있다.

그림 8.5 실리콘 밸리의 혁신지표

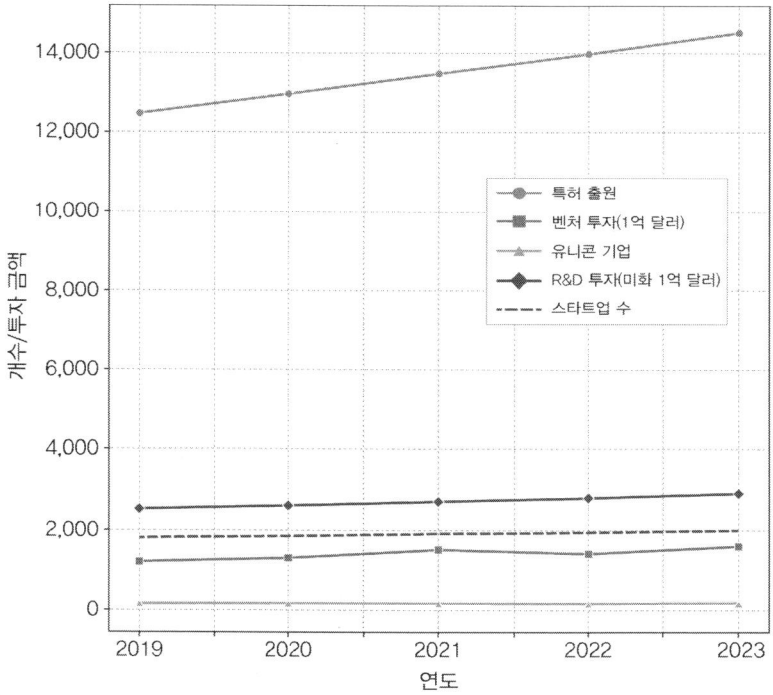

연도	특허 출원 수	벤처 투자액 (억 달러)	유니콘 기업 수	R&D 투자액 (억 달러)	신규 스타트업 수
2019	12,500	1,200	150	2,500	1,800
2020	13,000	1,300	160	2,600	1,850
2021	13,500	1,500	170	2,700	1,900
2022	14,000	1,400	180	2,800	1,950
2023	14,500	1,600	190	2,900	2,000

이와 같은 글로벌 사례들을 통해 우리는 다음과 같은 시사점을 얻을 수 있다.

첫째, 다양성을 제도적 기반과 연결시키는 작업이 필요하다. 호주처럼 다양성을 법·정책·교육에 연동시키고, 공공기관과 대기업의 DEI 성과지표를 강화하며 교육정책을 체계화하는 등의 노력이 필요하다. 특히 우리나라는 이제 막 다민족 국가로 전환하고 있는 초기 단계이기 때문에, 이민자 유입과 그에 따른 갈등을 경험하고 있는 미국의 사례를 참고하여 단계적이고 정교한 정책 설계를 추진해야 한다.

둘째, 조직문화 차원에서는 실리콘밸리처럼 다양성을 경쟁력으로 인식해야 한다. '다름이 곧 성과'라는 심리적 안전감과 포용 문화를 구축해야 하며, 이를 통해 구성원 모두가 자신의 고유한 배경을 자산으로 활용할 수 있도록 해야 한다.

셋째, 데이터 기반의 관리체계가 요구된다. 실리콘밸리에서는 채용, 이직, 승진 등의 전 과정에서 다양성을 측정하고 추적하는 시스템을 갖추고 있다. 이러한 내부 데이터를 기반으로 조직의 DEI 성과를 정량적으로 분석하고 개선하는 시스템은 한국에서도 반드시 필요하다.

마지막으로, DEI의 의미 자체를 재정의할 필요가 있다. 현재 한국에서는 DEI를 사회적 책임이나 윤리적 요청의 일환, 윤리적 요청의 일환으로 보는 경향이 있다. 그러나 DEI는 이제 조직의 생존 전략이며, 혁신의 핵심 기반이자 미래 사회의 경쟁력이다. 즉, 다양성을 단지 '받아들여야 할 현실'이 아니라 '전략적으로 기획하고 실천해야 할 비전'으로 인식할 필요가 있다.

episode

DEI에서 IED로, 다양성 관리의 어제와 오늘

▍DEI의 발전 동향

DEI는 다양성(Diversity), 형평성(Equity), 포용성(Inclusion)의 세 가지 핵심 요소를 중심으로 구성된다. 여기서 다양성은 사람 간 관계와 상호작용에 영향을 미치는 차이와 다름을 의미하며, 형평성은 사회의 모든 구성원이 동등한 지점에서 출발하지 않았음을 전제로 하여 공정한 기회 제공과 제도적 보완을 지향한다. 포용성은 구성원이 가치 있고, 환대받고, 존중받으며, 지원받는다고 느낄 수 있는 환경을 조성하는 것을 뜻한다. 최근 들어 DEI는 단순한 사회정의의 문제가 아닌, 인적 자원 및 ESG 차원에서 기업의 가능성을 판단하는 핵심 요소로 부각되고 있다.

유럽과 미국에서는 다양성 관리가 이미 사회문화적으로 내재화되어 있으나, 그 수용 정도는 정치적 환경이나 시대적 분위기에 따라 영향을 받는다. 최근 미국에서는 DEI가 소위 '분열적 개념(Diverse concepts)'이라는 비판을 받으며 규제 대상으로 떠오르기도 했다. 이는 DEI가 백인 남성 등 주류 집단에게 역차별로 인식될 가능성을 내포한다. 반면 유럽에서는 DEI에 '소속감(Belonging)'을 추가하여 DEIB라는 개념으로 확장하며, 구성원의 심리적 안전과 공동체 감각을 중시하는 방향으로 발전하고 있다. 이것은 다양성 관리에서 포용하는 사회로 한단계 더 나아가는 모습을 보여준다.

이에 따라 최근에는 DEI를 IED(Inclusion(포용성), Equity(형평성), Diversity(다양성), Belonging(소속감))로 재구성하여, 정치적 쟁점이나 사회적 분위기에 흔들리지 않도록 포용성을 중심 가치로 삼자는 움직임도 일고 있다.

그렇다면 DEI는 어떻게 발전해 왔을까?

그림 8.6 DEI의 연도별 발전

출처 : 매슈 사이드, 『다이버시티 파워』, 문직섭 옮김(2022), 위즈덤하우스. 참조하여 재구성

1960년대는 규제와 평등의 시대였다. 당시 기업은 정부의 차별금지 압박에 대응하며 외적으로는 최소한의 참여 수준을 고민하고, 내적으로는 차별금지 조항을 반영해 구성원 간 공정한 보상체계를 만드는 데 집중했다.

1980년대는 노동과 다양성의 시대였다. 노동시장 내 인종과 성별의 다양성이 확대되며, 이와 관련된 소송과 갈등을 최소화하려는 접근이 중심이 되었다. 특히 백인 남성 중심의 조직에서 여성과 소수인종이 증가하면서 다양성 이슈가 본격적으로 부상한 시기였다.

2000년대에 들어서는 인터넷 보급과 함께 산업 구조가 급변하면서 인재 확보 경쟁이 치열해졌고, 조직 내 다양한 구성원을 어떻게 지속 가능하게 확보하고 유지할 것인지가 주요 이슈가 되었다. 이 시기부터 DEI는 조직문화의 변화와 마인드셋 전환이라는 과제로 확장되기 시작했다.

2020년대에 이르러 ESG 경영이 기업의 지속가능성을 평가하는 핵심 기준으로 부상하면서, DEI는 기업의 생존 전략이자 평판, 투자유치, 사회적 책임 이행과 직결되는 의제로 자리 잡았다. 특히 밀레니얼 세대와 Z세대는 DEI 친화적 기업 문화를 요구하며 조직 선택의 기준으로 삼고 있다. 2023년 벤처기업협회의 설문조사에 따르면 응답 기업의 약 75%가 ESG 실천에 공감하고 있으며, 38%는 고객사나 투자사로부터 ESG 경영 요구를 받고 있다고 응답했다.

이러한 흐름에서 DEI는 단순한 선언적 가치가 아니라, ESG 평가에서 직접적인 영향을 미치는 실질적 지표가 되고 있다. 예컨대, MSCI나 서스테이널리틱스(Sustainalytics) 같은 글로벌 평가 기관은 기업의 DEI 정책, 성과 지표, 리더십 다양성을 기반으로 등급을 매기고 있다. 투자자들 또한 사회적 책임을 다하고 포용적 문화를 갖춘 기업을 선호하고 있으며, 이는 지속가능한 투자(ESG Investing)와도 직결된다.

이처럼 DEI는 사회문제 해결에서 출발해, 현재는 기업의 전략적 과제로까지 내재화되고 있다. 그 변화는 시대의 흐름, 규제 환경, 소비자 인식, 투자 기준의 전환 등과 맞물려 더욱 가속화되고 있으며, 앞으로도 DEI는 단순한 윤리적 책무를 넘어 기업의 경쟁력을 좌우하는 핵심 역량으로 자리할 것이다.

그림 8.7 DEI 강조 배경

투자자들의 DEI 요구

사회단체, 고객의 요구

글로벌 규제 증가

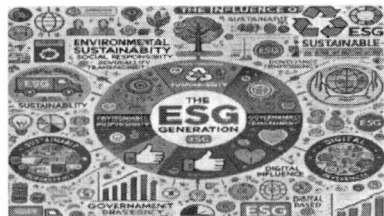
MZ 세대의 요구

▎DEI의 심리적 저항 현상

하지만 DEI를 조직에 실제로 적용하려 할 때, 구성원들은 저항적인 태도를 보이기도 한다. 이는 개인적·조직적·문화적 요인이 복합적으로 작용한 결과다. 특히 기업이 DEI를 형식적으로 접근하거나 단순히 체크리스트에 있는 업무로 다루어 실행할 경우, 구성원은 피로감을 느끼고, 진정성이 결여된 시도로 인식하여 냉소적으로 반응할 수 있다. 이는 DEI 실천의 진입 장벽으로 작용한다.

이러한 심리적 저항을 이해하기 위해서는 세 가지 대표적인 심리·사회적 경향을 살펴볼 필요가 있다. DEI와 관련되어 일반적으로 나타나는 심리적 특성은 그림 8.8과 같다.

그림 8.8 DEI 관련 심리적 특성

동종선호 Homophily	확증편향 Confirmation Bias	동종 패러독스 Homophily Paradox

출처 : 매슈 사이드, 『다이버시티 파워』, 문직섭 옮김(2022), 위즈덤하우스. 참조하여 재구성

첫째는 동종선호(homophily)이다. '비슷한 새끼리 무리 짓는다'는 원리를 뜻하며, 인간이 자신과 비슷한 사람들과 관계를 맺고 싶어 하는 자연스러운 성향을 의미한다. 1954년 라자스펠드(Lazarsfeld)와 머튼(Merton)은 뉴욕 시민을 대상으로 한 연구에서, 사람들이 유사한 사회적 지위, 인종, 종교, 정치 성향을 가진 이들과 더 잘 어울린다는 사실을 밝혀내며 이를 '지위 동질성(status homophily)'이라 명명하였다. 이 경향은 단순한 관계 맺음을 넘어 정보 흐름, 기회의 접근성, 사회 자본의 분포 방식에도 지대한 영향을 미친다.

동종선호는 조직 내 유대감 형성에는 도움이 되지만, 비슷한 관점만 공유되므로 새로운 아이디어와 창의적인 대안이 제한되기도 하고 같은 집단끼리만 우대하며, 채용·승진·정보교류가 동질적 관계 중심으로 이루어질 경우 구조적 불평등이 발생할 수 있다는 단점도 있다. 이 경우 다른 경험과 사고를 가진 사람과 함께 일할 기회가 부족해져, 이른바 '의사결정의 메아리 실험실' 현상이 나타난다. 반대 의견이나 다른 시각이 배제되기 쉬우며 조직의 문제 해결 역량이 약화되기 쉽다. DEI 실천의 핵심은 '동종선호를 인정하되, 시스템 차원에서 이종(heterophily)을 촉진하는 설계'라고 할 수 있다.

이를 극복하기 위해서는 1) 사람 네트워크(ONA) 분석을 통해 조직 커뮤니케이션 패턴을 데이터로 분석해, 동종 관계가 지배적인지를 파악하고 이를 조율하기 위한 전략 수립이 필요하다. 2) 의도적 이종 매칭, 즉 멘토링, 프로젝트, 회의 팀 구성 시 출신·배경이 다른 사람들을 의도적으로 섞어, 신뢰 기반 위에 새로운 조직역동을 시도하는 방법이 있다. 3) 포용적 문화 형성을 위한 교육·세미나 등을 통해 동질감이 아닌 서로 다른 관점의 가치를 강조하고, 공유된 목표를 중심으로 결속을 강화하는 것이다. 마지막으로 성과 지표 활용 DEI 지표에 네트워크 다양성 지표를 포함하여, 동종선호가 심한 영역을 추적하고 균형을 맞출 수 있도록 하는 방법이다.

둘째는 확증편향이다. 이는 인간이 기존의 신념이나 기대를 뒷받침하는 정보는 수용하고, 그에 반하는 정보는 무시하거나 과소평가하는 경향을 말한다. 심리학자 피터 웨이슨(Peter Wason)은 1960년대에 진행한 실험을 통해 이 개념을 처음으로 체계화하였으며, 이후 확증편향은 인지심리학의 핵심 개념 중 하나로 자리 잡게 되었다.

조직 내에서도 이러한 확증편향은 다양한 방식으로 작동한다. 예를 들어, 채용 과정에서 '우리 팀은 외향적인 사람이 잘 어울려'라는 선입견이 작동하면, 면접관은 후보자의 사소한 발언이나 표정에서 외향성을 드러내는 정보만을 선택적으로 수용하게 된다. 반면 내향성을 나타내는 징후는 쉽게 무시되거나 과소평가되어 판단의 왜곡을 초래할 수 있다. 또 다른 사례로는 뉴스 소비 패턴을 들 수 있다. 진보 성향의 사람은 진보 성향의 뉴스만, 보수 성향의 사람은 보수 뉴스만 소비하며, 이는 결국 기존 신념을 강화시키고, 결과적으로 사회 전체의 분열을 심화시키는 결과로 이어질 수 있다.

이처럼 확증편향은 단순한 인식 오류가 아니라, 보다 깊은 심리적 동기에서 비롯된다. 1) 인간은 복잡한 사고를 줄이려는 경향이 있어, 인지적 부담을 덜기 위해 정보를 단순화시키는 습성이 있다. 2) 기존의 신념은 자아의 일부이기 때문에, 그것이 도전받을 경우 정체성이 위협받는다고 느끼게 된다. 따라서 자신이 믿고 있는 것을 방어하려는 무의식적인 심리가 작동한다. 3) 인간은 소속 집단으로부터 배척당하지 않으려는 본능적인 사회적 욕구가 있기 때문에, 집단의 관점에 반하는 정보를 기피하게 된다.

결국 이러한 확증편향은 조직 내에서 다양한 부정적 영향을 초래할 수 있다. 구성원 간의 편향적 평가가 고착되면, 다양성이 무시되고 조직 내 갈등이 심화되며, 리더는 자신의 판단이 항상 옳다고 믿는 독단적인 태도를 강화하게 된다.

이를 극복하기 위해 DEI 차원에서 실천 가능한 대응 전략으로는 다음과 같은 것들이 있다. 1) 의식적 메타인지 훈련이 필요하다. "나는 왜 이렇게 생각하는가?", "다른 해석은 없을까?"라는 질문을 스스로에게 던지며 다양한 관점을 탐색하는 훈련을 통해, 사고의 유연성을 높이고 편향을 줄일 수 있다. 나와 다른 사람의 의견을 '논박'의 대상이 아니라 '탐색'의 기회로 바라보는 태도가 중요하다. 2) 심리적 안전감의 조성이다. 구성원이 자신의 생각을 자유롭게 표현할 수 있는 환경이 마련되어야만, 이질적인 의견이 조직 내에 유입되고 확증편향을 줄일 수 있다. 3) 정보의 다양화다. 알고리즘이 추천하는 콘텐츠만 소비하지 않고, 의도적으로 다른 관점의 콘텐츠에 접근하려는 노력이 필요하다. 뉴스 역시 나와 반대되는 시각의 매체를 일부러 함께 소비하는 태도가 중요하다. 이러한 실천은 개인뿐 아니라 조직 전체의 인식 균형을 맞추는 데 기여할 수 있다.

셋째는 동종 패러독스(Homophily Paradox)이다. 다양성과 포용의 맥락에서 특히 흥미롭고도 중요한 개념으로 유사한 사람들끼리 관계를 맺으려는 성향이 오히려 다양성을 억누르고 내부 분열을 초래하는 모순된 현상을 의미한다. 우리끼리 잘해보고 싶어 동종선호와 같이 유사한 집단을 유지하려 하지만 그럴수록 내부 분열이 더 발생한다. 동종선호가 자신과 유사한 배경, 가치관, 문화, 인종의 사람들과 더 잘 연결되는 경향을 말한다면 동종 패러독스는 그런데 이러한 경향은 결국 더 비효율적이고, 폐쇄적이고, 불균형적인 결과를 낳는 것이다. 또한 확증편향과도 연결되는데, 비슷한 생각만 오가므로, 잘못된 판단이 강화되기도 한다. 또한 반대 의견이나 새로운 아이디어를 제시하기 어렵다. 특히 단일민족적 정체성이 강한 한국 사회에서는 이러한 경향이 세대, 성별, 정치 성향 간의 갈등으로 표출되기 쉽다. 동종 패러독스는 조직 내에서는 부서, 직급, 성별, 문화별 경계가 고착되며 혁신이 저하되고, 소수자나 신입 구성원이 네트워크 진입에 어려움을 겪을 수 있다.

이러한 세 가지 심리적 특성을 인식하고, 이를 데이터 기반, 교육, 시스템 설계 차원에서 관리하는 것은 DEI 실천의 핵심이다. 동종선호와 확증편향, 동종 패러독스를 통합적으로 이해하고 다루는 전략은 조직 내 DEI 문화를 정착시키는 데 필수적인 접근이라 할 수 있다.

▍DEI와 조직효과성

오늘날 조직 운영에서 DEI는 더 이상 부가적 요소가 아니라, 핵심적인 경쟁력으로 작용한다. 특히 수평적이고 민첩한 애자일(Agile) 조직이 확산되며, 다양한 배경과 관점을 지닌 구성원 간의 협력이 필수 요소로 떠오르고 있다. 하지만 단순히 다양성이 존재한다고 해서 자동적으로 효과성이 향상되는 것은 아니다. 조직은 이러한 다양성을 어떻게 잘 관리하느냐에 따라 그 성과가 달라진다.

조직의 문제 상황이 단순하고 예측 가능할 때는 개별 리더나 전문가의 역량이 효과적인 해법이 될 수 있다. 그러나 불확실성이 크고 복잡성이 높은 문제일수록 집단지성이 발휘되어야 하며, 다양한 시각과 경험이 필수적이다. 바로 이 지점에서 DEI의 진정한 가치가 드러난다. 문제 해결 과정에서 이질적 배경을 가진 구성원이 서로 다른 방식으로 문제를 해석하고 대안을 제시할 때, 조직은 보다 창의적이고 지속가능한 해결책에 도달할 수 있다.

조직 내 다양성의 구성 수준에 따라 세 가지 팀 유형으로 구분해볼 수 있다. 첫째는 '유유상종 팀'이다. 유사한 가치관, 성향, 배경을 공유하는 인재들로 구성된 이 팀은 강한 결속력과 속도감 있는 의사결정이 장점일 수 있다. 그러나 동종선호에 따라 형성된 이 팀은 새로운 아이디어 유입에 한계가 있고, 집단 사고의 오류에 빠질 가능성이 크다. 역사적으로도 유사한 사고방식을 지닌 엘리트 집단의 결정이 사회적 참사를 야기한 사례는 빈번하다.

둘째는 '유사다양성 팀'이다. 외형적으로는 다양한 구성원이 존재하나, 팀의 목적과 가치를 충분히 공유하지 못한 상태에서 갈등이 표출되는 유형이다. 개인의 차이는 인정되지만, 협업으로 이어지는 시너지가 부족하며, 이는 종종 조직 내 갈등의 원인이 되기도 한다.

셋째는 '똑똑한 팀'이다. 이 팀은 다양한 시각과 경험, 네트워크를 갖춘 구성원들이 상호 신뢰를 바탕으로 밀도 높은 교류를 이어가며, 고차원적 문제 해결 능력을 발휘한다. 다양성을 넘어 포용과 협업의 문화가 내재화되어 있어 조직의 전략적 유연성과 혁신 역량이 높다. 조직이 지향해야 할 DEI의 이상적 모습이 바로 이 유형이다.

동종선호는 인간 본연의 심리지만, 이를 인식하고 구조적으로 다양한 연결을 촉진하는 조직 설계를 통해 극복할 수 있다. 표면적 다양성에 머무르지 않고, 심층적 관점 교류와 포용성을 실현하기 위해서는 심리적 안전감, 포용적 리더십, 학습 중심 문화가 병행되어야 한다. 결국 DEI는 단순한 정책이 아니라, 조직문화 전반의 전환을 요구하는 전략적 프레임임을 인식해야 한다.

그림 8.9 DEI 발전에 따른 조직의 구성

출처: 매슈 사이드, 『다이버시티 파워』, 문직섭(2022), 위즈덤하우스. 참조하여 재구성

표 8.1 DEI 발전에 따른 조직의 구성과 그 특징

단계	개념	대표 학자	핵심 이론/연구	주요 시사점
유유상종 팀 (Homogeneous Team)	동종선호 (Homophily)	Paul Lazarsfeld & Robert Merton (1954)	"Friendship as a Social Process" 사람들은 자신과 유사한 사람들과 관계를 맺는 경향	동질성은 초기 안정과 신뢰를 주지만, 창의성과 다양성은 떨어짐
유사다양성 팀 (Surface-level Diversity Team)	집단사고 (Groupthink)	Irving Janis (1972)	Groupthink: Psychological Studies of Policy Decisions and Fiascoes	유사한 의견만 강화되면 오류적 의사결정에 빠질 수 있음
	표면적 다양성과 심층 다양성	Katherine Phillips, Thomas Kochan 외	표면적 다양성은 외형, 행동, 심층 다양성은 가치·신념 차이를 의미	외향만으로는 효과가 없고, 심층 다양성과 포용성 구조가 필요
	다양성의 이중 효과	Robin Ely & David Thomas (2001)	Cultural Diversity at Work	다양성이 효과를 내려면 역할과 소통 등 프레임이 필요함
똑똑한 팀 (Deeply Inclusive Smart Team)	심리적 안전감	Amy Edmondson (1999)	Psychological Safety and Learning Behavior in Work Teams	다양한 의견이 표현되고 실수도 공유될 수 있을 때 팀 성과 극대화
	팀 지능 & 집단 IQ	Anita Woolley, Thomas Malone (2010)	MIT 연구 - 팀의 '집단 지능'은 다양성과 경청 능력에서 비롯됨	다양한 팀이 더 똑똑해질 수 있음. 단, 포용적 대화가 전제되어야 함
	포용적 리더십	Nembhard & Edmondson (2006), Stefanie Johnson 외	리더가 다양성을 환영하고 참여를 유도할 때 구성원은 더 적극적으로 참여	다양성이 살아나기 위한 리더의 태도와 구조 설계가 필수

episode

일하기 좋은 기업의 문화

▎다양성 경영의 진화: 혁신과 포용의 조직 전략

오늘날 조직은 단지 '효율'과 '성과'만으로 지속가능한 경쟁우위를 확보할 수 없다. 불확실성과 복잡성이 증대된 경영 환경에서, '다양성'은 더 이상 선택이 아닌 필수 전략이다. 다양성을 존중하고 이를 체계적으로 관리하는 기업은 고정관념을 넘는 창의성과 빠르게 변화하는 시장에 대한 유연성을 확보할 수 있다. 콕스앤블레이크(Cox & Blake)는 다양성 관리가 비용 절감, 인재 확보, 마케팅 성과, 창의성, 문제해결력, 조직 유연성 등 여섯 가지 차원에서 경쟁력을 높인다고 제시한다.

오늘날 다양한 배경과 전문성을 가진 사람들이 협력하는 팀 구성 방식은 조직의 성과에 중요한 영향을 미친다. 특히 '간학제 팀(interdisciplinary team)'은 구성원 각자가 자신의 전문성을 넘어 다른 분야와의 융합적 사고와 공동 문제 해결을 중시하는 구조다. 이와 달리 '다학제 팀(multidisciplinary team)'은 여러 전문 분야의 인력이 모이지만, 각자 자신의 영역 내에서만 일하고 협업은 병렬적으로 이루어지는 특징이 있다. 간학제 접근은 복잡한 문제 상황에서 창의적인 해결책을 도출할 수 있는 가능성을 높이며, 특히 혁신이 요구되는 산업에서 주목받고 있다.

MIT와 취리히 연방 공과대학교(ETH Zurich) 등에서 혁신 전략을 연구한 마이클 루릭(Michael Lewrick) 교수는 디자인 사고(Design Thinking)와 간학제 협업의 연계성을 강조하며, 실질적인 협업 모델로서 간학제 팀이 문제를 "다른 방식으로 정의하고, 다양한 시각에서 해법을 도출해 낼 수 있는 조직 역량"을 만든다고 분석한다.

이와 맞물려 도로시 레너드 바론(Dorothy Leonard Baron)이 제시한 'T자형 인재' 개념도 주목된다. 이는 깊은 전문성과 함께 폭넓은 일반 지식을 갖춘 인재를 뜻하며, 변화 대응력을 높이는 핵심 자산으로 간주된다. 조직은 이러한 인재들이 유기적으로 연결되어 학습하고 협력할 수 있도록 직무 설계와 문화 조성에 집중해야 한다.

혁신 기업의 특징은 매우 창조적 시각에서 프로세스를 다시 재조합 해낸다는 것이다. 이를 위한 역량으로서의 다양성 확보와 관리가 중요하다. 디지털 시대에는 힘의 균형추가 더이상 기업에 있지 않기 때문에 소비자 중심의 사고 전환이 요구된다. 새로운 소비자들은 기업이 원하는 대로 광고를 보고 있지 않는다. 고객은 더 이상 기업이 원하는 방식으로 소통하지 않는다. 유튜브의 '광고 스킵' 버튼이 보여주듯, 수동적인 수용자는 사라졌다. 조직과 혁신의 목표는 고객의 관점을 갖는 것이다. 이를 위해 문제를 다양한 방식으로 바라볼 수 있는 역량, 즉 다양성이 필수적이다. 다양성은 창의적 재조합의 기초이며, 기업 혁신의 원천이기 때문이다.

그러나 다름은 불편함을 동반한다. 마치 오른손잡이가 왼손으로 글을 쓸 때 느끼는 어색함처럼 초기 성과 저하나 갈등이 발생할 수 있다. 이를 극복하고 포용하는 것이 바로 다양성 관리의 핵심 역량이다.

ESG 경영의 'S(Social)' 요소에서 인적 자원의 다양성은 핵심적 화두다. 실제로 딜로이트의 ESG Compass 진단 프레임워크는 우수 인력 보유, 임직원 역량 개발, 인권, 안전·보건, 고객관리, 제품/서비스 책임, 사회공헌 등 인재와 조직문화 관련 항목에 큰 비중을 두고 있으며, 이는 ESG에서 조직문화가 차지하는 중요성을 보여준다.

이에 발맞추어 국내 기업들도 수평적 조직문화 확산에 나서고 있다. 직급 폐지 및 통합, '님' 호칭 또는 영어 닉네임 사용, 자율좌석제 운영 등은 창의성과 자율성을 높이기 위한 시도로 자리잡고 있다.

특히 한국은 다문화 사회로의 이행기를 지나고 있으며, 미국·호주와 같은 다민족 국가처럼 인종, 성별, 국적, 종교, 나이의 다양성 자체를 존중하는 문화를 지향할 필요가 있다.

다양성 준비도: 리더와 조직의 간극

다양성 관리를 존중하는 기업에서는 구성원들의 소통과 협력이 증진되며, 중장기적으로 성과가 향상된다. 또한 수평적 조직 문화는 내부적이고 자발적인 요인에 의해 이러한 다양성 관련 문제를 다루는 데 긍정적이다. 수평조직문화의 확산 시점에 국내 기업은 기능적 분류에 의한 조직 차원의 다양성 관리에서 다양성의 내부적 차원의 관리로 전환되어야 할 것이다.

그림 8.11 다양성 환경 조사(Diversity Climate Survey)(계속)

각 문항의 해당 번호에 체크하시오.	전혀 아니다	상당히 아니다	약간 아니다	약간 그렇다	상당히 그렇다	매우 그렇다
1. 나는 나의 출신배경(국적, 지역, 성별, 종교, 나이, 학교, 경력 등)과 관계없이 능력에 따라 공평하게 대우받고 있다고 느낀다.						
2. 우리 회사 리더들은 구성원들의 배경과 관계없이 채용과 승진에 관해 객관적이다.						
3. 리더들은 구성원들의 배경과 관계없이 공정한 평가와 피드백을 실시한다.						
4. 리더들은 구성원들의 배경과 관계없이 공정하게 퇴직자를 선별한다.						
5. 리더들은 인사정책과 규정을 모든 구성원들에게 공정하게 적용한다.						
6. 리더들은 능력과 실력에 따라 업무를 할당한다.						
7. 리더들은 구성원들을 돕는 인적 네트워크의 형성을 고무하고 협조한다.						
8. 소수그룹의 승진을 돕기 위한 멘토링 프로그램이 있다.						
9. 회사에서 능력과 무관하게 힘을 가진 특권 집단이란 존재하지 않는다.						
10. 회사는 구성원원들이 다양성 문제를 숙지하고 대응하는 데 시간과 예산을 투자한다.						
11. 다양한 집단의 문화적 특성을 이해하는 것은 나의 업무를 수행하는 도움이 된다.						

그림 8.11 다양성 환경 조사(Diversity Climate Survey)

각 문항의 해당 번호에 체크하시오.	전혀 아니다	상당히 아니다	약간 아니다	약간 그렇다	상당히 그렇다	매우 그렇다
12. 나는 다양한 관점이 가치 창출에 유익하다고 생각한다.						
13. 나는 다양성이 전략적인 사업상의 이슈라고 생각한다.						
14. 나는 나와 배경이 다른 사람과 같이 지내는 것이 편하다.						
15. 나는 내가 다른 사람과 반대되는 의견을 제시하는 것이 두렵지 않다.						
16. 회사에서 다양성 문제 때문에 최상의 성과를 내지 못하는 팀은 없다.						

출처: Mor Barak, Managing Diviersity, 5th Edition

위의 설문을 통해 팀 단위 이상의 조직에서 다양성 준비도를 진단해 볼 수 있다.

국내 주요 대기업의 설문 결과에 따르면, 리더의 73%가 다양성의 필요성에 공감하고 있다고 응답했지만, 실제 구성원 중 '조직에서 다양성이 실현되고 있다'고 느끼는 비율은 45%에 그쳤다. 이는 인식과 현실 간의 간극을 보여준다.

국내 기업의 인적 구성에서 다양성 이슈는 주로 중장년, MZ세대, 여성 인력 등 가시적인 범주에 국한되어 왔다. 초고령화와 인구절벽 현상은 우리 사회가 직면한 가장 큰 이슈 중 하나이다. KDI의 조사에 따르면 2018~2023년 사이 25~54세 인구의 경제활동참가율은 79.3%에서 80%로 약 0.7%p 상승한 반면, 55세 이상 인구의 경제활동참가율은 50.9%에서 53.8%로 약 2.9%p 상승하며 젊은 연령층보다 훨씬 높은 상승세를 나타내며 중장년층의 역할이 확대되고 있다. 이렇게 중장년 인력의 비중이 확대됨에 따라 이들의 인적 활용도를 높여야 할 필요성도 증가하고 있다.

기업 내 인적구조도 마찬가지다. 구글코리아의 P리더는 최근 조직문화의 중요한 주제는 '어떻게 여러 세대가 즐겁게 함께 일할까?'라며, 리더의 50%가 MZ세대로 교체되는 동시에 50대 이상의 고연차 구성원도 직책 없이 함께 일하는 팀이 증가하고 있다고 전했다. 국내 대기업 P사의 K팀장은 "두 개 파트 중 한 파트의 구성원은 모두 자신보다 나이가 많다"고 말한다. 과거에는 고연차 시니어 구성원을 저성과자이거나 은퇴 준비에 열심이고 본업에는 다소 태만하다는 등 부정적으로 보는 시각이 존재했다. 그러나 초고령화 사회가 시작되면서 고연차 구성원을 방치하는 것은 인적 자원의 큰 손실로 이어질 수 있다.

그동안 기업의 인적자원관리는 MZ세대에게 초점을 맞춰왔지만, 향후에는 이러한 부정적 인식에서 벗어나 이들의 퇴직 후 공백이 생기지 않도록 전문성과 경험을 조직 내에서 충분히 활용해야 한다. 또한 기업 내 인적자원관리와 기업 밖 평생교육이 연계되어 사회의 전직으로도 이어질 수 있는 시스템적 준비가 요구된다.

국내 대기업 S사에서는 구성원이 50세와 55세에 진입할 때 다음 커리어를 준비할 수 있도록 의무교육을 시행하고 있으며, 커리어지원센터도 운영 중이다. 또 다른 기업에서는 개인별 컨설팅을 통해 재정·전문성을 지속할 수 있도록 지원하고 있다. 은퇴 예정자의 준비에 대한 여러 연구결과는 이들의 심리적 안녕감이 매우 중요하며, 단기적 지원보다는 중장기적이고 종합적 접근이 필요하다고 강조한다.

국내 K기업의 우수 리더들을 인터뷰한 결과, 공통적으로 시니어와 주니어 간 갈등이 발생하지 않도록 업무를 조율하고, 실제 구성원 개개인과 소통하는 데 많은 시간을 할애하고 있는 것으로 나타났다. 다양성 관리를 이야기할 때 '심리적 안전감'은 필수 조건이다. '안전'은 심리적 혹은 물리적 '공간'의 확보가 우선이다. 이질적이라고 여겨지는 조직 내 구성원에게 얼마나 안전한 공간을 내어줄 수 있는가가 다양성 관리의 핵심이다. 다양성 관리는 개인에 대한 존재로서의 인정과 존중에서부터 시작되며, 개인이 느끼는 '안전함'은 타인에 대한 '공감'으로 확장된다. 이는 조직 내 구성원 간 '배려'와 '포용'의 기반이 된다.

▎수직에서 수평으로: 조직 설계의 전환

과거에는 조직 내 경력 경로가 '사다리 형태'의 수직적 모델이었다. 승진을 통해 위로 올라가지 못하면 경력의 실패로 여겨지던 시기가 있었다. 그러나 최근 변화하는 경영 환경과 조직 문화는 이 경로를 '정글짐 형태'로 바꾸고 있다. 정글짐 경력 모델은 수직뿐 아니라 수평, 대각선 등 다양한 방향으로 이동 가능한 유연한 경력 관리 방식을 의미하며, 이는 다양한 직무 경험을 통해 조직 내 성장을 도모할 수 있도록 한다.

수평조직을 지향하는 문화에서 리더십의 역할도 변화하고 있다. 전통적인 직책 중심의 권한이 아닌, 특정 직무나 역할에 기반한 리더십이 부각되고 있다. 예를 들어, 사내 코치, 퍼실리테이터, 사내 강사, 다양성 관리자, 안전 관리자, 데이터 분석가, 상권 전문가 등은 공식적인 직책 없이도 실질적 영향력을 발휘하는 리더 역할을 수행할 수 있다. 이는 직무 전문성과 개인의 강점을 기반으로 조직 내 기여도를 높이는 방식이다.

이러한 변화 속에서 주목할 현상 중 하나는 이른바 '리더 회피 현상'이다. 과거 리더는 조직의 권위와 성과를 상징했지만, 오늘날에는 갈등 조정, 정서적 돌봄, 피드백 관리 등 복합적인 책임을 요구받는 자리가 되었다. 그 결과 많은 구성원이 차장·부장으로의 승진 자체를 기피하고 있으며, 이는 장기적으로 조직의 성장과 안정성에 부정적 영향을 줄 수 있다.

리더 한 명에게 과도한 책임과 역할이 집중되는 구조는 지속 가능하지 않다. 따라서 수평적 조직 구조에 맞춰 '새로운 역할 기반의 직책 설계'가 요구된다. 직책은 더 이상 권위의 상징이 아닌, 조직 내 역할을 효과적으로 수행하는 도구가 되어야 한다. 이는 리더십의 부담을 분산시키고, 구성원의 동기부여와 역량 개발에 기여할 수 있다.

결국 현대 조직은 구성원 모두가 리더십을 발휘할 수 있는 문화를 조성해야 한다. 이를 위해서는 역할과 책임이 명확히 정의되고, 다양한 형태의 리더십이 인정받는 구조가 필요하다. 직책이 아닌, 조직의 형태가 수직적 모습에서 원형적으로 전환되는 추세에서 코칭적 조직문화와 코치적 리더를 육성함으로써 이러한 문제를 해결해 갈 수 있다.

▌안전한 조직 문화를 위한 조건

ESG 경영 시대, 국내 기업의 다양성 관리는 '순질적'에서 '이질적', '집단적'에서 '개별화', '리더 중심'에서 '구성원 중심'으로 전환되고 있다. 이에 따라 리더십은 수평적 대화와 1:1 코칭이 확대되고, HR 제도 역시 구성원의 선택권을 넓히는 방향으로 변화하고 있다.

이러한 변화 속에서 리더들이 느끼는 불안은 예측과 통제가 어려운 경영 환경 때문만이 아니라, 다양해진 구성원 때문이기도 하다. 개인 간 차이가 커지고 인적 구성도 다양해지면서, 젊은 리더가 경험과 나이가 많은 시니어 구성원과 자유롭게 의견을 주고받는 일은 쉽지 않다. 리더는 연장자에게 업무 지시와 피드백을 하는 것이 어색하고, 시니어 구성원은 나이 적은 리더에게 지시받는 데서 자존감이 흔들리기 쉽다. 이러한 '지위 부조화'는 조직 내 신뢰와 소통을 저해하는 요인이 된다.

지시·통제 위주의 리더십은 한계에 이르렀고, MZ세대 구성원은 경청·피드백·자율성 기반의 리더를 신뢰한다. 이런 리더가 만드는 심리적 안전감과 자기 주도성은 조직 몰입의 핵심 요인이 된다. 조직 내 MZ세대 비중이 커지면서 코치형 리더십은 구성원의 성장 동기와 강점을 끌어내고 몰입도를 높인다. 이제 리더는 문제 해결자가 아니라 '잠재력 촉진자'로서, 구성원이 실수나 질문을 두려워하지 않고 의견을 표현할 수 있는 분위기를 만드는 것이 중요하다.

세대·지위 차이에서 비롯된 갈등을 완화하는 방법 중 하나로 소시오크라시가 있다. 소시오크라시는 모든 구성원의 참여와 동의를 기반으로 의사결정을 내리며, 위계 중심의 명령·통제 방식을 대신해 수평적이고 자율적인 조직문화를 구축한다. 핵심은 'Consent(동의)'다. 의사결정 전에 '동의 라운드'를 거쳐 다수결의 승자·패자 구분이나 무기명 투표 의존성을 줄인다. 여기서 '동의'는 단순 찬반이 아니라, 개인의 호불호를 넘어 조직의 목적과 방향성을 기준으로 판단하는 성숙한 의사 표현이다. '자율'에는 반드시 '책임'이 뒤따른다는 점에서, 동의 라운드는 참여의 역동성과 책임감을 동시에 높인다.

회의는 단순한 대화를 넘어, 리더와 구성원 간 상호작용 수준과 조직의 학습 능력을 반영한다. 유타대 제이 B. 바니(Jay B. Barney) 교수는 구성원들이 자신이 중요한 역할을 수행한다는 '스토리'를 공유할 때, 전략과 조직문화가 긴밀하게 연계되어 실행력이 강화된다고 설명한다. 따라서 리더는 구성원이 그 일의 주인공임을 느낄 수 있도록 돕고, 스스로 업무의 의미와 가치를 발견하게 하여 몰입을 촉진해야 한다.

현대는 초개인화 시대다. 조직은 구성원의 가치관과 라이프스타일을 존중해야 하며, 이를 위한 전제는 '안전한 대화'다. 많은 구성원은 발언 전 '이 말을 해도 괜찮을까?'를 고민한다. 전국경제인연합회 조사에서 MZ세대의 78%가 '소통형 리더십'을 선호한다고 답한 것도 이러한 심리적 안전 욕구를 반영한다.

빠르게 변하는 업무 환경에서는 과거의 예측이 자주 빗나간다. AI가 많은 업무를 대체하는 시대, 리더에게 필요한 역량은 구성원과의 빈번하고 섬세한 소통이다. 첫째, 구성원 개개인에게 관심을 갖고 의견을 묻는 질문력이 필요하다. 둘째, 질문력은 정서와 감정을 민감하게 인지하는 공감 능력에 기반해야 한다. 셋째, 팀이 함께 공유하는 가치를 개발하고 이를 바탕으로 행동 규범(Norms)을 세워야 한다. 런던

경영대 최윤진 교수 연구에 따르면, 목표가 다른 구성원이라도 같은 가치를 공유하면 조직에 긍정적 효과가 나타난다. 결국 질문력·공감·공유가치는 개인화가 심화되는 시대에도 다양성을 존중하는 조직문화를 만드는 핵심이다.

다양성 관리는 단순히 '차이'를 인정하는 것을 넘어, 한 개인을 존재로서 존중하는 데서 출발한다. 개인이 느끼는 '안전함'은 타인에 대한 '공감'으로 확장되어, 조직 내 '배려'와 '포용'의 토대를 이룬다. 생태학자 최재천 박사는 숲 생태계의 공존 원칙을 '함께 있으되 거리를 두는 것'이라 말한다. 조직도 마찬가지다. 안전과 공감을 바탕으로 개인과 조직은 연결되고 성장할 수 있다.

결국 초개인화 시대일수록 연결이 중요하다. '나다움'은 '우리다움'으로 확장될 때, 안전하고 지속가능한 조직문화가 완성된다.

9

AI와
함께 해결하는
기후위기

CHAPTER 09
AI와 함께 해결하는 기후위기

>>> IT 스타트업 넷베터 윤태형

요약

Chat-GPT의 등장 이후, '인공지능(AI)'은 인간처럼 진화할 가능성을 보여주고 있다. 반대로 인간은 AI를 인류의 새로운 도구로 여기며 전 산업영역의 생산성 제고에 활용 중이다. 현재까지 결과만으로도 이미 AI는 인류의 지적 산출물들을 쉬지 않고 소화하며 전방위로 인간을 앞서는 퍼포먼스를 실현하고 있다. 앞으로 AI가 적용되지 않을 영역을 꼽아보는 것이 더 빠를 정도다.

AI는 21세기 인류의 가장 중요한 해결 과제인 '기후위기'를 관리하기 위한 다양한 프레임워크에도 핵심적 솔루션이 되어가고 있다. 특히 측정 및 관리된 데이터를 바탕으로 예측 모델을 만드는 '기후 과학'과 온실가스를 배출하는 산업별 관리 체계 효율을 높이는 분야에서 AI는 현재 필수적 도구이다.

이번 장에서는 AI와 기후 과학의 관련성을 살펴보고, 온실가스(GHG) 관리를 위한 산업별 AI 활용 사례와 기후위기 관리 체계 효율화 작업에 AI를 접목하는 다양한 제안을 소개한다.

그리고 언제나 공짜 점심은 없듯이 AI를 활용해 인류가 미래로 나아가는 길에도 치러야 할 대가가 있다. 막대한 규모의 AI 인프라를 구축하고 이를 감당할 에너지가 바로 그것인데 현재 대두되고 있는 두 가지 관점(효율을 추구하는 AI vs. 성장을 추구하는 AI)도 전문가의 의견을 인용하여 함께 소개한다.

신기술은 많은 자원을 소모한다. 전략적인 AI 활용 계획이 수반되지 않는다면 프랑켄슈타인 프로젝트처럼 꿈으로 시작해서 악몽을 낳는 도전이 될지 모른다. AI로 인류가 발돋움하는 과정에서 마주칠 수 있는 위험들을 예방하는 방법과 각국 정부의 AI 정책도 이 장에서 다룬다.

episode

인공지능의 현재와 기후과학

▌AI는 현재 어느 수준까지 와 있을까

인공지능(AI)의 일반적 정의는 인간의 지능과 관련된 복잡한 작업을 컴퓨터가 수행하도록 하는 과학이다. 현대의 AI는 머신러닝(Machine Learning)에 기반하는데, 이는 알고리즘이 명시적으로 프로그래밍되지 않고도 대규모 데이터에서 패턴을 감지하는 소프트웨어 유형이라고 볼 수 있다. AI는 도메인 지식과 명시적 프로그래밍이 필요한 기존 소프트웨어와 다르다. 오히려 과거 데이터와 시뮬레이션을 사용하여 모델을 훈련하고 패턴을 추출하는 암묵적 프로그래밍들의 집합에 가깝다.

이러한 AI는 광범위한 역량을 가지고 있다. 패턴을 감지하고, 예측을 하고, 시스템을 최적화하고, 가정 시나리오를 시뮬레이션할 수 있다. 다양한 공공기관 및 민간 부문의 조직에서 만들어지고 있는 방대한 데이터를 AI가 학습하면 복잡한 문제를 해결하게 해주고, 데이터 기반의 실제적 결과를 만들어 낸다.

AI는 표, 시계열, 지리 공간 및 텍스트 데이터 등의 형태를 모두 인식할 수 있으며, 다만 효과적인 AI 애플리케이션을 만들어내려면 아직까지는 인간이 데이터를 적절히 가공하고 디지털화한 뒤 AI에게 액세스 권한을 부여해야 한다.

2022년 11월 Chat-GPT가 출시되면서 AI에 대한 대중의 관심이 엄청나게 높아졌다. Chat-GPT는 인류 역사상 가장 빠른 속도로 대중에게 선택을 받은 상품이며 Chat-GPT와 같은 대규모 언어 모델(Lartge Language Model, LLM)은 훈련하고 사용하는 데 상당한 양의 에너지를 소모하고 있음에도 불구하고 리소스 최적화보다는 대규모 배포에 우선 순위를 두고 있다.

그림 9.1 대규모 언어모델(LLM)을 학습한 챗봇 형태의 AI Application

출처: DeepSeek's new AI chatbot and ChatGPT answer sensitive questions about China differently, AP NEWS

▍그렇다면 우리는 AI로 무엇을 할 수 있을까

최신 AI 시스템은 적어도 4가지 분야에서 광범위한 역량을 갖추고 있다.

첫 번째는 탐지다. AI는 방대하고 복잡한 데이터 세트에서 패턴과 이상을 탐지할 수 있다. 이 기능을 통해 AI는 이미지에서 얼굴을 인식하고, 위성 사진에서 온실 가스(GHG) 누출을 정확히 찾아내는 등의 작업을 수행할 수 있다. 지속적인 탐지와 경고 기능을 결합한 형태를 모니터링이라 일컫는데, AI를 활용하면 주기적인 검사와 인간의 개입을 포함하는 기존 모니터링 방법과 달리 데이터 세트 내에서 비정상적인 패턴이나 이상 징후를 쉬지 않고 지속으로 탐지할 수 있다. 예를 들면, 금융 거래 내에서 사기 징후를 포착하고, 가스 추출과 자산 데이터를 매치하여 메탄 누출을 탐지하는 AI 활용 사례가 있다. 두 가지 모두 AI 기반 모니터링의 응용 사례다.

두 번째는 예측이다. AI는 과거 패턴을 학습하여 특정 시스템이 미래에 어떻게 동작할지에 대한 추측(prediction) 혹은 예측(forecast)을 할 수 있다. 이 기능을 통해 AI는 다음과 같은 유형의 작업을 수행할 수 있다. 특정인이 어떤 영화를 보고 싶은지, 혹은 다가올 주에 날씨 패턴이 얼마나 복잡할지에 대한 예측이 그 예시이며, 일반적으로 시간의 경과에 따른 미래 예측을 의미한다. 이러한 예측 능력은 AI 알고리즘의 기본적인 기능으로 계속 응용하면 더 상위 레벨의 작업이 가능하다.

세 번째는 상위 레벨 작업인 최적화이다. AI는 예측을 활용하여 시스템을 최적화하고 특정 목표를 달성하는 액션 플랜을 제안한다. 예를 들어, 생산 수율에 미치는 영향을 예측하여 특정 작물에 필요한 최소

비료량을 AI가 도출할 수 있다. 마찬가지로 다양한 가공법이 강철의 최종 강도 특성에 어떤 영향을 미칠지 예측하여 강철 생산 자원을 최적화하기도 한다. 이러한 AI 기반 최적화 제안들은 일반적으로 마지막 단계에서 인간 전문가의 지도와 해석을 거쳐 완성된다.

마지막은 시뮬레이션이다. AI는 복잡한 시뮬레이션과 시나리오를 만들어 조직이 실제 실험을 실행하는 것이 실용적이지 않은 상황에서 가설을 테스트할 수 있도록 지원한다. AI 기반 시뮬레이션은 수백만 개의 새로운 데이터들을 걸러내어 경험적으로 검증된 데이터를 식별하는 데 도움을 준다. 또한, AI의 시나리오 플랜은 조건부 가정에 따른 미래 상황을 보여주고, 위험을 평가하며, 전략적 의사 결정을 위한 실행 가능한 인사이트를 제공한다. 이런 기능을 활용하면 에너지 공급자는 에너지 그리드가 이전에 경험하지 못했을 수 있는 공급 및 수요 시나리오를 계획하고 운영 비용과 위험을 최소화할 수 있다.

대다수의 현재 AI 시스템들은 위 기능들 중, 두 가지 이상을 지원하고 있다.

▎과연 AI의 잠재력은 어디까지일까

우리는 체스나 바둑 게임을 통해 AI 프로그램을 전통적인 소프트웨어와 비교 인식하곤 한다. 하지만 AI가 우월해 보이는 게임 형태의 소프트웨어만으로는 AI의 잠재력을 완전히 알 수 없다. AI와 함께 빠른 속도로 진화하고 있는 실용적인 학문을 사례로 들어본다.

방사선학은 전문 의사가 의료 영상을 판독하여 질병을 진단하고 치료하는 의학 분야이다. 학문의 주체가 되는 방사선과 의사는 패턴 인식의 전문가이며, 수년간의 훈련을 거친 이 의사들은 흐릿하고 노이즈가 껴있는 스캔 자료에서 해부학적, 생리학적 징후들을 팀지하는 데 많은 시간을 보낸다.

여기서 AI는 이 작업을 수행하는 데 중요한 도움을 줄 수 있다. 예를 들어 암 의학 전문가가 종양의 위치와 유형을 판독한 의료 영상 데이터들이 점점 더 많아지고 있다고 가정해보자. 이러한 데이터 세트를 AI 시스템에 학습시키면 암 전문가가 종양으로 판단한 이미지 패턴을 신속히 감지할 수 있도록 훈련될 수 있다. 이 훈련이 완료되면 AI 시스템은 새로운 의료 이미지를 판독하여 종양의 존재를 암시하는 데이터들을 분류하고, 전문가가 직접 판독해야 할 의미있는 패턴을 리포트할 수 있다.

그리고 종양이 식별되면 AI 시스템은 다양한 치료 시나리오를 시뮬레이션 한다. 방사선 치료를 한 번 받은 후 종양이 얼마나 커질지, 두 번째 치료 후에는 어떨지, 방사선 치료의 강도가 다르면 어떨지, 더 나은 결과를 얻을 수 있을지 등에 대한 시뮬레이션은 의사가 AI를 사용하여 치료 계획을 설계하는 데 기본 바탕이 될 수 있으며, 의료 장비를 작동하는 소프트웨어에도 반영 될 수 있다. AI는 시나리오별 결과에 대한 확률을 제공하고, 그 확률 자체가 치료 계획의 방향이 되기도 한다.

이렇게 AI 기술은 방사선과 의사의 진료에 도움이 될 뿐만 아니라 해당 분야의 과학적 경계를 넓히는 데에도 도움이 되고 있다. 게다가 방사선학에서 AI 의 부상은 기존 소프트웨어를 빼앗거나 실무자를 대체하지도 않는다. AI가 기존 소프트웨어와 인간 도메인과 결합될 때 그 결과는 AI가 단독으로 만들어낼 수 있는 결과보다 더욱 강력하다고 전문가들은 말한다. "인간을 AI 시스템 루프에 포함"시킨다면 AI가 해결할 수 있는 문제들은 무궁무진 할 것이다. 그리고 특히 환경과 관련해서는 더욱 그렇다.

최근 AI 개발 및 확산 속도와 규모는 놀라울 정도다. 컴퓨팅 기술은 나날이 개선되는 중이고, AI로 인해 절감되고 있는 비용 또한 기하급수적으로 늘고 있다. 이러한 효과들이 더욱 크고 더 복잡한 AI 시스템의 도래를 촉진하고 있다. 최근에는 이미 훈련된 AI 학습 모델들이 등장하여 기업이 큰 비용을 들여 처음부터 AI 시스템을 구축하지 않아도 되는 수준에 이르렀다. 이러한 비용 감소는 챗봇을 위한 대규모 언어 모델(LLM)과 같은 고급 AI 의 광범위한 확산을 가능하게 하고 있다.

▌기후위기의 현재, 그리고 기후 과학의 필요성

대기 중의 열을 가두는 온실가스의 농도는 지금 인류 역사상 그 어느 때보다 높다. 이는 지구 기후를 변화시키고 있고, 2024년 7월 22일은 현재까지 가장 더운 날로 기록됐다. 하지만, 직전 해인 2023년 또한 기록된 가장 더운 해였다. 그리고 기록상 가장 더운 10년 또한 지난 10년이다.

심각한 폭풍, 가뭄, 홍수, 산불은 모두 지구 온난화로 인해 더 발생하기 쉬워졌으며, 최근 몇 년 동안 세계 곳곳에 엄청난 피해를 입혔다. 해수면 상승은 전 세계의 해안 도시를 위협하고 있다.

2015년 190개국 이상이 채택한 파리 협정은 산업화 이전 수준보다 지구 평균 기온 상승을 2°C보다 훨씬 낮게 유지하고, 기온 상승을 1.5°C로 제한하기 위한 노력을 추진할 것을 요구했다. 하지만 세계는 이러한 목표를 달성할 길에서 벗어나고 있다. 현재 시행 중인 전세계 정책들은 2100년까지 지구 평균 기온을 약 3°C 이상 상승시킬 것이며, 그 대부분의 정책들도 완전히 이행되고 있지 않다.

우리가 온실가스라고 일컫는 가스들은 대기중에서 열을 포집하며, 주로 이산화탄소(CO_2), 메탄(CH_4), 아산화질소(N_2O) 및 불소화 가스(HFC 및 SF_6)로 구성된다. 그리고, 대기 중에 이런 온실가스가 축적되는 가장 큰 원인으로는 인간의 산업 활동이 자리한다. 이러한 산업 활동에는 화석 연료(석탄, 석유 및 가스)의 연소, 토지 개발, 공산품 소비 및 생산 활동들이 포함된다.

인류가 직면한 엄청난 기후위기 속에서 다행히도 AI가 기후변화와 온실가스 정보를 해석하는 과학적 이해에 중요한 기여를 하고 있다. 전문가들은 AI를 통해 기후 예측 모델 성능을 개선하고, 극한 기상 현상을 경고하는 보다 진보된 경고 체계를 개발하며, 극한 기상 현상이 결국 대기 중의 열 포집 가스를 계속적으로 증가 시키는 원인임을 증명할 수 있다. 앞으로도 AI는 기후 과학에 더욱 큰 기여를 할 것으로 보인다.

AI와 함께하는 기후 과학

기후 과학 분야에 AI를 접목하면 다음과 같은 성과를 거둘 수 있다.

첫째, 기후 모델 성능의 개선이다. 기후 역학과 정확한 기후 예측에 대한 과학적인 이해는 복잡한 기후 모델 컴퓨터 시뮬레이션에 기반한다. 이러한 시뮬레이션을 검증하고 완성하기 위한 두 가지 방법으로 모델 간 상호 비교(model intercomparison), 과거 날씨 데이터 기반 예측(hindcasting)을 주로 사용한다.

여기서 AI는 모델 간 비교 프로세스를 개선하고 특정 모델의 편향을 식별하며, 점점 더 방대해지는 기후 모델 출력 데이터에서 가장 유용한 물리적 결과를 추출하는 데 핵심적인 역할을 한다.

둘째, 기후 데이터에 대한 이해 개선이다. 방대한 양의 기후 및 날씨 데이터를 수집하고 해석하는 과정에서 AI는 지구 기후 시스템의 자연

그림 9.2 일본의 온실가스 관측 위성, 모니터링 결과

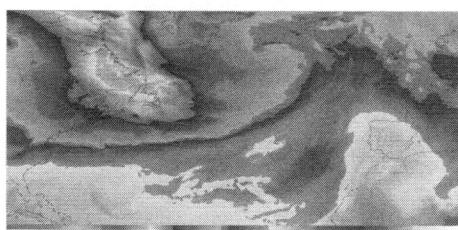

출처: ICEF(2024), Artificial Intelligence for Climate Change Mitigation Roadmap

적 활동 간 숨겨진 중요한 상관 관계를 밝혀내는 데 도움이 된다.

예컨대 한 연구에서는 미국 중서부의 강수량이 북대서양 염도를 조절하는 데 중요한 역할을 한다는 사실이 확인됐다. 또한 AI는 에어로졸과 구름 간 상호작용처럼 불확실성이 큰 요소를 정밀하게 분석해 기후 모델의 정확도를 높인다.

셋째는 극한 날씨에 대한 보다 진보된 경고 시스템 개발이다.[1] AI는 단기 '초단기 예보(nowcasting, 6시간 이내)'를 통해 극심한 강수와 강풍을 사전에 경고하고, 며칠에서 수주에 걸친 폭염 발생 가능성도 예측한다. 이로써 기후 적응 전략의 질적 전환이 가능해진다.

마지막으로 극단적 기후 사건이 인간의 영향(human attribution)임[2]을 증명하는 수단이기도 하다. AI는 이미 특정 기후 현상과 메커니즘을 해석하여 인간의 영향이 변화의 큰 부분을 차지함을 통찰력 있게 밝힌 바가 있다. 최근 유럽에서 발생한 강의 범람, 강력한 열대성 저기압, 서리가 발생하는 기간 등 복잡한 기후 사건들이 분석 대상에 포함된다. 미루어 볼 때 앞으로 인간은 AI와 함께 다양한 기후위기를 해결할 것으로 보인다.

---

1 지난 30년간 캘리포니아에서는 극심한 화재 기상 조건이 약 두 배로 증가했다. 이러한 변화는 전 세계적으로 기후 위험에 노출되는 인구를 확대시키고 있다. 2022년 6~8월 파키스탄은 전례 없는 홍수로 1,700명 이상이 사망하고 3,300만 명이 피해를 입었으며, 220만 채 이상의 주택이 파손됐다. 이러한 극한 기후 사건은 단기·정밀한 경보 시스템의 필요성을 보여주며, 동시에 뎅기열·말라리아·콜레라 등 기후 매개 감염병 확산 위험을 높인다.

2 온실가스 배출 모니터링 기술에서 AI는 특히 메탄 배출 추적에 두드러진 성과를 보인다. 위성 이미지를 이용해 메탄을 감지·정량화함으로써 '초대량 배출자'를 식별하고, 만성적 메탄 누출을 정확히 파악할 수 있다. 이전에는 이러한 정보가 거의 보고되지 않았다.

episode

AI를 활용한 기후위기 관리 사례와 제안

2024년 10월, 일본 경제산업성(METI)과 신에너지산업기술개발기구(NEDO)가 주관한 ICEF(Innovation for Cool Earth Forum)[3]가 도쿄에서 열렸다. 전 세계 산학연계 리더들이 이 포럼에서 발표한 온실가스 관리 분야별 AI 적용 사례와 제안을 다음과 같이 살펴본다.

▎전력 부문

2023년 전력 부문의 이산화탄소(CO_2) 배출량은 전 세계 온실가스 배출량의 약 28% 수준이었다. 그 비중으로 미루어보아 전력 부문의 온실가스 감축 계획은 세계 경제를 탈탄소화(decarbonization)[4]시키

---

3   ICEF(2024), "Artificial Intelligence for Climate Change Mitigation Roadmap"
4   지난 30년 동안 재생 에너지 가격이 대폭 하락했음에도 불구하고 화석 연료는 여전히 글로벌 전력 생산을 지배하고 있다. 2023년 화석 연료(석탄, 석유, 천연 가스)는 전 세계 생산 전기의 61%를 차지했다(1990년에는 65% 수준).

는 데 가장 중요한 역할을 수행할 것으로 예상된다. 현재 탈탄소화를 위한 대부분의 전략 또한 차량, 산업, 난방 및 기타 부문에 필요한 에너지를 화석 연료에서 전기 에너지로 전환함에 있기 때문에 향후 전력 부문에 대한 혁신은 계속될 것으로 보인다. 글로벌 기후변화 목표를 달성하려면 전력 부문의 성장과 동시에 탈탄소화를 병행해야 한다.

AI는 이러한 과제를 해결하는 데에 중요한 도구가 된다. 태양광 및 풍력 발전소의 예를 들어보면 기존 전문가들이 AI를 활용해서 더 나은 곳에 발전소 입지를 결정할 수 있고, 더 나은 날씨 예보를 바탕으로 에너지 생산 속도를 조절하며 더 나은 생산량을 만들어 낼 수 있다.

장거리 전력 송전 분야에서도 AI를 활용해 동적으로 용량을 늘리고 조절할 수 있다.[5] 최근의 전문가들은 가상 발전소와 수요 대응 프로그램을 제공하는 AI 도구에 크게 의존하기 시작했다. 또한 AI는 배터리

그림 9.3 온실가스 배출의 가장 큰 부분을 차지하는 전력 부문

출처: ICEF(2024), "Artificial Intelligence for Climate Change Mitigation Roadmap"

---

5   정적이고 보수적인 추정 대신 현재 날씨와 회선 상태에 따라 송전선의 최대 용량을 결정하는 방법. 동적 회선 평가를 통해 송전선 용량을 최소 30%까지 늘릴 수 있다.

화학 분야의 혁신을 가속화하고 있으며, 배터리 사용을 최적화하는 차량-전력망 시스템을 지원하기도 한다. 이러한 모든 분야와 그 외 여러 분야에서 AI가 전력 부문의 온실 가스 배출을 줄이는 데 도움이 될 잠재력은 상당하다.

그러나 아직까지는 접근 불가능한 데이터가 많고, 훈련된 인력의 부족과 기존 전력 시장의 완고함으로 인해 AI를 통한 전력 부문 혁신이 방해받기 쉽다. 안전 및 보안 위험 관리를 우선해야 하기 때문이기도 하다. 그렇지만 이미 일부 지역에서 신설되는 데이터 센터의 전력 수요는 저탄소 전력원의 증가보다 빠르게 증가하고 있다. 따라서 향후 정부와 규제 기관 및 민간 기업 간의 협력이 AI를 활용한 전력 부문의 탈 탄소화 실현에 필수적이다.

식량 시스템 부문

식품 생산, 가공, 유통, 소비 및 폐기를 포함한 식품 시스템은 전 세계 인류의 건강과 생계에 매우 중요한 분야이다. 식품 시스템은 전 세계 온실가스 배출의 30% 이상을 차지한다.[6] 이만큼 중요한 식량 시스템에 상당한 위험을 초래하고 있는 가장 큰 요인이 최근의 급격한 기후변화이다. 기후변화로 인해 농업 생산성, 식량 안보 및 공급망 안정성이 위협받고 있다.

AI는 식품 시스템의 온실가스 배출을 줄이는 데 큰 잠재력을 가지고

---

6 전체 온실가스 중, 이산화탄소의 20% 이상, 메탄의 50%, 아산화질소의 75% 수준

있으며 동시에 식량 시스템의 회복력을 강화하는 역할을 지원한다. 주요 AI 응용 분야로는 농업 모니터링을 위한 원격 감지, 농장 관리를 최적화하기 위한 의사 결정 모델링, 기후 회복력이 강한 작물을 재배하기 위한 재배 가속 프로그램 등이 있다.

그림 9.4는 식품 시스템의 통합 개요를 나타내며, 농업 투입물 생산, 토지 이용 변화, 농업 생산 및 어업, 농장 출하 후 공급망, 소비 활동, 폐기물 처리 등 다양한 상호 활동으로 구성된다.

그림 9.4 AI 적용 가능한 식량 시스템

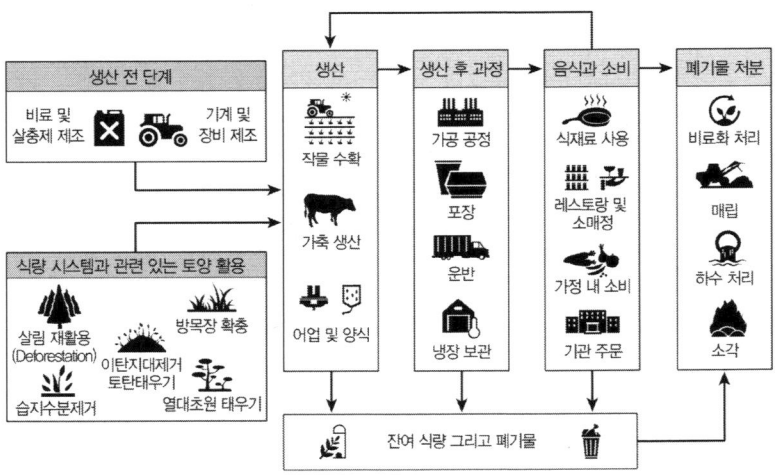

출처: ICEF(2024), "Artificial Intelligence for Climate Change Mitigation Roadmap"

그러나 모델 해석 및 적용의 한계, 데이터 편향, 기존 식량 시스템 체계의 불평등이 야기될 위험 등 여전히 해결할 과제들이 남아 있다.

식량 시스템에 AI 적용을 촉진하기 위해서는 다양한 AI 도입을 시도하고(인간 참여 모델 등), AI 성능을 가속화하는(데이터 협업 생태계 구축 등) 이해 관계자들의 적극적인 참여가 필요하다. AI로 식량 시스템 내 온실가스 배출을 줄이기 위한 정책적인 노력에는 공공 연구개발(R&D) 자금 확대, 표준화 된 벤치마크 및 데이터 세트 개발, 데이터 수집 시스템에 대한 지속적 투자, AI 모델 개발을 위한 참여적 접근 방식 채택 등이 포함된다.

제조 부문

제조 부문은 전 세계 온실가스 배출량의 약 3분의 1을 차지한다. AI는 기존 산업 공정과 운영을 비용 효율적인 방식으로 최적화하여 제조 부문의 탈탄소화를 도울 수 있는 상당한 잠재력을 가지고 있다.

예를 들어 AI는 석탄 대신 재활용된 고철로 강철을 만드는 중요한 탈탄소화 기술인 전기 용광로를 사용하는 제강 분야에서 중요한 역할을 할 수 있다. AI는 각 고철 배치의 변동성을 해결하고 변동성에 적응하기 위한 최적의 작업 설정을 제안하는 데 도움을 주고 있다.[7]

더 광범위하게 말하면, AI는 제조업체가 생산 문제에 더 빠르고 효과적으로 적응할 수 있게 돕는다. 과거 데이터를 활용하여 반복적인 실수를 피하고, 생산 수율을 개선하고, 가변적인 재활용 원료를 계산하여 재활용과 순환성을 촉진하고, 에너지 소비를 최소화하며, 대체 에너지원을 채택하고, 생산 일정과 공급망을 최적화하여 물류 간접비

---

7 2022년 AI를 사용하는 한 브라질 강철 제조업체는 AI 툴을 사용하여 합금 첨가제 소비를 8% 줄였고, 공정 비용과 온실가스 배출량을 모두 줄였다. 더불어 비용 감소 3달러/톤, 7.5% 감소된 CO_2 배출/톤을 수반했다.

그림 9.5 AI를 활용한 공장 운영의 디지털화

출처: ICEF(2024), "Artificial Intelligence for Climate Change Mitigation Roadmap"

를 줄임으로써 제조 부문의 탈 탄소화에 도움을 줄 수 있다.[8]

▎도로 운송 부문

세계 경제의 중요한 부분을 맡는 도로 및 운송 부문은 화석 연료에 크게 의존하고 있으며 전 세계 온실가스 배출량의 약 18%를 생산한다.

AI는 도로 운송 부문에서 발생하는 온실가스 배출을 줄일 수 있는 잠재력이 있다. AI를 활용하면 전기 자동차(EV) 충전 인프라 배치를 개선하고, EV 배터리 수명을 연장하며, 차량과 에너지 그리드 간 네트워크 운영을 지원하여 전기 자동차의 확산을 가속화 할 수 있다.[9] AI는 배터리, 전기 모터 및 대체 연료의 혁신을 가속화하는 데에도 큰 역할

---

8 제조업 기업의 4분의 3 이상이 노령화된 인력에 대해 우려하고 있다. 숙련된 근로자들이 특정 제조 현장에서 축적한 전문 지식을 잃지 않기 위해서라도 과거 생산 데이터를 보존하고 활용하는 데에 AI가 중심 역할을 할 것으로 여겨진다.

9 내연기관 대비 전기차의 Lifetime 온실가스 배출량은 각국의 기술 수준에 따라 유럽 69%, 미국 67%, 중국 45%, 인도 34% 수준으로 감소하고 있다.

그림 9.6 AI와 전기차 인프라, 배터리

출처: ICEF(2024), Artificial Intelligence for Climate Change Mitigation Roadmap

을 하고 있으며, 지능형 교통 시스템에서도 중요한 정보를 다루며 중심적인 역할을 한다. 또한, 자율 주행 및 군집 주행을 지원하는 등의 방법으로 AI는 도로 운송 부문의 온실가스 배출을 줄일 수 있다.[10]

하지만 다음과 같은 장벽이 위의 혁신들을 방해할 수 있다. 다른 부문과 마찬가지로 활용 가능한 데이터의 부족, 데이터 표준의 부재, 숙련된 인력 부족이 가장 큰 문제다. 또한, 도로 교통 시스템에 AI를 적용하면 사생활 침해 등의 윤리적 문제와 함께 자율 주행차의 경우 개별 차량 이용이 쉬워짐에 따라 온실가스 배출량이 증가하는 위험이 발생한다. 그럼에도 불구하고 도로 교통 부문에서 AI 잠재력을 최대한 실현하려면 정부가 스마트 교통 인프라에 더 투자해야 한다. 정부의 계획에 맞춰 기업과 표준 기관들도 스마트 교통 기술 관련 데이터 표준 수립을 위해 협력해야 할 것이다.

---

10 Waymo 및 Cruise 등의 회사는 미국 일부 도시에서 Autonomous Vehicle 활용한 상업용 로보 택시 서비스를 운영중이며, TuSimple, Kodiak Robotics 기업은 자율주행 트럭으로 광범위한 도로 테스트를 수행 중이다.

▎항공

경제 성장의 가속화로 승객과 화물 수요가 계속 증가함에 따라 항공으로 인한 온실가스 배출량도 급격히 늘어나고 있다.

AI는 여러 가지 방법으로 항공 부문의 온실가스 배출과 그로 인한 기후 영향을 줄일 수 있는 잠재력이 있다. 유망한 솔루션 중 하나는 AI를 사용하여 항공기가 유발하는 응축 흔적(Contrails)이 형성되는 시기를 예측하고, 이를 피할 수 있는 비행 경로를 디테일하게 제안하는 것이다.[11]

또한, 지속가능한 항공 연료(Sustainable Aviation Fuel, SAF)로 불리는 새로운 제형의 주요 특성을 AI로 추적하면 화석연료를 대체하는 탈탄소 연료 채택을 가속화하는 데에 도움이 될 수 있다.

연료 효율을 높이기 위해 개선하는 엔진 및 항공기 설계 작업에도 AI가 활용된다. AI를 사용하여 항공기 엔진 내의 연료 연소를 시뮬레

그림 9.7 AI를 활용한 항공 엔진 설계

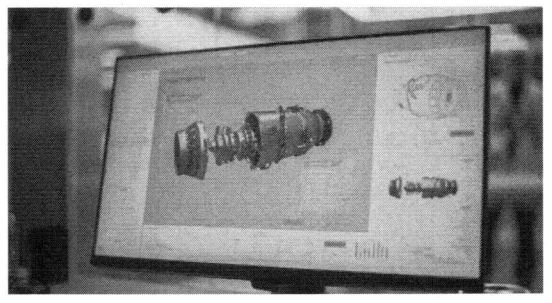

출처: ICEF(2024), Artificial Intelligence for Climate Change Mitigation Roadmap

---

11 최근의 항공 관련 연구들은 콘트레일로 인한 기후 영향이 매우 크다는 것을 보여주고 있다. 그것은 CO2로 인한 태양 복사열 차단 효과와 비슷한 수준이다.

이션하면, 완전히 새로운 설계 방식으로 최적화된 엔진을 가상으로 테스트할 수 있다. 유사한 접근 방식으로 엔진 냉각 설계를 개선하여 엔진 수명을 늘릴 수 있고, 같은 방법으로 항공기의 본체, 날개 및 엔진실을 설계하고 테스트하여 공기 역학적 저항을 최소화하고 무게를 줄여 전반적인 연료 효율을 높일 수 있다. 항공기 운항 중에는 활주로 할당, 이륙 및 착륙 타이밍, 상승과 하강 궤적에 대한 실시간 결정을 지원한다. 항공 부문에서 AI는 모든 계산을 최적화하고 전반적인 업무 효율성을 높이며 불필요한 연료 소모를 줄이는 데 필수 도구가 될 것으로 보인다.

하지만 항공 규제 등의 제도적 장치들은 안전에 최우선 초점을 맞추고 있기 때문에 AI 기반 솔루션들을 채택하는 데에 장벽이 될 수 있다. 기업과 혁신가 및 정부는 항공 부문 기후변화 완화를 위해 AI의 이점을 활용하도록 긴밀히 협력해야 한다. 그 중에서도 콘트레일에 대한 작업은 최우선 순위여야 한다.[12] 이러한 목표를 달성하기 위해 국가 정부는 공개적으로 사용 가능한 기상 데이터의 범주와 품질을 높이고, 모든 상업용 및 개인용 항공기가 야기하는 기후 영향(콘트레일 형성 포함)을 보고하게 하고 이러한 데이터를 공개적으로 보고하도록 요구해야 한다.

---

12 콘트레일은 본질적으로 인공적으로 형성된 권운이다. 특정 기상 조건에서 수 시간 지속될 수 있으며, 사라지지 않으면 우주로 방출될 복사열을 차단하여 온난화의 요인이 된다. 콘트레일 생성을 줄이기 위한 항로 변경은 단지 0.1% 수준의 추가 비용과 연료 소모만으로 실행될 수 있다.

건설

건설 부문은 전 세계 온실가스 배출량의 약 18%를 차지한다. 여기에는 설계부터 철강 및 시멘트 제조, 건설, 운영, 철거에 이르기까지 건물 수명 주기 전반에 걸친 배출량이 포함된다.

AI는 건물의 CO_2 배출을 줄이는 데 중요한 역할을 할 수 있다. 설계 단계에서 AI는 에너지 효율성, 현장 물자 배치 및 재료 선택을 개선하는 데 도움이 되고, 건설 과정 중에는 폐기물 관리를 지원하고 시공 전 제작을 용이하게 하며, 현장에서는 온실가스 배출 감소 기회를 파악하는 작업을 지원한다. 또, 건물이 운영 중일 때는 AI를 통해 HVAC(난방, 환기 및 공조, Heating, Ventilation, Air Conditioning) 및 기타 기계 시스템을 최적화하여 건물 활용 및 사용 패턴에 대한 실시간 데이터를 기반으로 에너지 소비를 줄일 수 있다. 건물의 태양광 패널 배치를 최적화 하여 깨끗한 에너지를 생성하게 하고, 생성된 에너지를 더 광범위한 에너지 그리드 수요와 통합시키는 솔루션도 제공하기도 한다. 건설 폐기물의 효율적인 분류를 가능하게 하여 재료 재사용률을 높일 수도 있다.

건설 부문에 AI를 적용하려면 다양한 국가적, 지역적 맥락이 고려되어야 한다. 왜냐하면 향후 수십년 간의 건설 계획 중 대부분이 개발도상국에서 이뤄질 것이기 때문에 각 이해 관계 주체들의 상황에 맞게 AI를 도입해야 할 것이다.

한편, 건설 부문 주요 이해 관계자들의 AI 기술에 대한 익숙함 부족은 상당한 장벽이 될 것이다. 그래서 정부와 민간 부문 및 전문가 협회는 건물 에너지 사용 및 온실가스 배출량을 줄이는 AI를 적용한 모범

사례를 전파 시킬 플랫폼을 개발할 필요가 있다. 범주를 더 확장해서 건설 개발 은행과 국가 기관은 건물 부문의 이해 관계자들이 AI 혁신 프로그램을 개발 및 도입할 수 있도록 역량을 높이기 위한 기술 지원 및 자금 지원 프로그램을 확대하면 AI 도입이 수월해진다.

▎탄소 포집

야심찬 기후 관리 목표는 탄소포집, 사용 및 저장(Carbon Capture, Use and Storage, CCUS)을 포함한 광범위한 탄소 관리 계획을 요구한다. 오늘날 CCUS는 허가, 적용 및 경제성 등의 한계로 적용이 어려움에 직면해 있다. AI는 이 비용을 크게 줄이고 CCUS 배포를 가속화할 수 있는 잠재력이 있으며, 여기에는 성능의 급진적인 개선이 포함된다.

AI는 CCUS 연구, 개발 및 배포의 모든 측면을 개선할 수 있다. 초기 혁신 과정에서부터 AI는 흡착제(Sorbents), 촉매(Catalysts) 및 멤브레인 막(Membranes)을 포함하여 탄소 포집 및 사용을 위한 새로운 재료를 식별하는 데 도움이 되어 왔다. 디지털 트위닝(Digital Twinning)과 같은 AI 애플리케이션은 시설 설계 및 운영의 효율성과 비용을 획기적으로 개선하며, 파이프라인 라우팅 및 지하 지형 식별에서도 AI는 위험과 비용을 줄이는 데 기여한다. 비기술적 문제도 AI 애플리케이션의 혜택을 볼 수 있다. 예를 들어, AI는 각종 환경 관련된 허가와 토양 침투 작업 분석 등의 초안을 작성하고, 필요한 시간을 줄이며, 작업 제반 환경 모니터링을 지원하는 방식으로 신기술의 도입 과정 전반에 걸쳐 표준을 수립하는 데 큰 역할을 할 수 있다.

이러한 이점을 실현하려면 의사 결정권자는 고급 AI 도구와 애플리케이션을 전문가들에게 교육시키고, 핵심 데이터에 대한 적절한 액세스 권한을 보장해야 한다. 마찬가지로 연구원부터 규제 기관에 이르기까지 구성원들이 AI 편향이나 환상으로 인한 문제를 마주치지 않고, 좋은 결과를 내려면 강도 높은 AI 교육을 받아야 한다.

원자력

원자로가 운영 비용을 낮출 수 있다면 탄소배출을 줄이는 데 더 큰 기여를 할 수 있다. AI는 이미 현세대 원자로의 연료 공급 및 유지 관리를 최적화하는 데 사용되고 있으며, 상용화를 향해 나아가고 있는 첨단 원자로의 설계를 돕는 데 핵심 역할을 하고 있다. 핵 안전 규정을 더 효율적으로 개선하는 데에도 도움이 된다.

비등경수 원자로[13]는 이미 핵심 설계 및 모니터링에 AI를 사용하여 농축 요구 사항을 줄이고, 핵연료의 양을 줄이며 불필요한 셧다운을 피하고 있다. AI는 발전소가 운영 시간이나 달력 일수에 따르는 유지 관리 체계에서 벗어나 데이터에 따라 운영될 수 있도록 한다. 이는 향후 장비 고장 가능성을 더 정확히 파악하는 작업을 돕는다. 또한, AI를 통해 관리자는 조사된 콘크리트 스캔을 해석하여 발전소 상태를 더 면밀히 파악할 수 있으며, 고급 핵분열로 및 핵융합로의 장비 설계에 AI

---

13 BWR(Boiling Water Reactor) : 경수의 비등을 이용하며 냉각재로 쓰이는 물이 끓는 걸 허용하는 원자로이다.

를 활용할 수도 있다.

　하지만 AI를 핵 에너지에 적용하는 데에도 어려움이 있다. 가장 큰 이유는 이 분야는 운영 및 구성 요소 성능과 관련된 방대한 양의 데이터를 보유하고 있지 않기 때문이다. 따라서 AI를 복잡하고 긴밀하게 연결하여 안전이 가장 중요한 시스템에 도입하려면 소프트웨어 개발과 관련된 신중한 계획과 검토가 필요할 것이다.

episode

인류를 넘어설
AI 인프라 구축을 위한 해결 과제

▌AI는 얼마나 많은 에너지를 필요로 할까?

생성형 AI, 특히 ChatGPT와 같은 모델의 높은 에너지 소비는 최근 언론과 전문가들의 주목을 받고 있다. 하지만 모든 AI 시스템이 이처럼 많은 컴퓨팅 파워를 요구하는 것은 아니다. 간단한 통계 모델이나 강화 학습 모델 등은 비교적 적은 에너지로 운영할 수 있다. AI의 에너지 수요는 모델 유형, 훈련 방식, 사용 빈도에 따라 달라진다.

따라서 현재 산업에서 활용하는 대부분의 AI는 고도화된 인프라 없이도 작동한다. 예를 들어 의료 데이터 분석, 제조 센서 출력 예측, 농업용 드론 이미지 처리 등에 활용되는 AI는 노트북 수준의 장비로도 충분히 학습이 가능하다. 반면 생성형 AI는 대규모 언어 모델(LLM)과 방대한 학습 데이터 규모로 인해 막대한 연산과 에너지가 요구되며, 경우에 따라 수주 동안 슈퍼컴퓨터를 가동해야 할 정도다.

AI가 많은 에너지를 소비한다고 해서 반드시 온실가스를 많이 배출하는 것은 아니다. 데이터 센터가 태양광, 풍력, 원자력 등 저탄소 전력을 사용할 경우 배출량은 낮아질 수 있다. 실제로 현재 AI 관련 온실가스 배출은 전체의 1% 미만 수준으로 추정된다.

하지만 AI 수요 증가에 따라 데이터 센터가 전 세계적으로 빠르게 확장되고 있기 때문에, 에너지 공급 방식과 효율성 개선, 저탄소 전환에 대한 체계적인 대응이 필요하다. AI 기술 발전에 따라 배출량이 증가할 수도 있고 감소할 수도 있는 불확실성이 존재하며, 이는 AI가 여전히 초기 단계에 있는 혁신 기술이기 때문이다. 따라서 앞으로 AI가 환경에 미치는 영향을 면밀히 살펴봐야 할 시점이다.

▍AI가 촉발한 미국의 전력 부족

미국은 최근 데이터 센터 확산과 AI 수요 급증으로 심각한 전력 공급 압박에 직면하고 있다. 미국 유틸리티 산업의 대처 방향을 살펴보면 AI로 인한 에너지 변화를 체감할 수 있다.

Bain & Company의 2024년 보고서에 따르면, 미국 전력 시장은 엄청난 경제 성장에도 불구하고 전력 효율성 개선으로 수요 공급이 상쇄되면서 평화의 시대를 보내왔지만, 2020년 이후 상황이 급변했다. 특히 생성형 AI 도입 이후 데이터 센터 투자가 폭증하면서 전력 수요는 폭발적으로 증가하고 있고, 데이터 센터에 투입되고 있는 막대한 투자 비용과 더 높은 수준의 서비스를 기대하는 소비자들의 요구에 유틸리티 기업들은 골치가 아프다고 한다. 그린 에너지 전환 문제까지 더해지면서 기업들은 심각한 가치 충돌 상황에 놓여 있다.

무섭게 치솟는 전력 수요와 이에 전혀 대응하지 못하고 있는 전력 공급 그래프(그림 9.9)를 보고 구글 CEO 순다르 피차이는 "이러한 전환기에는 과잉 투자보다 과소 투자가 더 위험하다"고 경고했다.

그림 9.9 미국 전력 수요 예상 및 증가분 섹터별 분류

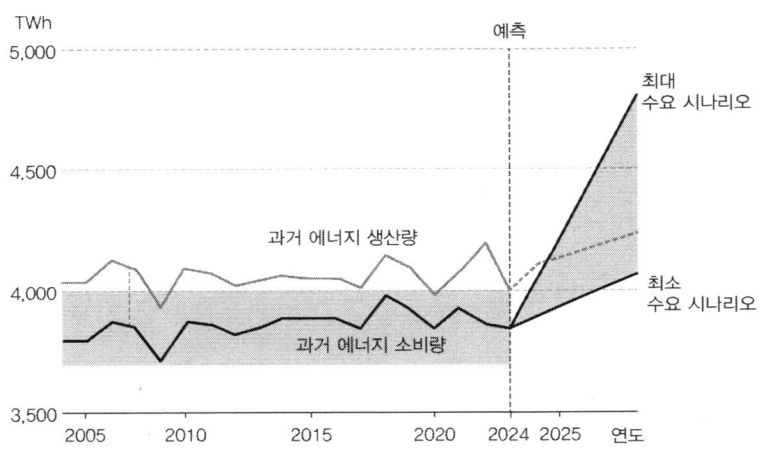

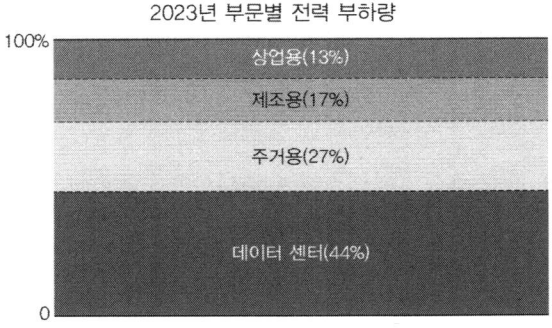

출처: Bain & Company Report(2024), "Utilities must reinvent themselves to Harness the AI-Driven Data Center Boom"

보고서에 따르면, 전력 수요 정체의 시대는 이제 종료되었다고 한다. 미국 유틸리티 업계는 2028년까지 전력 생산량을 2023년 대비 연간 7~26% 늘려야 한다. 이는 2005년 이후 최대치였던 5% 증가율을 크게 웃도는 수준이다. 제조업 리쇼어링, 산업 활성화 정책, 전기차 확산 등이 AI 수요 증가와 맞물리며 에너지 시장에 복합적인 충격을 주고 있다.

전력 수급 부하의 주범은 데이터 센터

현재 미국 전력 시장은 향후 몇 년 동안 수요가 공급을 앞지를 것이라는 예측에 대비하고 있으며, 데이터 센터가 미래 전력 수요 증가분의 거의 절반을 차지할 것으로 보고 있다.

극한의 시나리오(High-end Demand)를 가정하면, 미국 기업들이 차세대 AI를 개발하기 위해 서두를 경우 데이터 센터가 2028년까지 전체 전력 수요 증가분의 44%를 차지할 것으로 예상한다.[14]

미국뿐 아니라 글로벌 유틸리티 기업들 역시 유사한 흐름을 보이고 있다.[15] 데이터 센터 가동에는 눈이 튀어나올 정도로 놀라운 양의 전력이 필요한데, 1기가와트 데이터 센터 하나는 약 4개의 천연가스 발전소 또는 대형 원자력 발전소 절반의 용량을 필요로 한다. 이렇게 급증

---

14 전기차는 Residential 부문에 포함한다.
15 글로벌 데이터 센터의 연간 에너지 소비량은 2023~2027년 두 배 이상 증가할 수 있으며, 연평균 10%에서 24%의 성장률을 기록하고 2027년에는 100만 기가와트를 넘어설 가능성이 있다.

하는 데이터 센터의 전력 소비를 감당하기 위해서는 전 세계적으로 2조 달러 이상의 새로운 에너지 생산이 필요할 것이라고 한다.

이러한 에너지 부담에도 불구하고 유틸리티 업계는 이 기회를 수십 년 만의 성장 동력으로 간주하고 있어 이를 놓치는 것을 더 큰 위험으로 보고 있다.

▍효율을 추구하는 AI vs. 성장을 우선하는 AI

AI가 막대한 에너지를 요구하는 동시에 효율성 개선을 위한 시도도 이어지고 있다. 엔비디아 CEO 젠슨 황은 현재 구축되는 데이터 센터들은 약 100메가 와트 수준의 에너지를 소비하고 있으며 미래에는 그 소비량이 10배에서 20배 더 증가할 것이라고 예측한다. AI가 다른 AI 모델들과 상호작용하는 학습을 시작하면 더 많은 에너지가 필요하기 때문이다. 그럼에도 불구하고 젠슨 황은 AI의 효율적 순기능을 기대한다. AI 가속 컴퓨팅을 활용한 날씨 예측은 기존 슈퍼컴퓨터의 결과보다 수천 배 더 에너지 효율적일 것이며, 이를 통해 더 다양한 기후 문제를 해결할 수 있다고 한다. AI는 문제 해결에 있어 모든걸 직접 계산하는 기존 방식보다 훨씬 더 적은 에너지를 소비할 것으로 전망한다. 또한, 스마트 그리드 에너지 분야에 AI 활용을 강조한다. AI를 활용하면 태양광 같은 친환경 에너지원을 효과적으로 스마트 그리드에 통합시킬 수 있고, 전력망 관리와 전력 예측을 통해 에너지 분배도 더 효율적으로 진행될 것이라 예상한다. 현재 전력망은 인구 증가에 따라 전력 수요가 급증하는 상황에 대비해야 하며, 스마트 그리드는 이러한 문제를 해결하는 데 가장 중요한 역할을 하고 인류의 경제 성장과 삶의 질 향상에 직결된 임무를 맡는다고 주장했다.

그는 모든 산업에서 AI가 필수적으로 사용될 것이기 때문에 지속가능한 에너지 조달을 위해 데이터 센터를 에너지원 근처에 배치하는 효과적 방식을 제안한다. 그는 소형원자로나 수력발전소와 매우 가까운 곳에 데이터 센터를 증설하는 방식으로 AI가 에너지를 압축 활용하고 에너지를 이동시킬 수도 있다고 본다. 그 이유는 AI 훈련에 24시간 에너지를 공급할 필요가 없기 때문이다. AI는 일정 시간 학습이 중단되더라도 에너지가 공급되면 그 즉시 학습을 재개할 수 있다. 다음은 젠슨 황의 요약 발언이다.

"AI에 대해 깨달아야 할 중요한 점은 AI가 어디에서 학습을 하는지 우리는 신경 쓰지 않아도 된다는 것입니다. AI는 학교에 가지 않습니다. 어디서든 언제든 학습할 수 있지요. 그리고 에너지 그리드에는 반드시 과잉 에너지가 있는 곳이 있습니다. 그 에너지를 인류에게 전달하는 역할을 어렵지만 데이터 센터가 할 수 있을 것으로 봅니다. 우리는 에너지가 남는 곳 근처에 데이터 센터를 짓고, 그 에너지를 활용할 수 있어요."

"AI를 훈련하는 것은 병원을 운영하는 것과 같을 필요가 없습니다. 가동 시간이 99.999999%일 필요가 없어요. 가끔씩 에너지가 몇 퍼센트씩 떨어져도 괜찮습니다. 몇 시간 동안 공부를 멈춰도 AI는 그만둔 곳에서 다시 시작할 수 있습니다."

반면, 메타의 CEO 마크 주커버그의 관점에는 AI 성장에 우선적으로 필요한 해결 과제들을 살펴볼 수 있다.

그는 AI 학습 클러스터를 구축하는 데 있어 가장 큰 장애물이 에너지라고 본다. 특히 아직까지 기가와트급의 대규모 AI 학습 클러스터는 구축된 적이 없으며, 에너지 허가와 같은 규제 문제로 인해 속도가 느려지고 있음을 우려한다. 에너지를 확보하는 것은 매우 규제가 많기 때문에 정부의 기능에 가깝다고 주장하고 있다. 또한, 새로운 발전소나 대규모 전력 설비를 구축하고 송전선을 건설하는 데는 수년이 걸리며 이것은 매우 복잡한 규제 문제로 이어진다고 언급했다. Meta와 같은 대기업조차도 이러한 대규모 AI 관련 프로젝트를 실행하기 위해서는 자본과 에너지가 부족하다고 인터뷰에서 호소했다.

현재 구축되는 데이터 센터는 50에서 150 메가와트 정도의 규모가 일반적이며 300 메가와트 이상의 데이터 센터는 아직 구축된 적이 없다고 한다. 1기가와트 규모의 데이터 센터는 아직 등장하지 않았지만 다른 리더들의 의견처럼 이는 시간이 지나면서 가능해질 것으로 예상하고 있다.

그에 따르면 미래에는 AI 학습보다 합성 데이터를 생성하는 추론이 더 중요해질 가능성이 크다고 한다. 현재는 학습과 추론의 경계가 명확하지 않지만, 추론을 통해 더 많은 합성 데이터를 생성하여 모델 학습에 활용하게 될 것으로 보인다. 이는 AI의 미래에 에너지가 계속해서 필요할 것임을 시사하고 있다. 그는 에너지와 자본이 AI 기술 발전에 있어 중요한 병목 요소임을 강조하면서도 미래의 AI 발전 가능성에 무게를 두고 있다.

리더들이 제시하는 위 두 가지 관점 뿐 아니라, 인류는 급성장하는 AI를 감당하기 위해 더 다양한 고민을 해야 할 것이다. 인공 지능에 에너지를 공급해야 하는 당면 과제는 하나이지만 그 솔루션은 다양하기 때문이다. 데이터 센터를 잉여 전력이 있는 에너지원 옆에 세우면 된다는 젠슨 황의 혁신적인 관점처럼 더 창의적인 해결 방법을 AI와 함께 설계해볼 수도 있겠다. 'AI'는 학습이 중간에 멈춰도 손실이 없으며, 한번도 꺼진적이 없던 인류의 에너지조차도 멈췄다가 다시 이어서 활용할 수 있는 능력이 있다. 새로운 도구로서의 가치가 충분하다면 인류는 AI를 감당할 노력을 계속해야 할 것이다.

정부 정책

정부의 AI 정책은 매우 다양하다. 유럽의 접근 방식은 '권리 중심', 미국의 접근 방식은 '시장 중심', 중국의 접근 방식은 '국가 중심'이라고 불린다. 지난 몇 년 동안 AI에 대한 정부의 관심은 빠르게 커졌으며, 책임있는 규칙, 라벨링을 위한 요구 사항, 데이터 내 개인 정보 보호, 인력 교육 프로그램 및 안전 표준을 포함한 주제에 대한 논의가 있었다. AI와 관련된 정부 정책은 빠르게 진화하고 있지만 이러한 정책은 AI 기술 자체보다는 훨씬 느리게 변화하는 경향이 있다.

정부는 다양한 정책과 프로그램으로 AI가 기후변화 완화에 기여할 수 있는 잠재력을 키우고 실현하도록 지원할 수 있다. 정부는 데이터 수집 및 기술 표준화에 투자하고, 기후 문제를 해결하는 글로벌 스케일의 오픈소스 모델 개발에 자금과 노력을 집중해야 한다. 또, 규제 프레임워크, 재정적 인센티브 및 공공 프로그램을 통해 기후 완화에 기여하는 AI 애플리케이션에 인센티브를 제공해야 하고, 숙련된 AI 인력을 개발하기 위한 교육 및 훈련 프로그램에도 투자해야 할 것이다. 이를 바탕으로 기후 전문가와 AI 전문가가 지식 공유 및 협업을 촉진하게 하고, 기후변화를 완화하는 AI 애플리케이션이 신뢰받을 수 있도록 관련된 윤리 지침도 수립해야 하는 역할도 맡아야 한다.

다음과 같은 최근 AI 정책을 통해 정부 역할의 중요함을 체감할 수 있다.[16]

(1) 미국

1) 2023년 10월, 미국 정부는 인공지능의 안전, 보안, 신뢰성 있는 개발과 사용을 촉진하기 위한 행정명령을 발표하였다. 이 명령은 대규모 AI 모델 개발자가 자사 제품 정보를 정부에 공유하도록 의무화하고, AI 분야에서 일하는 비시민권자의 비자 절차를 간소화하며, 연방 기관에 AI 가이드라인을 마련하도록 지시하는 등 수십 개의 조항을 포함하고 있다.

2) 백악관이 2022년 10월에 발표한 AI 권리장전 청사진은 안전하고 효과적인 시스템, 알고리즘 차별 보호, 데이터 개인 정보 보호, 인간 역할의 대안 관련 고려 사항 및 대체책이라는 5가지 원칙 하에 AI의 설계 및 사용을 권장한다.

3) 2023년 7월, 바이든 대통령은 백악관에서 주요 AI 기업의 CEO들과 회동하여 기후변화를 포함한 "사회의 가장 큰 과제를 해결하는 데 도움이 되는 고급 AI 시스템을 개발하고 배포"하겠다고 약속했다.

---

16 ICEF(2024), "Artificial Intelligence for Climate Change Mitigation Roadmap"

4) 2024년 5월, 양당 상원 인공지능 실무 그룹은 미국 상원에서 인공지능 정책 로드맵을 발표했다. 이 로드맵은 연방 정부가 비국방 AI 연구개발에 연간 최대 320억 달러를 지출할 것을 권고하고, 의회 위원회에서 인력 교육, AI 시스템의 투명성, AI 개발자의 책임, 중요 인프라에서 AI 사용에 대한 표준을 포함한 광범위한 AI 주제에 대한 법안을 고려하도록 장려한다.

5) 2023년 AI 라벨링법은 모든 생성 AI 시스템에 AI에서 생성된 콘텐츠임을 식별하는 명확하고 눈에 띄는 공개를 포함하도록 요구한다.

(2) 유럽연합

1) 유럽연합의 인공지능법은 2024년 8월 1일에 발효되었다. 이 법은 위험 기반 접근 방식을 적용하여 유럽의 AI를 포괄적으로 규제한다. 고위험 AI 시스템은 가장 엄격한 통제를 받는다. 라이브 얼굴 인식 및 소셜 미디어 플랫폼에서 생체 인식 데이터 스크래핑을 포함하여 특히 위험한 것으로 간주되는 활동은 금지된다.

2) 2023년에 채택된 유럽연합의 에너지 효율 지침은 전력 수요가 500kW를 넘는 데이터 센터가 에너지 소비, 재생에너지 사용, 물 사용 및 관련 항목을 보고하도록 요구한다. 마찬가지로 2023년에 채택된 독일의 개정 에너지 효율법은 EU 보고 의무를 통합하고 데이터 센터가 전력의 50%를 재생에너지원에서 구매하도록 요구하며(2027년까지 100%로 증가) 데이터 센터 운영에 대한 표준을 설정했다.

3) 2022년 9월, 유럽 위원회는 AI 운영자가 AI 시스템으로 인해 발생한 손해에 대해 책임을 질 수 있도록 하는 것을 목적으로 하는 AI 책

임 지침을 제안했다. 유럽 의회와 유럽연합이사회는 아직 유럽 위원회의 제안에 대해 조치를 취하지 않았지만, AI 책임 지침이 채택되면 EU 회원국은 해당 조항을 국가 법에 통합해야 한다.

(3) 중국

1) 2023년 7월, 중국 사이버 공간 관리국(Cyberspace Administration of China, CAC)과 유관 기관은 생성적 인공지능 서비스 관리에 관한 임시 규정을 발표했다. 임시 규정은 중국에서 대중에게 서비스를 제공하는 데 사용되는 모든 생성적 AI 기술이 '사회주의 핵심 가치를 반영'해야 하며 '국가 안보를 해치고 국가 이미지를 손상시킬 수 있는' 콘텐츠를 금지해야 한다고 요구한다.

2) 2023년 6월, 중국 국무원은 연말까지 전국인민대표대회 상무위원회에 AI 법률안을 제출할 것이라고 발표했다. 이는 중국 최초의 국가 AI 법률이 될 예정이다.

3) 중국 사이버 공간 관리국, 산업기술정보부 및 공안부는 2022년 11월에 딥신세시스 인터넷정보서비스 관리규정 정책 문서에 합성적으로 생성된 콘텐츠에 대한 라벨링을 요구하고 AI 도구가 '가짜 뉴스 정보'를 생성하는 것을 금지했다.

(4) 일본

1) 2023년 5월 일본 히로시마에서 열린 G7 정상회의에서 G7 국가 원수들은 생성 AI 거버넌스에 대한 협력을 강화하기 위한 이니셔티브를 시작하기로 합의했다.

2) 2023년 4월, 일본의 여당인 자유민주당은 일본의 AI 개발을 촉진하고 관리하기 위한 20개 이상의 권장 사항을 담은 AI 백서를 발표했다. 다음은 그 요약이다.

- 국내 지식 축적으로 응용 연구개발 가속화
- 기간에 가시적인 성과를 보이는 다수의 시범 프로젝트를 즉시 시작
- 지자체 AI 기반 스마트시티 이니셔티브에 강력 지원
- AI 리터러시 향상을 공교육 커리큘럼에 반영

3) AI 백서는 내각부 내 과학, 기술 및 혁신 정책 사무국이 2022년 4월에 발표한 AI 전략 2022 는 일본의 AI 개발을 위한 5가지 전략적 목표를 제시한다.

- 일본 국민이 위협받는 상황(전염병 및 재해)을 보호할 수 있는 기술 인프라
- AI 시대에 인간 중심의 기술을 개발해 세계 최고의 역량 있는 국가 도약
- 다양성을 갖춘 지속가능한 사회를 실현하기 위한 기술 시스템 확립 및 이를 운영하는 메커니즘 구현
- AI 분야 연구, 교육 등 국제적 네트워크 구축을 선도

10

지속가능한
미래를 위한 CRS 넥서스

CHAPTER 10
지속가능한 미래를 위한 CRS 넥서스

>>> 넵스랩 강지수

요약

ESG(환경, 사회, 거버넌스)는 현대 기업 경영의 핵심 패러다임으로 자리잡고 있다. 글로벌 사회가 기후변화와 자원 고갈에 직면하면서, EU의 환경 규제 강화와 UN 중심의 국제 이니셔티브들은 기업의 ESG 참여와 정보공개 의무화를 촉진하고 있다.

과거 기업의 사회적 책임(CSR)이 이윤 이후의 환원에 초점을 맞췄다면, ESG는 기업의 핵심 사업 전략에 지속가능성을 통합하는 방식으로 진화했다. 공유가치 창출(CSV)의 개념을 토대로, 기업은 경제적 이익과 사회적 가치를 동시에 추구하며, ESG는 이제 산업과 기업 규모를 가리지 않고 빠르게 확산되고 있다.

이러한 흐름 속에서 최근 특히 주목받고 있는 접근이 바로 'CRS 넥서스(Climate-Resource-Society Nexus)'다. CRS 넥서스 접근법은 기후변화, 자원 지속가능성, 사회적 형평성 간의 상호작용을 종합적으로 분석하고 대응한다. 도시의 지속가능성, 식량 시스템, 에너지 전환 분야에서 혁신적 사례들이 등장하고 있으며, 빅데이터·AI 활용, 행동 변화 촉진, 회복력 사고 적용 등 새로운 연구도 활발하다.

2024년 미국에서는 트럼프 전 대통령을 중심으로 ESG에 대한 정치적 반발과 규제 완화 움직임이 나타났다. 그러나 흥미롭게도 이러한 흐름은 ESG의 가치를 약화시키기보다는 오히려 그 본질적 중요성과 필연성을 부각시키는 계기가 되었다. 글로벌 투자자들과 규제 기관은 여전히 ESG 공시 기준을 고도화하고 있으며, 기업들은 정치적 환경 변화와 관계없이 ESG와 자연 자본, 사회적 책임을 지속적으로 반영하려는 움직임을 이어가고 있다.

궁극적으로 ESG와 CRS 넥서스는 단순한 유행이 아니라, 기후 위기와 사회 구조의 전환기에 요구되는 새로운 경영 철학과 사회적 약속이다. 앞으로의 기업은 재무성과만으로 평가받지 않으며, 생태적 책임, 사회적 포용, 투명한 거버넌스를 동시에 추구해야 지속가능한 성장과 존속이 가능할 것이다.

episode

ESG 패러다임의 진화와 확장

최근 글로벌 사회는 기후변화 대응을 위한 탄소중립 목표를 설정하고 있으며, 특히 유럽연합(EU)의 환경규제 강화로 인해 ESG(Environmental, Social, Governance)의 중요성이 더욱 부각되고 있다. 기업들은 지속가능성을 제고하기 위해 ESG 경영을 핵심 전략으로 도입하고 있으며, 이는 단순한 경영 전략을 넘어 인류 사회의 지속가능한 발전과 직결된 핵심 가치로 인식되고 있다.

이와 함께, 기후-자원-사회 넥서스의 개념적 확장 필요성이 대두되고 있다. 기존의 물-에너지-식량(WEF) 넥서스는 주로 물리적 자원 간의 연결에 초점을 맞추었으나, 기후와 사회적 요소를 포함해야 더 완전한 시스템 이해가 가능하다. 인류세(Anthropocene) 시대에는 인간과 자연의 상호작용이 더욱 복잡해졌으며, 기후변화는 강수 패턴 변화, 극한 기상현상, 해수면 상승 등을 통해 자원 가용성에 직접적인 영향을 미친다. 또한 자원 채굴과 이용 방식 자체가 온실가스 배출과 토지 이용 변화를 유발하며, 여기에 사회·경제적 요소가 결합되면 자원 관리, 환경 보전, 사회적 형평성 등의 다층적·복합적 문제가 형성된다. 최근 ESG 패러다임의 진화와 확장, 그리고 지속가능한 미래를 위한 CRS 넥서스 개념이 대두되면서 이러한 문제들을 통합적·다학제적으로 접근해야 할 필요성이 한층 강조되고 있다.

- **기후 → 자원** : 강수 패턴 변화, 극한 기상현상, 해수면 상승이 자원 가용성에 영향
- **자원 → 기후** : 자원 추출과 토지이용 방식이 온실가스 배출 유발
- **사회 → 자원** : 인구통계학적 변화, 소비 패턴, 기술 선택이 자원 수요 결정
- **자원 → 사회** : 자원 접근성과 분배가 사회적 불평등과 자원안보에 영향
- **기후 → 사회** : 기후 위험이 취약 계층과 지역에 불균등하게 영향
- **사회 → 기후** : 거버넌스, 가치관, 행동 규범이 기후 대응 능력 형성

이러한 기후-자원-사회 넥서스의 중요성이 강조되고 있는 가운데, 2024년 국제 정치 환경에서는 친환경 및 ESG 관련 정책의 후퇴를 야기할 수 있다는 우려가 제기되었다. 특히 미국에서는 트럼프 대통령을 중심으로 ESG에 대한 회의적인 시각과 반대 움직임이 확산되고 있다. 그러나 ESG의 근본적 가치와 필요성은 더욱 강조되고 있으며, ESG 관련 규제는 오히려 고도화, 구체화, 다양화되는 추세를 보이고 있다.

EU에서는 ESG 관련 규제들이 확정되면서 이를 구체화하는 세부 지침들이 순차적으로 제정되고 있으며, 우리나라에서도 지속가능성 공시 의무화와 관련한 논의가 활발히 진행되고 있다. ESG는 이제 단순한 투자 지침이나 기업 경영전략의 차원을 넘어, 전 인류의 지속가능한 발전과 성장을 위한 가치를 현실에 구현하는 제도적 틀로 진화하고 있으며, 다양한 이해관계자의 참여와 협력을 통해 복잡한 사회-환경 문제를 해결하기 위한 접근법으로 자리매김하고 있다.

결론적으로, ESG 패러다임은 현대 사회가 직면한 기후변화와 사회적 불평등 등 다양한 도전 과제들을 해결하기 위한 기회를 제공하는 동시에, 기후-자원-사회 넥서스의 개념을 확장하여 보다 포괄적인 지속가능성 전략을 수립하는 것이 중요함을 시사한다.

▮ ESG의 현재:
기업의 참여 촉구 - 국제 이니셔티브를 중심으로

글로벌 기업들의 ESG 참여는 다양한 국제 이니셔티브를 통해 체계화되어 왔다. 2000년대 초반부터 시작된 국제사회의 노력은 기업의 사회적 책임과 지속가능성을 강조하는 방향으로 발전해왔다. 국제연합(UN)은 15년마다 인류 발전을 위한 목표를 제시하는데, 2000년에는 밀레니엄개발목표(MDGs)를 설정하였다. 이후 2015년, 이를 바탕으로 지속가능발전목표(SDGs)가 새롭게 제정되어 UN 총회에서 채택되었다. SDGs는 2000년 이후의 성과를 평가하고, 2030년까지 인류의 지속가능한 생존과 발전을 위해 세계 각국과 국제기구가 협력하는 주요 목표를 제시한다. 특히 UN이 주도한 "Who Cares Wins" 보고서는 ESG 요소를 투자 및 기업 운영에 반영해야 한다고 강조하며, 글로벌 금융기관들의 참여를 이끌어냈다. 당시 코피 아난 UN 사무총장의 주도로의 주도로 책임투자원칙이(PRI)이 발표되어 ESG 요소를 투자 의사결정에 포함하도록 하는 원칙들을 제시했다. 이는 기관투자자들의 ESG 투자를 확대하는 계기가 되었으며, 현재 UN PRI(Principles for Responsible Investment) 가입 기관 수는 지속적으로 증가하고 있다.

UNGC(UN Global Compact)는 새로운 밀레니엄과 함께 출범한 이후 인권, 노동, 환경, 반부패 분야의 핵심 원칙을 제시하며 기업의 ESG 참여를 선도해왔다. 특히 UNGC는 기업들이 자발적으로 참여하여 지속가능경영을 실천할 수 있도록 구체적인 가이드라인을 제공하고 있다. 참여 기업들은 매년 이행보고서를 제출하며, 이를 통해 자사의 ESG 성과를 점검하고 개선방안을 모색하고 있다. 또한 UNGC는 SDGs(Sustainable Development Goals) 달성을 위한 기업의 역할을 강조하며, 다양한 이해관계자들과의 협력을 촉진하고 있다.

기후변화에 대응하기 위한 다양한 이니셔티브도 활발히 운영되고 있다. TCFD(Task Force on Climate-related Financial Disclosures)는 기후변화가 기업에 미치는 재무적 영향을 분석하고 공개하는 표준화된 프레임워크를 제공한다. 이를 통해 투자자들은 기업의 기후 관련 리스크와 기회를 평가할 수 있게 되었다. CDP(Carbon Disclosure Project)는 전 세계 기업들의 환경정보를 수집하고 평가하는 글로벌 플랫폼으로서, 기업의 환경경영 수준을 객관적으로 측정할 수 있는 기준을 제시하고 있다. SBTi(Science Based Targets initiative)는 파리협정의 목표에 부합하는 과학적 근거 기반의 감축목표 설정을 지원하며, 기업들의 실질적인 온실가스 감축을 촉진하고 있다.

자발적 참여를 넘어선 ESG 정보공개의 제도화도 빠르게 진행되고 있다. EU는 기업지속가능성보고지침을 통해 기업들의 ESG 정보공개를 의무화하고 있으며, 국제지속가능성기준위원회는 글로벌 표준을 제정하여 ESG 공시의 일관성을 확보하고자 한다. 미국 SEC 또한 기후변화 관련 공시규정을 도입하며 ESG 정보의 투명성을 강화하고 있다. 이러한 제도적 기반은 기업들의 ESG 경영 참여를 더욱 가속화할 것으로 예상된다.

한편 기업 경영의 패러다임도 주주 중심에서 이해관계자 중심으로 전환되고 있다. 비즈니스 라운드테이블의 선언은 기업이 주주의 이익뿐만 아니라 직원, 고객, 협력업체, 지역사회 등 모든 이해관계자의 이익을 고려해야 한다는 점을 강조했다. 나이키는 과거 노동착취 문제로 비판받았으나, 공급망 전반의 노동환경 개선과 투명성 강화를 통해 이해관계자 중심 경영의 모범사례가 되었다. 존슨앤드존슨도 타이레놀 사태 당시 소비자 안전을 최우선으로 고려한 신속한 대응으로 기업의 사회적 책임을 실천했다.

향후 국제 이니셔티브들은 더욱 발전된 형태로 진화할 것으로 예상된다. 개별적으로 운영되던 이니셔티브들이 상호 연계성을 강화하여 효율성을 높이고, 기업들의 실질적 이행을 담보할 수 있는 모니터링 체계가 구축될 것이다. 또한 중소기업들의 참여를 확대하기 위한 지원방안이 마련되고, 산업별 특성을 고려한 세부 가이드라인이 개발될 것이다. 이러한 진화를 통해 국제 이니셔티브들은 기업의 ESG 경영을 더욱 촉진하고, 지속가능한 발전에 기여할 것으로 기대된다.

이와 같이 국제 이니셔티브들은 기업의 ESG 경영 참여를 위한 명확한 프레임워크를 제공하고 있다. 특히 ESG가 선택이 아닌 필수가 되어가는 현재의 흐름 속에서, 이러한 이니셔티브들은 단순한 지침 제공을 넘어 글로벌 협력과 산업 전환의 촉매제 역할을 하고 있다. 향후에는 이니셔티브 간 통합과 조화를 통해 기업들의 보고 부담을 경감하면서도, 실질적인 지속가능성 성과 향상을 이끌어내는 방향으로 발전할 것으로 예상된다. 궁극적으로 이러한 국제적 협력 체계는 기업의 ESG 경영을 글로벌 표준으로 정착시키고, 전 세계적인 지속가능한 발전 목표 달성에 핵심적인 동력이 될 것이다.

ESG의 적용 범위 확장 - CSR에서 지속가능발전으로

ESG는 기존의 기업 책임 개념들을 포괄하며 그 적용 범위를 지속적으로 확장하고 있다. 과거 기업의 사회적 책임은 주로 CSR이라는 이름으로 자선활동이나 기부와 같은 사후적 개념에 머물러 있었다. 1953년 호워드 보웬(Howard Bowen) 교수가 『기업의 사회적 책임(Social responsibilities of the businessman)』이라는 책을 통해 제시한 CSR은 기업의 윤리적 의무를 강조했으나, 기업의 본질적인 경영활동과는 다소 거리가 있었다.

ESG는 이러한 CSR의 한계를 넘어 기업의 본업과 직접 연계된 지속가능한 경영전략으로 발전했다. 세계환경개발위원회(WCED)가 제시한 지속가능성의 개념을 기업 경영에 구체적으로 적용하여, 현재와 미래의 가치를 동시에 고려하는 실천적 지표로 자리잡았다. 특히 하버드대 마이클 포터(Michael E. Porter) 교수가 제안한 공유가치창출(CSV) 개념은 ESG가 추구하는 경제적 가치와 사회적 가치의 동시 실현을 뒷받침하는 이론적 근거가 되었다.

ESG의 적용 범위는 투자 영역에서도 크게 확장되었다. 록펠러 재단이 제시한 임팩트 투자는 ESG를 투자 의사결정의 핵심 요소로 도입했다. 이는 사회적·환경적 가치 창출과 재무적 수익을 동시에 추구하는 새로운 투자 패러다임을 제시했다. 블랙락(BlackRock)과 같은 세계적 자산운용사들이 ESG를 투자 판단의 핵심기준으로 도입하면서 이러한 변화는 가속화되었다. 이와 같은 금융시장의 흐름은 ESG가 단순히 윤리적 고려사항을 넘어 기업의 장기적 성장과 가치 창출을 위한 필수 요소로 자리잡게 되었음을 보여준다.

ESG의 적용 범위는 산업 전반으로도 확대되고 있다. 초기에는 환경 영향이 큰 제조업이나 에너지 산업을 중심으로 도입되었으나, 현재는 서비스업, IT산업, 금융업 등 모든 산업 분야로 확산되고 있다. 각 산업의 특성에 맞는 ESG 평가 기준과 실행 방안이 개발되면서, 산업별 특성을 반영한 맞춤형 ESG 전략이 수립되고 있다.

기업 규모 측면에서도 ESG의 적용 범위가 확장되고 있다. 처음에는 대기업과 상장기업을 중심으로 도입되었으나, 점차 중소기업과 스타트업으로 확산되고 있다. 특히 대기업이 자사의 ESG 경영기준을 협력업체에도 요구하면서, 공급망 전체로 ESG 관리가 확대되는 추세이다. 이는 ESG가 기업 생태계 전반의 지속가능성을 높이는 방향으로 발전하고 있음을 보여준다.

지역적으로도 ESG의 적용 범위가 확대되고 있다. 초기에는 유럽과 북미 등 선진국을 중심으로 발전했으나, 이제는 개발도상국을 포함한 전 세계로 확산되고 있다. 각 지역의 특성과 발전 단계를 고려한 ESG 기준이 마련되면서, 글로벌 스탠다드의 현지화도 진행되고 있다.

이처럼 ESG는 그 적용 범위를 지속적으로 확장하며 진화하고 있다. 이는 ESG가 단순한 기업의 책임이나 규제 준수를 넘어, 지속가능한 성장을 위한 새로운 경영 패러다임으로 자리잡고 있음을 보여준다. 앞으로도 ESG는 기업과 사회의 공생발전을 이끄는 핵심 동력으로서 그 역할이 더욱 확대될 것으로 전망된다.

특히 ESG의 진화는 단순한 기업경영 전략을 넘어, 점점 더 복합적이고 통합적인 접근법을 요구하고 있다. 기업의 지속가능성은 이제 환경, 사회, 지배구조를 넘어 자원, 기후, 사회 시스템 간의 근본적인 상호연관성을 이해하고 대응하는 넥서스 접근법으로 발전하고 있다. 이는 기업이 더 이상 고립된 주체가 아니라 글로벌 생태계의 한 부분으로서 인식되기 시작했음을 의미한다. 물-에너지-식량 간의 복잡한 상호작용부터 기후변화와 사회적 불평등의 연계성까지, 현대의 지속가능성 패러다임은 이전보다 훨씬 더 총체적이고 포괄적인 시각을 요구하고 있다. 다음 episode에서 상세히 논의하겠지만, 이러한 넥서스 접근법은 ESG 전환 과정에서 단순히 기업의 책임을 넘어, 글로벌 도전과제를 해결하기 위한 혁신적인 전략적 프레임워크로 자리 잡아가고 있다.

episode

지속가능한 미래를 위한 통합적 접근, CRS 넥서스

현대 사회는 기후변화, 자원 고갈과 환경오염이라는 삼중의 위기에 직면해 있다. 세계경제포럼(WEF)은 2024년 글로벌 리스크 보고서에서 기후변화로 인한 기상이변을 가장 큰 위협 요인으로 지목했으며, 이로 인한 물 부족, 식량 위기, 에너지 수급 불안이 심화되고 있다. UN 세계수자원개발보고서(2020년)에 따르면 전 세계 인구의 약 20%가 극심한 물 부족에 직면할 것으로 예상되며, UN 식량농업기구(2014년)는 세계 인구의 12%가 기아 문제를 겪을 것으로 전망했다.

에너지 자원의 경우, 현재 추정되는 주요 자원의 사용 가능 기간은 석유 약 40년, 천연가스 60년, 우라늄 60년으로 예측되고 있다. 세계자연보전연맹(IUCN)은 2050년까지 물 수요 55%, 에너지 수요 80%, 식량 수요 60% 증가를 전망하고 있어, 자원의 지속가능한 관리가 시급한 과제로 대두되고 있다.

이러한 글로벌 위기에 대응하기 위해 등장한 물-에너지-식량 넥서스(WEF Nexus)는 세 자원의 통합적 관리를 강조하는 새로운 패러다임이다. 물(Water), 에너지(Energy), 식량(Food)이 독립적으로 존재하는 것이 아니라 상호의존적인 시스템을 형성한다는 인식에 기반한다. 예를 들어, 물은 에너지 생산과 농업 활동에 필수적이며, 에너지는 농업의 관개 시스템과 수자원 처리에 필요하다. 식량 생산 역시 물과 에너지의 안정적 공급에 크게 의존한다.

전 세계 담수 사용량의 약 70%가 농업에 사용되며, 에너지 생산을 위해 매년 막대한 양의 물이 소비된다. 예를 들어, 소고기 300g을 생산하는 데 약 4,650리터의 물이 필요하며, 이는 한 사람이 37일 동안 마실 수 있는 물의 양과 맞먹는 수준이다. 소 한 마리를 키우는 데는 평균적으로 3년의 시간이 소요되며, 이 과정에서 소가 직접 마시는 물뿐만 아니라 사료 생산에 필요한 물까지 포함하면 약 300만 리터의 물이 소비된다.

국제사회는 이러한 자원 문제에 대응하기 위해 다양한 노력을 기울이고 있다. 2011년 독일의 본(Bonn) 컨퍼런스를 계기로 물-에너지-식량 넥서스에 대한 연구가 본격화되었으며, 데이터베이스 구축과 해석 모델 개발이 활발히 진행되고 있다. 2012년 제6차 프랑스 마르세유(Marseille) 세계물포럼과 2015년 제7차 대구경북 세계물포럼에서도 물-에너지-식량 넥서스의 중요성이 강조되었다.

넥서스 접근법은 지속가능발전목표(SDGs)와도 밀접하게 연계되어 있다. 기아 종식(Goal 2), 깨끗한 물과 위생(Goal 6), 적정하고 깨끗한 에너지(Goal 7) 등의 목표는 넥서스 관점에서 통합적으로 접근할 수 있다. 예를 들어, 깨끗한 물 확보(Goal 6)를 위한 정책이 에너지 사용(Goal 7)과 식량 생산(Goal 2)에 미치는 영향을 종합적으로 고려해야 효과적인 목표 달성이 가능하다. 또한 빈곤 퇴치(Goal 1), 책임있는 소비와 생산(Goal 12), 기후변화 대응(Goal 13) 등의 목표도 넥서스 개념을 적용해 효과적으로 분석하고 실행할 수 있다.

한국에서도 물-에너지-식량 넥서스의 중요성이 점차 인식되고 있다. 특히 기후변화로 인한 물 관리의 불확실성이 증가하면서, 농업용수와 수력발전 등 에너지 생산에 미치는 영향이 주목받고 있다. 스마트팜은 물과 에너지를 효율적으로 사용하면서 식량 생산성을 높이는 대표적인 넥서스적 기술이며, 하수처리장의 바이오가스 활용이나 농업 부산물을 이용한 바이오매스 발전 등 자원의 순환적 활용도 확대되고 있다.

기술적 측면에서도 넥서스 접근법을 지원하는 다양한 혁신이 이루어지고 있다. 인공지능과 빅데이터를 활용한 자원 모니터링 시스템, 정밀농업 기술, 스마트 그리드 등이 대표적이다. 특히 FAO는 국가 및 지역별 물-에너지-식량 관계를 평가하는 분석 프레임워크를 구축하여, 자원의 가용성, 접근성, 활용도, 안정성 등을 종합적으로 평가하는 방법론을 제시하고 있다.

선진국들은 이미 넥서스 기반의 정책 수립과 기술 개발에 적극적으로 나서고 있다. 유럽연합(EU)은 '그린딜(Green Deal)' 정책을 통해 기후변화 대응과 자원의 지속가능한 활용을 추진하고 있으며, 독일은 에너지전환(Energiewende) 정책을 추진하면서 재생에너지 확대가 수자원과 토지 이용에 미치는 영향을 종합적으로 고려하고 있다.

그러나 최근의 글로벌 도전과제들이 더욱 복잡하게 얽혀가면서, 기존의 물-에너지-식량 넥서스만으로는 현대 사회의 문제를 완전히 설명하고 해결하기 어려워졌다. 특히 기후변화의 가속화, 자원 고갈의 심화, 사회적 불평등의 증가는 더욱 통합적인 분석 틀을 요구하고 있다. 이러한 맥락에서 기후(Climate)-자원(Resources)-사회(Society) 넥서스가 새로운 통합적 분석틀로 제시되고 있다(그림 10.1 참조). 이는 기존의 물-에너지-식량 넥서스를 포괄하면서도, 더 큰 맥락에서 기후변화의 영향, 자원 시스템의 지속가능성, 사회적 형평성을 함께 고려하는 접근법이다.

기후-자원-사회 넥서스 관점은 특히 다음과 같은 측면에서 중요성을 갖는다. 첫째, 기후변화는 자원의 가용성과 접근성에 직접적인 영향을 미치며, 이는 다시 사회적 취약계층에 더 큰 영향을 미치는 악순환을 만들어낸다. 둘째, 자원 고갈과 환경 파괴는 사회적 불평등을 심화시키는 한편, 불평등한 사회구조는 다시 자원의 비효율적 사용과 환경 파괴를 가속화한다. 셋째, 기후변화 대응 정책이 특정 계층이나 지역에 부정적 영향을 미치지 않도록 사회적 형평성을 고려해야 한다.

개발도상국의 경우 이러한 넥서스 접근의 중요성이 더욱 두드러진다. 아프리카와 아시아의 많은 국가들이 기후변화로 인한 물 부족과 식량 안보 위협에 직면해 있으며, 이는 사회적 갈등과 불평등 심화로 이어지고 있다. 따라서 국제개발협력 분야에서도 기후-자원-사회 넥서스 관점에서의 통합적 접근이 필요하다.

그림 10.1 기후-자원-사회 넥서스(CRS Nexus)

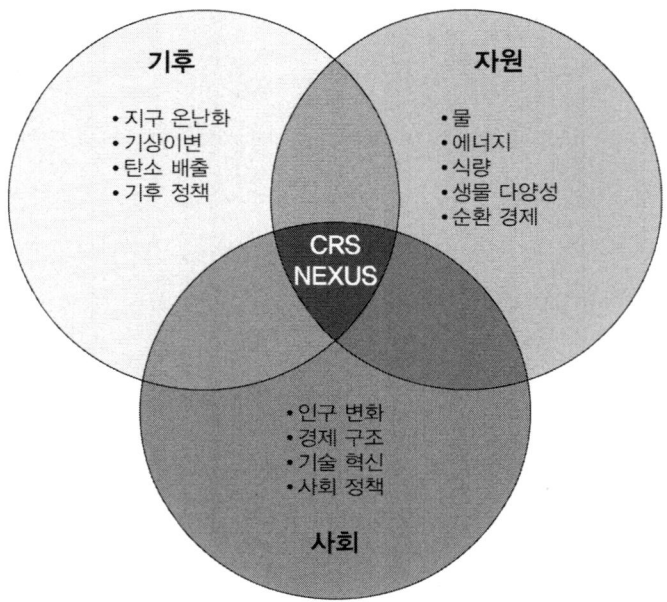

그림 10.1에서 볼 수 있듯이, 기후-자원-사회 넥서스는 이 세 요소 간의 상호작용과 피드백 루프를 강조한다. 여기서 '자원'은 물, 에너지, 식량뿐만 아니라 생물다양성, 토지, 광물 등 더 넓은 범위의 자연 자원을 포함한다. 이 확장된 넥서스 모델은 특히 다음과 같은 적용 사례를 통해 그 유용성을 보여준다.

- 기후정의와 에너지 전환 : 저탄소 에너지로의 전환 과정에서 발생할 수 있는 일자리 손실과 지역 경제 영향을 고려한 '정의로운 전환(Just Transition)' 전략 수립

- **도시 회복력 강화** : 도시화, 기후변화, 자원 소비, 사회적 불평등이 복합적으로 작용하는 도시 환경에서의 통합적 회복력 전략 개발
- **식량 시스템 전환** : 기후변화에 대응하면서도 식량 안보와 사회적 형평성을 고려한 지속가능한 식량 시스템으로의 전환

이와 같은 기후-자원-사회 넥서스 접근법은 앞 장의 에피소드 1에서 다룬 ESG 패러다임과도 밀접하게 연결된다. ESG가 기업 차원에서의 환경·사회·거버넌스 통합을 강조한다면, 넥서스 접근법은 보다 거시적 차원에서 시스템 간 상호작용을 분석하는 프레임워크를 제공한다. 이 두 개념은 상호보완적으로 작용하여, 기업의 ESG 전략이 더 넓은 맥락에서의 넥서스 관계를 고려할 때 더욱 효과적인 지속가능성 성과를 달성할 수 있다.

결론적으로, 기후-자원-사회 넥서스(CRS Nexus)는 단순한 자원 관리의 효율성을 넘어, 기후변화 대응의 시급성과 사회적 정의를 함께 고려하는 새로운 패러다임이다. 향후 세 번째 에피소드에서는 이러한 넥서스 접근법이 실제 정책과 기업 전략에 어떻게 적용되고 있는지, 그리고 미래 지속가능한 발전을 위한 구체적인 행동 방안은 무엇인지 살펴볼 것이다. 이를 통해 더욱 포용적이고 지속가능한 미래를 위한 통합적 접근법의 중요성과 실천 방안을 모색하고자 한다.

episode

넥서스 연구의 최신 동향과 시사점

첫 번째 에피소드와 두 번째 에피소드에서 살펴본 ESG 패러다임과 기후-자원-사회(CRS) 넥서스의 개념을 바탕으로, 이번 에피소드에서는 이러한 접근법이 도시, 식량, 에너지 시스템에 어떻게 적용되고 있는지 살펴보고자 한다. 특히 현재 진행 중인 연구 동향과 미래 발전 방향에 초점을 맞추어 지속가능한 발전을 위한 통합적 시각을 제시할 것이다.[1,2]

---

1 한국환경정책·평가연구원(2020), 「물-에너지-식량 넥서스 통합관리 방안 연구」
2 윤인숙(2021), 「기후변화 대응을 위한 지속가능한 물관리 정책 및 법제연구 : 물·에너지·식량 상호연관성(Nexus)에 기반한 통합관리를 중심으로」, 한국법제연구원

CRS 적용사례 및 확장 분야

(1) 도시 지속가능성: 스마트 시티와 사회적 혁신의 결합

스마트 시티 이니셔티브는 기술과 사회적 혁신을 결합하여 미래 도시를 설계하는 중요한 전략이다. 사물인터넷(IoT), 5G, 인공지능(AI) 등의 첨단 기술이 도시의 다양한 기능을 향상시키고, 효율성을 극대화하는 데 기여한다. 예를 들어, 스마트 교통 시스템, 에너지 관리 시스템, 스마트 빌딩 등은 도시 생활의 질을 향상시키며, 환경에 미치는 영향을 최소화할 수 있다.

또한, 기후변화에 대한 회복력 있는 도시 시스템 구축이 필수적이다. 도시의 식량, 물, 에너지 시스템은 기후변화에 대응할 수 있도록 설계되어야 하며, 이를 통해 도시의 지속가능성을 높일 수 있다. 녹색 인프라와 포용적 도시 계획은 도시 내 모든 주민들이 공평하게 혜택을 누릴 수 있도록 한다. 이는 단순히 환경적 요소를 넘어서 사회적 공정성도 고려한 접근 방식이다.

스마트 시티 기술과 사회적 혁신을 결합한 대표적 사례로 바르셀로나의 '스마트 시민(Smart Citizen) 프로젝트'가 있다. 이 프로젝트는 시민이 직접 공기 질과 에너지 소비 데이터를 수집하여 도시 계획에 반영할 수 있도록 한다. 또한, 뉴욕시는 도시 식량-물-에너지 시스템의 기후 회복력을 강화하기 위해 옥상 녹화와 도시 농업을 적극적으로 추진하고 있다.

(2) 지속가능한 식량 시스템: 기후 스마트 농업과 사회적 농업

식량 시스템은 환경과 사회적 요인에 깊게 연관되어 있다. 기후 스마트 농업은 기후변화에 적응하고, 그 영향을 완화할 수 있는 혁신적인 농업 방법을 개발하면서 식량 접근성을 향상하고 환경적 영향을 최소화하고자 한다.

사회적 농업은 농업이 단순히 생산을 넘어 사회적 가치 창출의 중심이 되어 농촌 지역의 생계 보호와 지속가능한 개발을 촉진하는 방식이다. 이를 통해 식량 시스템의 불평등을 해소하고 농촌 경제의 자립을 도울 수 있다. 또한, 식량 손실과 낭비를 줄이기 위한 순환경제적 접근은 자원을 최적화하고 지속가능한 미래를 위한 중요한 전략이다.

기후스마트 농업과 사회적 농업이 융합된 사례로 네덜란드의 '식량 허브(Food Hub)' 모델이 주목받고 있다. 이는 지역 농민과 소비자를 연결하여 지속가능한 농업을 촉진하는 시스템이다. 또한, 프랑스의 '반식품 폐기법(Food Waste Law)'은 식량 손실을 줄이고 순환경제를 촉진하는 대표적인 정책으로 평가된다.

(3) 에너지 전환: 정의로운 전환과 재생가능 에너지

정의로운 전환(Just Transition) 프레임워크는 에너지 산업의 구조적 변화가 고용, 경제, 사회적 안전망에 미치는 영향을 최소화하는 방법을 제시한다. 이를 통해 재생가능 에너지로의 전환이 모든 사회 계층에 공평하게 혜택을 제공하는 것을 추구한다.

지역사회 주도의 재생가능 에너지 이니셔티브는 지역 사회가 에너지 생산과 소비의 중심이 되는 모델을 제시한다. 이를 통해 에너지 자주성을 높이고, 지역 경제를 활성화시킬 수 있다. 분산형 에너지 시스템은 중앙집중형 에너지 시스템에 의존하지 않고, 지역적으로 독립적인 에너지 공급을 가능하게 한다. 이는 에너지 민주주의의 핵심 원칙을 구현하는 데 중요한 역할을 할 것이라 기대된다.

정의로운 전환 프레임워크를 적용한 사례로 스페인의 석탄 광산 지역 재생 프로젝트가 있다. 이는 폐광된 지역을 재생에너지 허브로 전환하여 새로운 일자리를 창출하는 방식으로 진행되었다.[3] 또한, 덴마크의 '커뮤니티 주도 풍력 발전소'는 지역 주민이 재생에너지 프로젝트에 직접 참여하고 이익을 공유하는 모델로 주목받고 있다.[4]

▌새로운 연구 동향

(1) 디지털 기술의 역할: 빅데이터와 AI로 넥서스 관계 모니터링

빅데이터와 인공지능(AI)은 환경, 에너지, 식량 시스템 간의 상호작용을 실시간으로 모니터링하고 분석하는 데 활용될 수 있다. 이러한 데이터 기반의 접근은 각 시스템의 상태와 변화 과정을 정확하게 파악하게 도와주며, 효과적인 정책과 전략을 수립하는 데 기여할 것이다.

빅데이터와 AI를 활용한 넥서스 모니터링 사례로 영국의 '디지털 트윈 프로젝트'가 있다. 이는 도시 인프라와 환경 데이터를 실시간으로 분석하여 지속가능성을 향상시키는 시스템이다.

---

3 더 타임스(2023), 아스투리아스 광부, 관광·재생에너지로 전환, 국제에너지기구.
4 더 타임스(2009), 덴마크: 재생에너지의 지역사회 소유, 국제에너지기구.

디지털 기술의 신뢰성을 높이고 글로벌 차원에서 공정한 데이터 이용을 촉진하는 것도 중요하다. 모든 계층이 기술을 공평하게 활용할 수 있도록 하면서, 동시에 데이터 거버넌스와 디지털 주권 문제도 범지구적으로 접근되어야 한다.

(2) 행동 변화와 사회적 학습: 지속가능한 생활방식으로의 전환

지속가능한 미래를 위한 전환은 단순히 기술적 변화에 그치지 않는다. 사람들의 행동 변화가 핵심이다. 지속가능한 생활방식으로의 전환은 각 개인과 공동체가 실천할 수 있는 작은 변화에서부터 시작된다. 이를 통해 환경적, 사회적 가치를 고려한 소비 문화와 생활 방식을 확산시킬 수 있다.

공동체 기반의 이니셔티브는 사회적 혁신을 통해 지역 사회의 지속가능성을 높이는 중요한 방법이다. 지속가능한 생활방식으로의 전환을 촉진하는 사례로 스웨덴의 '플로깅(Plogging)' 운동이 주목받고 있다. 이는 조깅을 하면서 쓰레기를 줍는 활동으로, 개인의 행동 변화를 통해 환경 보호를 실천하는 모델이다. 또한, 변화 이론과 전환 설계를 적용한 사례로 핀란드의 "카우니아이넨 실험"이 있으며, 이는 시민 주도의 지속가능한 생활 방식 전환 프로젝트로 운영되고 있다.

(3) 회복력 사고: 복합 위기 대응과 시스템 변화

회복력 사고는 충격과 스트레스에 대응하는 시스템의 능력을 강화하는 데 중점을 둔다. 이는 환경적, 사회적, 경제적 위기 상황에서 시스템이 어떻게 반응하고, 회복할 수 있는지에 대한 전략적 사고를 포함한다.

다중위험 접근법은 여러 가지 위기 상황을 동시에 고려하여 더 효율적인 대응 방안을 제시한다. 충격과 스트레스에 대응하는 시스템 역량을 강화하는 사례로 일본의 '도쿄 메트로 복합위기 대응 시스템'이 있다. 이는 지진과 기후변화로 인한 복합 재난에 대비하기 위한 시스템으로, 다중위험 접근법을 적용하고 있다.

변혁적 회복력(Transformational Resilience)은 단순히 시스템의 복구를 넘어서, 근본적인 변화와 혁신을 통해 장기적으로 지속가능한 시스템을 구축하는 데 중점을 둔다. 이 개념을 실천한 사례로 네팔의 '지진 이후 지속가능한 재건 프로젝트'가 있으며, 이는 재해 이후 보다 지속가능한 방식으로 사회를 재건하는 접근법을 적용했다.

▍시사점

ESG에서 CRS Nexus로의 개념적 확장은 더 포괄적인 지속가능성 프레임워크를 제시한다. ESG가 기업 수준의 환경·사회·거버넌스 통합을 강조한다면, CRS Nexus는 시스템 수준에서 기후-자원-사회 간 상호작용에 초점을 맞춘다. 네덜란드의 지역 농업 허브 모델과 덴마크의 주민 주도형 풍력 발전소 사례는, 기업 차원의 ESG 전략과 지역 사회의 넥서스 접근이 어떻게 상호보완적으로 기능할 수 있는지를 여실히 보여준다.

넥서스 접근법 실행을 위해서는 단계적 전략이 필요하다. 단기적으로는 인식 제고와 통합적 시각의 도입, 중기적으로는 디지털 모니터링 시스템 구축과 이해관계자 협력 플랫폼 개발, 장기적으로는 시스템 전환을 위한 사회 전반의 행동 변화와 글로벌 거버넌스 체계 구축이 중요하다.

미래 연구는 넥서스 관계의 정량적 분석 방법론 개발, 기후변화와 사회적 불평등 간 관계에 대한 실증 연구, 지역 맞춤형 모델 개발 등에 집중될 것이다. 궁극적으로 넥서스 접근법의 성공적 적용을 위해서는 정부, 기업, 시민사회, 학계 등 다양한 이해관계자의 협력이 필수적이며, 이를 통해 지속가능한 미래를 위한 통합적 시스템 전환이 가능할 것이다.

저자 소개

명광민 / 디아이랩(주) 대표, 대한민국 기상예보사 1호

대한민국 기상예보사 1호, 기후환경 데이터 분석 전문가로서 연세대학교에서 대기과학을 전공하고 공군 기상장교로 작전기상 예보를 담당했으며, 기후환경 전문기업 및 IT·통신 대기업에서 기상기후 및 환경 플랫폼 사업을 수행하였다. 지금은 디아이랩을 창업하여 기후환경 분야의 도메인 전문성과 인공지능 및 데이터분석 기술을 바탕으로 기후위기 대응과 ESG 경영을 위한 기후 Intelligence 서비스를 하고 있다.
이메일 : km.myung@dilab.kr

김기현 / 강원대학교 탄소중립융합학과·수소안전융합학과 객원교수

서울대학교에서 에너지자원공학과 기술경영경제정책(경제학박사)을 전공하고, 에너지자원개발과 IT 서비스 업계에서 30년간 재직하였다. 현재는 강원대학교에서 기후변화, 탄소중립, 수소경제, ESG 경영·투자 및 순환경제 등을 강의하고 있다. 공동 저서로는 『기후변화와 에너지산업의 미래』(아모르문디), 『2050 에너지레볼루션』(라온북), 『2050 수소에너지』(라온북), 『2050 ESG혁명』(라온북), 『국제가스연맹에서의 도전의 순간들』(새로운사람들), 『2050 순환경제』(씨아이알) 등이 있다.
이메일 : kkihyun85@gmail.com

강민구 / CJ제일제당 BIO 사업부문 부장

환경공학 박사(하·폐수처리 전공)로서 깨끗한 물을 만드는 전문가이다. 또한 스킨스쿠버 강사로서 바다를 사랑하며, 지속가능한 기술 개발에 힘쓰고 있다. 현재 인간공학분야 박사 과정에 재학 중이며 인간과 기계의 상호작용(HMI) 분야에도 관심을 두고 있다. CJ제일제당 BIO 생산본부 Future Tech 팀에서 독자 개발한 CJ-SNR 폐수처리 공법과 혐기성·호기성 소화 기반 폐기물 자원화 기술로 글로벌 식품바이오기업 중 유일한 통합 환경기술을 구축, 순환경제 실현을 선도하고 있다. 또한 기후변화 대응과 탄소중립, 에너지 전환, 순환경제 등 ESG 실현을 위한 신기술을 연구 중이다. 인간공학 분야에서는 HMI를 비롯해 작업자의 스트레스와 안전 문제 해결에 주목하고 있다.

이메일 : minkoo.kang@cj.net

김용우 / 금호석유화학 ESG 경영관리팀장

중앙대학교에서 무역학을 전공하였으며, 1996년 금호석유화학에 입사하여 전략기획팀장을 역임하고, 현재는 ESG경영관리팀장을 맡고 있다. 회사의 ESG 경영전략 실행을 넘어 탄소회계를 바탕으로 한 기업의 탄소 경쟁력 향상을 위한 방안을 모색하고 있다. 한편, 기업을 둘러싼 다양한 이해관계자의 니즈를 충족하고, 새로운 트렌드에 맞는 경영전략을 고민하기 위해 한림대학원 대학교 석사 과정에서 공부하고 있다.

이메일 : ywkim1@kkpc.com

윤석근 / Rambus Inc. IP&Security IP 한국담당 이사

한양대학교 공학대학원에서 전자공학을 전공하였고, 보안 및 통신 관련 대한민국 해군 정보통신장교로 군복무를 하였다. Embedded 반도체 및 IT기기 분야에서 보안전문가(CISSP, 2007)로 20년간 활동하며, Verimatrix/InsideSecure 한국지사장을 역임한 바 있다. 현재는 Rambus에서 IP & SecurityIP 관련 업무를 담당하고 있으며, 한국 IT 기술 발전, 한국 반도체 기술역량 강화 및 관련 분야의 지속가능경영 문화 구축을 위한 ESG 적용을 위해 노력하고 있다.

이메일 : skyoun@rambus.com

임현정 / 단국대학교 경영·경제학부 초빙교수

단국대학교 경영학과 서비스운영관리(Service Operation Management)를 전공하였으며, 기업의 서비스 경영, 서비스 품질 관리뿐만 아니라 공공영역의 사회적가치 및 공공서비스 성과평가, 정부 및 지자체 대상으로 정책 제언 및 자문, 지역 발전 및 산업 활성화 방안 수립 등의 연구를 수행한 경험이 있다. 현재는 Beacon hill Consulting Group의 Head of R&D로 기업 및 공공조직의 지속 가능한 성장을 돕기 위한 전문적이고 차별화된 연구용역 서비스를 제공하고 있다.

이메일 : hj_lim@dankook.ac.kr

박민희 / 전문 코치, 작가

고려대학교에서 산업심리교육으로 석사를, 성인계속교육학으로 박사를 수료했다. 삼성전자, GE medicalsystems Korea, SKTelecom과 같은 기업에서 리더십, 조직문화, 변화관리와 같은 영역에서 HRD 업무를 수행해 왔고, 지금은 ICT 대기업의 Lead Coach이자 컨설턴트로 일하고 있으며, 지속가능한 인적자원관리와 다양성에 관심을 가지고 꾸준히 강연과 집필활동을 하고 있다.

이메일 : minipinkkr@icloud.com

윤태형 / 넷베터 대표

연세대학교 전기전자공학부, KAIST 정보미디어 MBA를 전공하고 KT 플랫폼 기획을 거쳐 IT를 활용해 삶과 세상을 편리하게 하는 일에 도전하고 있다. 더 적은 자원으로 인류가 넷제로를 달성하는 데 기여하는 IT 스타트업 넷베터를 운영 중이다.

이메일 : quentin@netbter.com

강지수 / (주)넵스랩 대표

고려대학교 국제개발협력학 전공자로서, 다년간 글로벌 무대에서 UN 및 KOICA와 함께 교육 인프라 구축, 양자 및 다자간 파트너십 개발에 집중하며 중동, 아프리카, 동남아시아 프로젝트 전문가로 참여했다. 현재는 (주)넵스랩을 운영하며 ESG를 핵심 가치로 삼아 스마트 오피스와 업무 방식을 도입하여 건축 및 공간구축을 하고 있다. 또한, 한국여성건설인협회 사회공헌위원장과 글로벌교육분야에서 사회적 가치를 창출하고, 지속가능한 미래를 위한 교육과 인프라 발전에 기여하고 있다.

이메일 : jsjs23929@gmail.com

넥서스 혁명
기후위기 시대, 기업과 사회가 함께 가야 할 지속가능성의 길

초판 인쇄 | 2025년 8월 20일
초판 발행 | 2025년 8월 27일

지은이 | 명광민, 김기현, 강민구, 김용우, 윤석근, 임현정, 박민희, 윤태형, 강지수
펴낸이 | 김성배
펴낸곳 | (주)에이퍼브프레스

책임편집 | 최장미
디자인 | 윤현경, 엄해정
제작 | 김문갑

출판등록 | 제25100-2021-000115호(2021년 9월 3일)
주소 | (04626) 서울특별시 중구 필동로8길 43(예장동 1-151)
전화 | 02-2274-3666(대표)   팩스 | 02-2274-4666
홈페이지 | www.apub.kr

ISBN   979-11-94599-10-4 (93330)

* 책값은 뒤표지에 있습니다.
* 파본은 구입처에서 교환해드리며, 관련 법령에 따라 환불해드립니다.
* 이 책의 내용을 저작권자의 허가 없이 무단 전재하거나 복제할 경우 저작권법에 의해 처벌받을 수 있습니다.